KANU KOMPASS

DEUTSCHLAND MITTE

Impressum

© 2002 **THOMAS KETTLER VERLAG**
Von-Hutten-Str. 15
D-22761 Hamburg
Tel +49 (40) 89 12 54
Fax +49 (40) 390 68 20
E-Mail: mail@kanu-kompass.de
Internet: www.kanu-kompass.de
www.thomas-kettler-verlag.de

1. Auflage Juli 2002
Satz: Thomas Kettler Verlag
Text: Thomas Kettler
Gestaltung: Carola Hillmann
Illustrationen: Carola Hillmann
Fotos: Thomas Kettler

Die Deutsche Bibliothek - CIP-Einheitsaufnahme

Ein Titeldatensatz für diese Publikation ist bei
Der Deutschen Bibliothek erhältlich

Alle Angaben zu Preisen, Adressen, Telefonnummern und sonstige Angaben wurden nach bestem Wissen erstellt. Eine Garantie für ihre Richtigkeit kann vom Verlag/Autor jedoch nicht übernommen werden. Sowohl Verlag als auch Autoren lehnen im Falle eines Unfalles jegliche Haftung ab.
Die vorliegenden Karten sind als Planungskarten gedacht und sollten nicht zur alleinigen Orientierung genutzt werden.
Sollten sich Fehler in dieses Buch eingeschlichen oder Gegebenheiten im Zusammenhang mit Touren geändert haben, bitten wir, sich mit uns in Verbindung zu setzen. Ebenso sind wir an Tipps und Hinweisen zu anderen, im ganzen europäischen Raum liegenden Kanurevieren interessiert.

Dieses Buch ist über den Buchhandel, Outdoor-Läden, Internet oder direkt beim Verlag zu beziehen.

ISBN 3-934014-04-6

THOMAS KETTLER • CAROLA HILLMANN

KANU KOMPASS
DEUTSCHLAND MITTE

Das Reisehandbuch zum
Kanuwandern

Vorweg

Das Wandern mit dem Kanu macht Spaß, ist gesund und gibt uns auf entspannende Art und Weise die Möglichkeit, der Natur nahe zu sein. Die Grundlagen des Paddelns sind relativ leicht erlernbar. Mit ein wenig Übung ist fast jeder, der schwimmen kann, unabhängig vom Alter in der Lage, auf stehenden und leicht fließenden Gewässern ein Kanu zu steuern.

Die in diesem Band vorgestellten Touren befinden sich auf teils klassischen Wanderflüssen. In den zwanziger und dreißiger Jahren des 20. Jahrhunderts erfreute sich das Wasserwandern hier größter Beliebtheit. Heute beweisen steigende Zahlen, dass diese Form der aktiven Freizeitgestaltung wieder stark im Kommen ist. Unterstützt wird dies durch die besser gewordene Infrastruktur für Kanuwanderer, wie befestigte Ein- und Aussetzstellen, Bootshäuser, Campingplätze, Gasthöfe am Wasser, Kanuverleiher und Veranstalter.

Neben aller Improvisation, die sicher ihren Reiz hat, erhöht eine gewisse Planung der Tour den Genuss. Im ersten Teil des Buches wollen wir den Kanuwanderer mit einigen Basisinformationen „Rund ums Paddeln" vertraut machen. Der zweite Teil ist der ausführlichen Tourenbeschreibung vorbehalten. Dort finden Sie alle nötigen Informationen zur Planung und Durchführung Ihrer Tour.

Trotz des intensiven Gruppenerlebnisses empfiehlt sich, aus ökologischen Gründen, besonders auf kleinen, sensiblen Gewässern wie Diemel, Eder, Emmer, Rhume und Oker, das Paddeln nur in kleinen Gruppen oder mit der Familie. Vereine legen großen Wert auf „ökologisches Paddeln", daher kommt einem Beitritt, angesichts drohender Gewässersperrungen immer mehr Bedeutung zu, um hier ggf. gegensteuern zu können.

In den immer zahlreicher werdenden Vereinshäusern, deren Zeltwiesen meist direkt am Wasser liegen, findet der organisierte Kanuwanderer günstige Übernachtungsmöglichkeiten und, ganz nebenbei, den Kontakt zu Gleichgesinnten.

Beim Deutschen Kanuverband (DKV) findet man auch Hilfe und Beratung beim Erwerb von Kanuausrüstung, bei der Suche nach einer Kanuschule, einem Veranstalter, Informationen zu Gewässersperrungen und Befahrungsregelungen – gute Argumente für eine Mitgliedschaft.

Alles rund ums Paddeln

Tipps zum Kanuwandern

Kanufahren ist im allgemeinen ein „ungefährlicher" Sport. Voraussetzung ist allerdings, dass man sich an einige Regeln hält:

- **Allein sollte man nur dann paddeln, wenn man sein Kanu gut beherrscht.**
- **Eine Schwimmweste sollte man ganz selbstverständlich tragen. Am besten man gewöhnt sich von Anfang an daran, dann „vergißt" man sie nicht, wenn man sie wirklich braucht.**
- **Kinder müssen immer eine ohnmachtssichere Rettungsweste tragen.**
- **Über den Streckenverlauf sollte man sich in allen Details vor der Fahrt ausreichend informieren (gutes Kartenmaterial), um vor unliebsamen Überraschungen sicher zu sein.**
- **Stromschnellen, Wehre u.ä. sollte man vor einer Befahrung ausgiebig besichtigen.**
- **Sich nicht im Kanu hinstellen.**
- **Das Gepäck festzurren und es so gegen Verlust bei Kenterung sichern.**
- **Nicht alkoholisiert ins Kanu steigen.**
- **Ein aufgefrischter Erste-Hilfe-Kurs sollte selbstverständlich sein, um nicht nur anderen, sondern auch sich selbst helfen zu können.**

Eine Besonderheit, mit der man auf einigen Touren konfrontiert wird, sind die Seilfähren. Sie werden an einem unter der Wasseroberfläche verlaufenden Stahlseil, das sich über die ganze Flußbreite spannt, entlanggezogen. Hat man eine Fähre vor sich, die gerade den Fluß überquert, empfiehlt es sich, anzuhalten und abzuwarten, bis sie das andere Ufer erreicht hat, um dann zügig zu passieren.

Aufregend ist auch das Erlebnis, zum ersten Mal in eine Schleusenkammer einzufahren. Es ist schon komisch, eingekeilt zwischen großen Pötten auf seine Schleusung zu warten. Aber selbstverständlich wird man vom Schleusenmeister an die Schleusenwand gewiesen – möglichst nicht ans vordere Schleusentor, denn da geht es manchmal ganz schön wild zu, wenn das Wasser einströmt. An einer in der Schleusenwand verankerten Eisenleiter kann man sich während des Schleusenvorgangs festhalten.

In der Schleuse von Wahnhausen (Fulda)

Grundsätzlich gilt auch hier, wie beim Fahren auf den Schifffahrtsstraßen, dass die Berufsschifffahrt immer Vorfahrt hat. Die wichtigsten Binnenschifffahrtzeichen finden Sie weiter hinten (siehe Seite 22). An den großen Staustufen, beispielsweise am Main, ist der Kanute sein eigener

Gleislore an der Fulda

An einer Kette läßt man die Lore vorsichtig ins Wasser gleiten und achtet tunlichst darauf, dass sich vor dem schweren Gefährt niemand auf den Schienen befindet. Dann zieht man das Kanu auf die unter der Wasseroberfläche befindliche Lore – und los geht's.

Da, wo sich Wasserskistrecken befinden, wechselt man am besten die Uferseite, denn es kann für Kanufahrer ganz schön nervig sein, auf die von allen Seiten anschwappenden Wellen zu reagieren. Wasserski ist nur an den dafür vorgesehenen gekennzeichneten Stellen in der Zeit von 9 - 12 Uhr und 15 - 18 Uhr gestattet. Grundsätzlich macht man nichts falsch, wenn man Wehre umträgt. Das gilt für alle von Menschenhand geschaffenen Hindernisse. Bei Hochwasser bilden sie häufig einen gefährlichen bis lebensgefährlichen Rücksog, der schon bei relativ flachem Wasser zu tödlichen Unfällen geführt hat.

Ein Schrägwehr ist bei normalem Wasserstand meist fahrbar – man sollte es dort durchfahren, wo das Wasser am deutlichsten strömt.

Ein Steilwehr bildet fast immer einen gefährlichen Rücksog und sollte deshalb umtragen werden!

Ein Anschwellen der Besucherzahlen hat dazu geführt, dass immer mehr Streckensperrungen ausgesprochen werden. Hierfür tragen neben den Anglern und Motorbootfahrern sicherlich auch jene

Schleusenwärter. Dann erfolgt die Schleusung in der neben der großen Schleuse gelegenen Sportbootschleuse.

Zuweilen trifft man auf Bootsschleppen. Sie machen das „Umtragen" des Kanus im wahrsten Sinne des Wortes zum Vergnügen, wenn der Schleusenmeister seine wohlverdiente Mittagspause hält oder die Schleuse geschlossen hat. Dabei handelt es sich um eine Lore, eine Eisenkarre, deren Schienen neben der Schleusenkammer entlang auf der einen Seite aus und der anderen Seite ins Wasser führen.

Kanuten Verantwortung, die sich nicht immer vorbildlich verhalten. Da werden rücksichtslos Schilfgürtel „durchpflügt", Seerosenfelder durchpaddelt, Abfälle im Wasser und am Ufer „deponiert", und die Ufervegetation beschädigt. Da nimmt es nicht Wunder, wenn immer mehr Stimmen laut werden, die (verständlicherweise) fordern, viele sensible Gewässer sperren zu lassen. Deshalb sollte man sich an einige wenige Regeln halten, um auch noch den nach uns Paddelnden dieses Naturidyll zu erhalten:

- **Nicht in Schilfgürtel einfahren.**
- **Zu Vogelansammlungen ausreichend Abstand halten und keine Wasservögel vor sich „hertreiben".**
- **Sperrzonen und -zeiten respektieren und ausreichend Abstand zu Gelegezonen halten.**
- **Flache Gewässer nicht befahren, da es** durch häufige Grundberührungen zur Beeinträchtigung von Fischlaich, zahlreichen Wasserinsekten und Muscheln kommt.
- **Offenes Feuer ist im Wald in der Zeit vom 1. März bis 31. Oktober verboten. Bei hoher Waldbrandstufe auch an den dafür freigegebenen Feuerstellen.**
- **Auf jeden Fall Abfälle wieder mitnehmen und auch nicht im Wald vergraben.**
- **Exkremente müssen mit dem sinnvollerweise mitgeführten Klappspaten im Wald vergraben werden.**
- **„Wildzelten" ist, wie schon im Vorwort erwähnt, nicht mehr zu verantworten – zu groß ist die damit verbundene Belastung für die Natur.**

Auf den meisten der hier beschriebenen Touren findet man Zeltplätze oder Bootshäuser der Wassersportvereine fast immer direkt am Wasser. Immer mehr

DKV-Station in Höxter an der Weser

Jugendherbergen, Gasthöfe und Hotels entstehen entlang der Wasserwanderstrecken, so dass man nachts nicht unbedingt auf ein Bett verzichten muß. Informationen dazu bekommt man über den DKV, den Deutschen Kanu Verband (siehe „Wichtige Adressen").

Das Kanu

Bevor es an die Planung einer Tour geht, steht die Frage nach Kanu und Ausrüstung. Hierzu möchte das Buch eine kleine Hilfestellung geben.

Zu Anfang ist es sinnvoll, sich ein Kanu zu leihen, bevor man sich für ein Boot entscheidet, um dann nach der ersten Tour vielleicht festzustellen, daß die Entscheidung etwas voreilig war. Daher nennen wir dazu in diesem Buch fast zu jeder Tour mindestens eine oder mehrere Leihmöglichkeiten oder einen Tourenveran-

stalter, der überdies die Frage des Rücktransportes erübrigt.

Hat man sich jedoch zum Kauf entschlossen, stellen sich verschiedene Fragen. Welche Gewässer möchte ich vorwiegend befahren? Fahre ich alleine im Boot oder mit dem Partner, mit Kindern, mit der ganzen Familie? Mache ich nur kleine Tagestouren oder gar mehrwöchige Gepäckfahrten? Wie transportiere ich mein Kanu? Wo lagere ich es?

Ohne das Thema zu sehr zu vertiefen, gilt es, zwischen folgenden Kanutypen und „Einsatzgebieten" zu unterscheiden:

Kajak (Wildwasser, Wanderflüsse, Seen)

Faltkajak mit Steuervorrichtung (große Seen, Wanderflüsse, Küstenfahrten, ohne Steuer auch leichtes Wildwasser)

Schlauch-Kanadier (Wildwasser, wenig windanfällige Seen und Flüsse, Expeditionstouren)

Falt-Kanadier (Seen, Wanderflüsse, leichtes Wildwasser, Expeditionstouren)

Mit Kajak und Kanadier auf der Fränkischen Saale

Kanadier (Seen, Wanderflüsse, leichtes Wildwasser).

Um sich für einen Bootstyp und dann das entsprechende Kanu zu entscheiden, sollte man einmal ein sogenanntes „Testival", das von großen Fachhändlern meist an einem Wochenende zum Auftakt der Saison veranstaltet wird, besuchen. Dort kann man in Ruhe die verschiedensten Boote testen und sich dann entscheiden. Über Ort und Termin informiert der DKV (siehe „Wichtige Adressen").

Im folgenden benutzen wir den Begriff Kanu als Oberbegriff für die Bootstypen Kajak und Kanadier.

Der Kajak, der immer sitzend mit einem Doppelpaddel angetrieben wird und mit seinem geschlossenen Deck trocken bei Regen und bei durchschnittenen Wellen läuft, hat den großen Vorteil, dass er bei einer Kenterung durch die „Eskimorolle" wieder aufgerichtet werden kann und durch sein windschlüpfriges Verhalten für den Einsatz auch auf großen Seen und für Küstenfahrten geeignet ist. Der Nachteil liegt darin, daß die Zuladung beschränkt, das Ein- und Aussteigen umständlich und die Sitzposition, anders als beim Kanadier, durch die Bauweise vorgegeben ist.

Der Kanadier besticht durch sein großzügiges Raumangebot und das einfache Beladen, Ein- und Aussteigen; Kinder können sich in ihm freier bewegen. Auch für den, der das Kanu durch ein Stechpaddel antreibt, bieten sich im Sitzen mit angewinkelten oder gestreckten Beinen oder kniend variantenreiche Sitzpositionen, die ein ermüdungsfreieres Paddeln ermöglichen. Die grössere Kippstabilität wird vom Anfänger als angenehm emp-

funden. Sein Nachteil liegt eindeutig bei der größeren Windanfälligkeit, die das Befahren von großen, offenen Wasserflächen mühsam oder gar gefährlich werden lassen. Doch kann er mit einer Persenning (Spritzdecke) auch spritzwasserfest und weniger windanfällig gemacht werden.

Zum notwendigen Zubehör gehören:
- **Paddel.** Doppelpaddel sollten eine Länge von ca. 220 - 240 cm haben, während das im Kanadier verwendete Stechpaddel beim Stehen bis unters Kinn reichen sollte. Bei Kindern kann man es ruhig etwas länger wählen. Kunststoffpaddel sind zwar pflegeleichter als Holzpaddel, die aber sind vom Material her sympathischer.
- **Reservepaddel.** Muß in jedem Kanu griffbereit, aber sicher befestigt vorhanden sein. Noch wichtiger ist dies bei Solopaddlern, da sie manövrierunfähig werden, wenn das Paddel über Bord geht.
- **Rettungsweste.** Bei uns kommt kein Kind ohne ohnmachtssichere Rettungsweste ins Boot. Sie hat einen Kragen, der den Kopf über Wasser hält und so wirklich vor dem Ertrinken schützt.
- **Schwimmweste.** Jeder Erwachsene sollte sie tragen (auch als Vorbildfunktion). Wie die Rettungsweste auch, muß sie dem Körpergewicht des Trägers angepaßt sein.
- **Bootswagen.** Ist für längere Landtransporte unverzichtbar. Wer sich einen zulegt, sollte gleich auf gute Verarbeitung achten. Er sollte stabil, das Rohrgestell verschweißt statt genietet und zusammenklappbar sein, breite Räder und eine Stütze haben, so daß er auch von nur einer Person beladen werden kann.

- **Praktisches:**

Leinen zum Festmachen und Halten des Kanus.

Spanngurte zum Festzurren der Säcke und Tonnen.

Schwamm zum Säubern und „Entwässern" des Kanus.

Wurfsack. Die in einem Sack aufgerollte Leine wirft man dem zu Rettenden zu (will geübt sein).

Kniepolster dienen beim knienden Paddeln zur Entlastung der Knie. Ideal können Knieschützer sein, wie sie von Fliesenlegern verwendet werden, oder ein Stück Isomatte.

Reparaturzeug. Dazu gehört wasserfestes **Duck Tape-Klebeband** (klebt fast alles), ein **Mehrzwecktaschenmesser** oder **Tool** mit **Schraubenzieher**, eine **Kombizange**, **Holzleim** (Paddel) und **Reparaturset für das Kanu.**

Für Hilfe bei der Entscheidung zum Kauf eines Kanus können wir wieder auf den DKV verweisen.

Die Ausrüstung

Einige der hier beschriebenen Touren lassen sich so planen, dass man mit wenig Gepäck von Gasthof zu Gasthof paddeln kann, um am Abend warm und trocken beim Abendessen im Schankraum zu sitzen. Kein Zelt, kein Schlafsack, kein Kocher und kein Geschirr „belasten" den Kanuwanderer. Aber schließlich kann auch beides seinen Reiz haben.

Ein Zelt, einen Schlafsack und Isomatte sollte man jedoch immer dabei haben. Denn wer weiß schon, ob man sein Tagesziel auch erreicht oder ein Gewitter die ganze Planung über den Haufen wirft.

Will man nicht auf seinen morgendlichen Kaffee oder die Spaghetti am Abend verzichten, muß ein Campingkocher mit auf Tour.

Folgende Typen unterscheidet man:

- **Benzinkocher.** Hat den höchsten Heizwert. Benzin ist überall zu bekommen und billig.

Kanadier auf der Werra

- **Gaskocher.** Nicht so hoher Heizwert, jedoch sauberes Verbrennen. Teure Kartuschen.
- **Multifuel-Kocher.** Guter Heizwert. Ist mit fast jedem Flüssigbrennstoff zu betreiben und sehr leicht.
- **Petroleumkocher.** Hoher Heizwert, jedoch Geruchsbelästigung, die, anders als beim Benzin, nicht „verfliegt".
- **Spirituskocher.** Sind leicht und einfach zu handhaben. Hat einen relativ geringen Heizwert.

Als Küchenausstattung empfehlen wir ein Kochset, bestehend aus drei verschieden großen, ineinandergestellten Kochtöpfen (2 L, 1,5 L, 1 L), einem Wasserkessel und zwei verschieden großen Deckeln, die gleichzeitig als Pfannen dienen. Wir haben außerdem immer eine Espressokanne dabei, mit der wir unseren Kaffee kochen. Weiterhin tiefe und flache Teller, Besteck, Wassersack, Thermoskanne, Thermobecher, kleines Schälmesser, Schneidebrettchen, Alufolie, Geschirrtuch, Spülmittel und eine Faltschüssel.

Weitere Ausrüstungsgegenstände sind ein Klappspaten, Toilettenpapier, Erste-Hilfe-Set, Waschzeug, Insektenschutz, Taschenmesser, Taschenlampe, Fernglas, Schreibutensilien.

Für die hier in diesem Buch beschriebenen Touren benötigt man keine teure High-Tech-Kleidung, aber eine gute Regenjacke und -hose läßt den Paddler dem nächsten Regenschauer gelassen entgegensehen. Ansonsten sollte man nach dem „Zwiebelprinzip" verfahren – mehrere leichte Kleidungstücke übereinanderziehen. Fleecepullis, die mit ihrer hervorragenden Isolationseigenschaft, dem geringen Gewicht und der Tatsa-

che, daß sie im nassen Zustand noch wärmen, aber auch schnell trocknen, geben wir vor Wolle den Vorzug. Jeans sind denkbar ungeeignet, da sie sich in nassem Zustand unangenehm auf der Haut anfühlen und schlecht trocknen. Daher findet bei uns eine lange Hose aus einem Synthetic-Baumwollgemisch Einzug ins Gepäck. Im Kanu ideal sind leichte Turn- oder Segelschuhe; für kleine und große Ausflüge haben wir immer Wanderschuhe dabei. Da die Sonneneinstrahlung auf Wasserflächen sehr intensiv ist, dürfen ein Sonnenschutz und eine Sonnenbrille nicht fehlen. All die hier beschriebenen Ausrüstungsgegenstände finden Platz in wasserdichten Weithals-Tonnen sowie transparenten Packsäcken, die durch ein „Roll-/Steckverschluß-System" wasserdicht verschlossen werden. Mehrere kleine sind idealer als wenige große! Von den meisten Kanuvermietern erhält man solche Tonnen vor Antritt der Fahrt. Ist man jedoch mit dem eigenen Kanu unterwegs und scheut zu Anfang die für mehrere Säcke/Tonnen recht hohen Anschaffungskosten, tun es zu Beginn auch stabile Plastik- oder Müllsäcke.

Checklisten

Lebensmittel

❑ Kartoffeln
❑ Zwiebeln/Knoblauch
❑ Kräuter/Gemüse
❑ Obst (vorzugsweise Äpfel)
❑ Nudeln
❑ Reis
❑ Kartoffelpüree
❑ Mehl
❑ Salz
❑ Zucker
❑ Backpulver/Trockenhefe
❑ Gewürze
❑ Eier
❑ Speck
❑ _____
❑ Corned Beef
❑ Ketchup
❑ Tomatenkonzentrat
❑ Parmesankäse in Beuteln
❑ Gemüsebrühe
❑ Instantsuppen
❑ Olivenöl
❑ Essig
❑ frisches Brot
❑ Knäckebrot
❑ Margarine
❑ Salami
❑ Hartkäse
❑ Marmelade
❑ Honig
❑ _____
❑ Kaffee
❑ Tee
❑ Milchpulver
❑ Puddingpulver
❑ Kakao
❑ Müsli
❑ Nüsse/Trockenfrüchte
❑ Kekse
❑ Schokolade
❑ Müsliriegel
❑ _____
❑ _____

Kleidung und Körperpflege

❑ lange Hosen
❑ Fleecehose
❑ kurze Hose
❑ T-Shirts
❑ einmal Klamotten stadtfein
❑ Fleece 100
❑ Fleece 200
❑ _____
❑ Unterwäsche
❑ lange Sportunterwäsche
❑ Socken
❑ Fleecesocken
❑ Regenjacke
❑ Regenhose
❑ Regenhut
❑ Badezeug
❑ Handtuch
❑ Waschbeutel (Shampoo, Seife,
    Zahnbürste / -pasta, Haarbürste,
    Pinzette, Fettcreme, Sonnenschutz,
    Insektenabwehr, Spiegel, Rasierzeug)
❑ Wanderschuhe
❑ leichte Leinenschuhe
❑ Neoprenschuhe
❑ evtl. Neoprenhandschuhe
❑ evtl. Fleecemütze
❑ Kopfbedeckung
❑ Moskitoschutz
❑ _____

Küche

❑ Benzinkocher
❑ Benzinflasche
❑ Grillrost
❑ Anzünder
❑ Streichhölzer / Feuerzeug
❑ Kochtopfset

❑ Espressokanne
❑ _____
❑ Thermoskanne
❑ Teller (tief / flach)
❑ Tassen
❑ Bestecke
❑ Kochlöffel
❑ Sparschäler
❑ _____
❑ große Schere
❑ kleines scharfes Messer
❑ kleines Holzbrett
❑ Faltschüssel
❑ Alufolie
❑ Geschirrtuch
❑ Spülmittel
❑ Waschmittel
❑ Stahlschwamm
❑ Topfreiniger
❑ _____
❑ _____
❑ _____

Werkzeug und Zubehör

❑ Reparatur-Set für Kanu
❑ Duck Tape-Klebeband
❑ Seam-Grip-Kleber
❑ Gummihammer (Ally)
❑ Draht
❑ Brennerersatzteile
❑ Ersatz-Blitzverschlüsse
❑ Sand- und Stahlheringe
❑ Holzleim
❑ Tool (mit Schraubenzieher und
   Kombizange)
❑ Taschenmesser
❑ Schleifstein
❑ _____
❑ Klappsäge
❑ Klappspaten
❑ Arbeitshandschuhe
❑ Schraubhaken
❑ Karabinerhaken

❑ _____
❑ Spanngurte
❑ Spiralschloss
❑ Taschenlampe (auch als Stirnlampe)
❑ Batterien
❑ Kerzen
❑ Streichhölzer / Feuerzeuge
❑ Plastiktüten
❑ Plastiknetz / Kartoffelnetz
❑ Toilettenpapier
❑ Papiertaschentücher
❑ Schnüre / Seile
❑ Gummis
❑ Wäscheklammern
❑ Nähzeug
❑ _____
❑ _____

Medikamente / Erste Hilfe

❑ Wundpflaster
❑ Mullbinden
❑ Mullkompressen
❑ elastische Binden
❑ Dreieckstücher
❑ _____
❑ Verbandspäckchen
❑ kl. Brandwundenverbandtuch
❑ Leukoplast
❑ Desinfektionsmittel / Antiseptikum
❑ Zugsalbe
❑ _____
❑ Wundsalbe
❑ Aspirin
❑ Salbe für Sportverletzungen
❑ Brandsalbe
❑ Erkältungsmittel
❑ Antihistamingel
❑ Antihistamintropfen
❑ Insektenabwehr
❑ Teebaumöl
❑ Zeckenzange
❑ Eine spitze und eine breite Pinzette
❑ _____

Freizeit

- ❏ Bücher
- ❏ Vorlesebuch
- ❏ Bestimmungsbücher
- ❏ Malzeug, -block,
- ❏ Schreibstifte, Anspitzer
- ❏ Edding wasserfest
- ❏ _____
- ❏ Blumenpresse
- ❏ Lupe/Becherlupe
- ❏ kleines Brett-Steckspiel
- ❏ Fotokamera
- ❏ Filme
- ❏ Musikkassetten / Hörspiele
- ❏ evtl. Walk-/ Discman fürs Auto
- ❏ Schnorchel, Tauchermaske
- ❏ Frisbee, Ball
- ❏ Angelrute
- ❏ Angelköder
- ❏ Klappkescher
- ❏ _____
- ❏ _____

Unterwegs

- ❏ Auslandskrankenversicherung
- ❏ Krankenkassenkarte
- ❏ Personalausweis
- ❏ Führerschein
- ❏ Fahrzeugschein
- ❏ Schiffsfahrkarte
- ❏ Campingkarte
- ❏ DKV-Ausweis
- ❏ Bahncard
- ❏ Bargeld
- ❏ EC-Karte
- ❏ Kreditkarte
- ❏ _____
- ❏ Adreßbuch
- ❏ Landkarten
- ❏ wasserdichte Kartentasche
- ❏ Kompass
- ❏ Reiseführer

- ❏ Wörterbuch
- ❏ Handy
- ❏ Auto-/ Ladegerät für's Handy
- ❏ Uhr / Wecker
- ❏ Einhandmesser
- ❏ Sonnenbrille mit Band
- ❏ Fernglas
- ❏ kleiner Rucksack
- ❏ _____
- ❏ _____
- ❏ _____

Kanu, Kanuzubehör und Ausrüstung

- ❏ Kanu
- ❏ Paddel
- ❏ Reservepaddel
- ❏ Spritzdecke, Persenning
- ❏ Schwimmwesten
- ❏ Kanuwagen
- ❏ Leinen
- ❏ Seitentaschen
- ❏ Sitzunterlagen / Kniepolster
- ❏ Schwamm
- ❏ Hängesitz fürs Kanu
- ❏ Wassersäcke
- ❏ _____
- ❏ Zelt
- ❏ Zeltstangen / -heringe
- ❏ Zeltunterlage
- ❏ Zeltlampe
- ❏ Therm-a-rest-Matten
- ❏ Schlafsäcke
- ❏ Fleece-/ Baumwollinletts
- ❏ Kopfkissenbezüge (Fleecehüllen)
- ❏ Hängematten
- ❏ Faltsitz
- ❏ Moskitonetz
- ❏ Tarp (mit Leinen)
- ❏ _____
- ❏ _____
- ❏ _____
- ❏ _____

„Kleine Kanadier-Paddelkunde"

Paddelhaltung. Eine Hand faßt den Paddelknauf, hierbei wird der Griff von oben wie beim Spaten umfaßt. Die andere Hand umgreift den Paddelschaft, so daß Ober- und Unterarm einen Winkel von 90 Grad bilden (siehe Abb. 1).

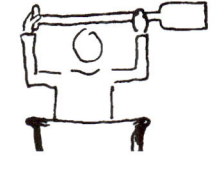

Abb. 1

Einsteigen. Den Kanadier parallel zum Steg bringen. Wenn Strömung vorhanden ist, wird der Bug gegen die Strömung (stromaufwärts) gerichtet. Der Steuermann steigt mit Blick in Fahrtrichtung zuerst ein. Dabei setzt er ein Bein in die Mitte des Kanus und stabilisiert es mit dem über beide Süllränder (Bootsränder) und den Steg-/Uferrand gelegten Paddel; dabei müssen die Hände Paddelschaft und Süllrand umfassen. Nach dem Einsteigen muß der Schwerpunkt alsbald nach unten verlagert werden, da das Kanu sonst instabil wird (siehe Abb. 2).

Abb. 2

Allgemeines. Auf dem hinteren Sitz nimmt in der Regel der erfahrenere oder kräftigere Paddler Platz. Er gibt im Flachwasser die grobe Richtung vor, der Vordermann versucht ihn zu unterstützen. Der Vordermann gibt die Schlagzahl vor; es ist darauf zu achten, daß ein möglichst gleichmäßiger Schlagrhythmus eingehalten wird, um ein „Aus-dem-Ruder-laufen" zu vermeiden. Je nach Ausdauer kann ein Wechsel der Paddelseiten stattfinden, der von beiden nach Absprache gleichzeitig durchgeführt wird. Der Vordermann hat weiterhin die Aufgabe auf Hindernisse, die direkt vor dem Kanu auftauchen, aufmerksam zu machen.

Grund- oder Treibschlag. Das ganze Paddelblatt wird senkrecht ins Wasser getaucht und parallel zum Boot (in Bootslängsachse) durchs Wasser gezogen. Dabei wird mit dem unteren Arm gezogen, während der obere Arm drückt; gleichzeitig wird der Oberkörper etwas nach vorne geneigt und mitgedreht. Stimmen Vorder- und Hintermann ihren Grundschlag aufeinander ab, bewegt sich das Kanu kursstabil geradeaus (s. Abb. 3). Paddelt nur einer, bewegt sich das Kanu der paddelabgewandten Seite zu (s. Abb. 4). Ein „Aus-dem-Ruder-laufen" wird mit dem Steuerschlag ausgeglichen.

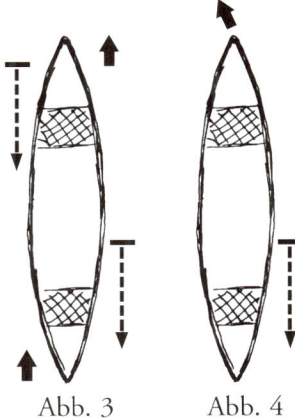

Abb. 3   Abb. 4

Steuer- oder J-Schlag. Das Drehen beim Grund-schlag „Aus-dem-Ruder-laufen" wird vom Hin-termann durch den wichtigen Steuer- oder soge-nannten „J-Schlag" korrigiert. Dabei wird das Paddel zuerst wie beim Grundschlag geführt, am Körper vorbei in einer Bogenbewegung mit der wasserverdrängenden Paddelseite vom Boot weg-gedrückt (s. Abb. 5). Dabei zeigt der Daumen der Hand am Paddelknauf nach unten und der Hand-rücken nach außen. Der Vordermann kann weiter-hin den Grundschlag ausführen oder die Dreh-bewegung mit einem Bogenschlag verstärken.

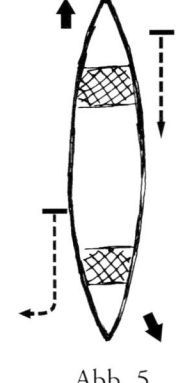

Abb. 5

Bogenschlag. Zum Drehen des Bootes von der Schlagseite weg; besonders bei niedrigem Tempo wird eine deutliche Richtungsänderung erzielt. Beim Bogenschlag wird das Paddel in einem Halbkreis geführt, der weit vorne dicht am Boot beginnt und möglichst weit hinten am Heck endet. Das Paddelblatt wird hierbei flach unter der Wasseroberfläche geführt. Diese Variante gilt für den Solopaddler.
Im Zweierkanadier reicht es, den Bogenschlag als Halbbogenschlag vom Steuermann auszuführen (siehe Abb. 6) oder umgekehrt, der Vordermann führt die erste Hälfte des Bogenschlages als Halb-bogenschlag aus (siehe Abb. 7).

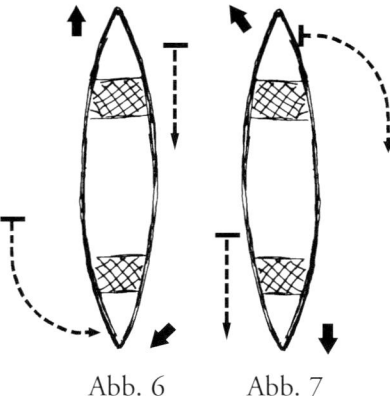

Abb. 6   Abb. 7

Konterschlag. Der Konterschlag dreht das Boot schnell von der Schlagseite weg. Dabei wird das Paddelblatt parallel und dicht am Boot ins Wasser getaucht und weggedrückt. Der Süllrand kann als Stütze dienen, durch die eine Hebelwirkung er-zielt wird (s. Abb. 8). Führt der Hintermann den Konterschlag und der Vordermann gleichzeitig den Bogenschlag oder den nachfolgend erklärten Ziehschlag aus, dreht sich das Kanu auf der Stelle. Führen beide (Schlag- und Steuermann) den Konterschlag auf derselben Seite aus, so wird das Kanu parallel seitlich versetzt (s. Abb. 9).

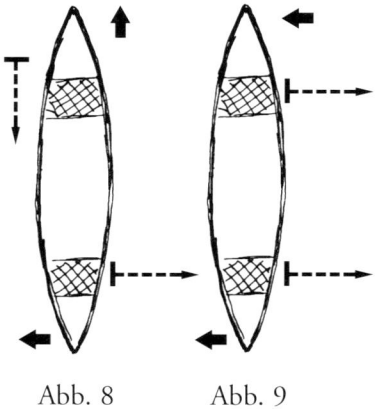

Abb. 8   Abb. 9

Ziehschlag. Beim Ziehschlag lehnt man sich weit zur Paddelseite hinaus und führt das Paddelblatt parallel zum Boot ins Wasser und zieht es, nicht zu dicht, an die Bootswand heran. Dabei wird der Kanadier zur Paddelseite hin bewegt (siehe Abb. 10). Bei diesem Schlag ist darauf zu achten, daß das Paddelblatt nicht unter den Bootskörper gezogen wird, da dies zum Kentern führen kann.

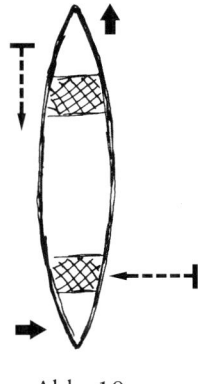

Abb. 10

Paddelstütze. Sie dient zum Stabilisieren des Kanadiers, um ein Kentern zu verhindern. Falls das Kanu zur Paddelseite hin kentern will, wird das Paddel weit nach außen flach gestreckt und das Blatt zur Fahrtrichtung leicht geöffnet. Durch Druck aufs Wasser setzt der Stabilisierungseffekt ein.
Achtung: Dieser Schlag setzt zur optimalen Wirkung eine gewisse Eigengeschwindigkeit voraus.

Die hier beschriebenen Paddelschläge können und sollen miteinander kombiniert werden. Einige Beispiele haben wir gegeben. Zur korrekten Ausführung wird das Paddel im Prinzip nicht durch das Wasser „gezogen", sondern das Paddel soll annähernd stationär bleiben und das Kanu soll über das Wasser bewegt werden. Hierbei wird eine optimale Kraftausbeute angestrebt; bei einem sehr gut ausgeführten Paddelschlag gibt es keine Verwirbelungen und kaum Wellen am Paddelblattt.

Ausführliche Anleitungen zum Kanufahren findet man in empfehlenswerten Büchern, die hinten im Buch unter „Literaturhinweise" aufgeführt sind.

Schlagrichtung

— Paddelblatt

Bewegungsrichtung

Binnenschifffahrtszeichen

Durchfahrt
verboten

Gesperrte
Wasserfläche

Begegnungs-
und
Überholverbot

Überholverbot
allgemein

Ankerverbot

Stillliege-
verbot

Festmache-
verbot

Wellenschlag
vermeiden

Fahrverbot
für Maschinen-
fahrzeuge

Fahrverbot für
Sportboote

Vorsicht

Fahrwasserein-
engung rechtes
Ufer

Begrenzte
Fahrwasser-
tiefe

Begrenzte
Höhe über
Wasserspiegel

Begrenzte
Breite

Geschwindigkeit
nicht
überschreiten

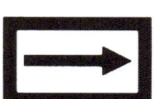

Gebotene
Fahrtrichtung

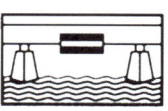

Durchfahrt
unter Brücke
verboten

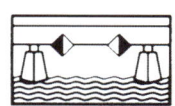

Durchfahrt
nur zwischen
Schildern

Wehr –
Durchfahrt
frei

Fahrtrichtungs-
empfehlung

Hochspannungs-
leitung kreuzt

Vorsicht Wehr

nicht frei
fahrende Fähre

Sportboot-
schleuse

Stillliege-
erlaubnis

Wasserski-
strecke

Ende von
Einschränkungen

Ankererlaubnis

22

Symbole

*Burg,
Burgruine*

Schloss

*Sehens-
würdigkeit*

Museum

*Camping-
platz*

*Übernach-
tung*

*Jugend-
herberge*

*Kanuvereins-
gelände*

*Café,
Restaurant*

Baden

*Fahrrad-
verleih*

*Natur-
schutzgebiet*

Fähre

*Umtrage-
stelle*

Schnelle

Wanderweg

 **Sehenswerter Ort**

**Wehre und Schleusen sind auf den
Karten folgendermaßen dargestellt:**    Wehr    Schleuse

Touren für den Paddler

Tourenübersicht

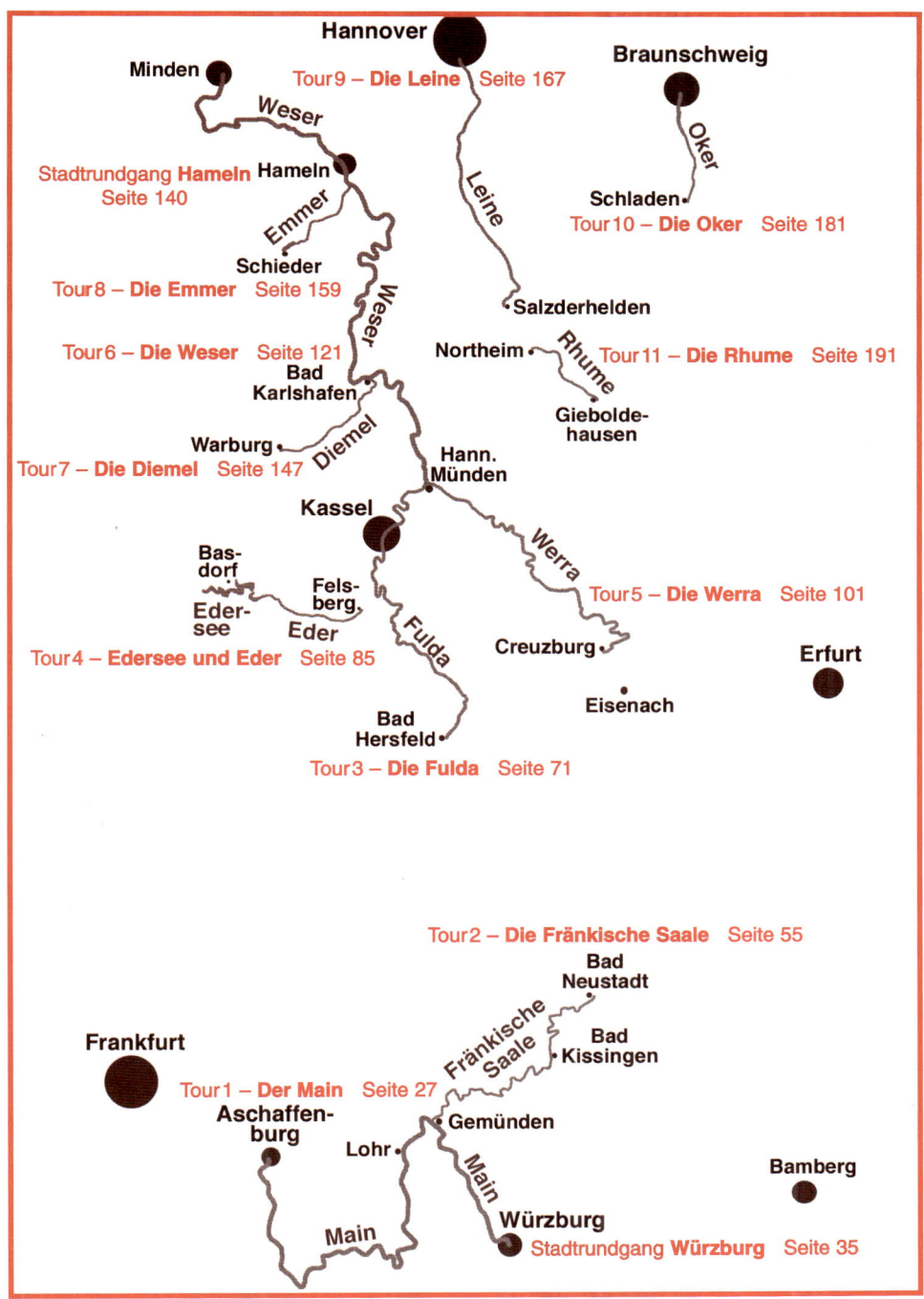

Zu den Touren

Alle vorgestellten Touren, die bei durchschnittlichem Wasserstand einfach zu fahren sind, wurden von uns im Jahre 2001 / 2002 gepaddelt und gründlich recherchiert. Allerdings sollte bedacht werden, dass bei verändertem Wasserstand aus einem ruhigen Flüsschen ein reißender Fluss werden kann!

Dieses Handbuch erhebt keinen Anspruch auf Vollständigkeit, doch haben wir versucht, aus allen Bereichen wenigstens eine „Anlauf-Telefonnummer" zu nennen. Bei Campingplätzen haben wir in der Regel darauf verzichtet, da eine Voranmeldung normalerweise unnötig ist.

Wir waren bemüht, die Touren dort beginnen und enden zu lassen, wo Verkehrsverbindungen zurück zum Ausgangspunkt bestehen. Die aufgeführten Übernachtungsstellen wie Campingplätze, Gasthöfe oder Jugendherbergen liegen immer am Wasser oder zumindest in Wassernähe. Der Einfachheit halber haben wir mit Gaststätten jene bezeichnet, wo man nur essen kann; Gasthöfe bieten grundsätzlich Übernachtungsmöglichkeiten. Als günstig bezeichnen wir Übernachtungspreise bis ca. 40.- Euro pro Doppelzimmer, als normal 50.- bis 70.- Euro pro Doppelzimmer. Um sich seines Bettes sicher zu sein, ist es notwendig, telefonisch vorzubestellen. Dies gilt ebenso für die Gelände der Wassersportvereine. Die Kartenskizzen sind ausschließlich als Planungskarten gedacht und ersetzen keine Wasserwanderkarte!

Achten Sie bei der Tourenplanung von längeren Wanderfahrten auf ausreichende Ruhetage. Sie können für vielfältige Aktivitäten genutzt werden. Die Touren führen fast ausschließlich durch eine herrliche Kulturlandschaft, so dass es schade wäre, nicht wenigstens einigen der zahlreichen malerischen Städte und Dörfer und den sehenswerten Kirchen und Klöstern einen Besuch abzustatten. Wer vom Wasser mal genug hat, den erwartet auf Wander- und Radwegen entlang der Flüsse ausreichend Gelegenheit zum „Aktivsein".

Die im Infoteil ausgesprochenen Etappenvorschläge schließen Wanderungen, ausgedehnte Stadtrundgänge und Museumsbesuche nicht mit ein. Museen haben montags meist geschlossen. Öffnungszeiten haben wir so dargestellt: (Di-So 10-17), was heißen soll, dass Dienstag bis Sonntag von 10.00 Uhr bis 17.00 Uhr geöffnet ist.

Zu erwähnen bleibt, dass dort, wo im Infoteil Umtragestellen angegeben sind, auch ein Kanuwagen hilfreich, ja manchmal unentbehrlich ist.

Besonders im städtischen Bereich haben wir ein Spiral- oder Bügelschloss dabei – es gibt uns ein besseres Gefühl, wenn wir das Kanu einmal längere Zeit liegenlassen.

Die Angaben zu den Entfernungen bei den Umtragestellen sind Näherungswerte.

Einen ersten groben Überblick über jede Tour geben die Piktogramme im Informationsteil zu den Touren. Wir haben Punkte von 0 bis 4 vergeben.

Wein und Kultur satt

Der Main

Informationen Main

Aktivitäten	Natur	Kultur	Baden	Hindernisse

Charakter der Tour: Viel Kultur und Kulinarisches erwarten den Kanuwanderer. Liebliche Fluss- und Hügellandschaften, teils weinbewachsen, wechseln mit gemütlichen alten fränkischen Dörfern und interessanten Städten. Mal begleiten einen steil aufragende Weinberge, dann wieder bewaldete Hügel, die dicht ans träge fließende Wasser heranreichen, auf denen prächtige Burgen und Schlösser thronen.

Um all die Sehenswürdigkeiten, Ausflugsziele und nicht zuletzt die zahlreichen Weinstuben und Häckerwirtschaften auch gebührend würdigen zu können, sollte man sich auf kurze Tagesetappen zwischen 15 und 25 km einstellen. Und wer am Abend sein Zelt nicht auf einem der vielen Campingplätze aufschlagen möchte, findet sicherlich in der Nähe des Ufers nach einem fränkischen Essen noch ein weiches Bett.

Die meist am Main entlangführende Bahnlinie ermöglicht auch kurze Tagesetappen und leichtes Nachholen des Pkw.

Wer vom Wasser mal genug hat: Odenwald, die Rhön, der sagenumwobene Spessart mit seinen tief eingeschnittenen Tälern und die Weinberge entlang des Mains laden zu kurzen, aber auch ausgedehnten Wanderungen und Radtouren ein.

Anreise: A 7 Kassel – Würzburg, Abfahrt 101 über die B 19 Richtung Würzburg. Auf der B 8 am Hauptbahnhof vorbei, Richtung Main.

Einsetzstelle: In *Würzburg* hinter der Straßenbrücke (Friedensbrücke) der B 8/27 am linken Ufer. Alternativ in Erlabrunn oder am Campingplatz Zellingen.

Aussetzstelle: In *Aschaffenburg*, Jachthafen auf Höhe des Stadttors hinter dem Schloss.

„Zurück zum Pkw": Mit der Bahn von Aschaffenburg nach Würzburg oder Retzbach-Zellingen.

Länge der Tour: ca. 165 km.

Etappenvorschlag: 1.Tag: *Würzburg – Karlstadt;* 2.Tag: *Karlstadt – Lohr;* 3.Tag: *Lohr – Rothenfels;* 4.Tag: *Rothenfels – Homburg;* 5.Tag: *Homburg – Wertheim;* 6.Tag: *Wertheim – Fechenbach;* 7.Tag: *Fechenbach – Miltenberg;* 8.Tag: *Miltenberg – Trennfurt;* 9.Tag: *Trennfurt – Aschaffenburg.*

Umtragestellen: Es gibt Sportschleusen an den Staustufen. Wenn notwendig, kann neben den Schleusenanlagen umtragen werden.
Ein Bootswagen sollte mitgeführt werden.

Sehenswürdigkeiten:
Würzburg: (siehe Stadtrundgang Seite 35 bis 37).
Veitshöchheim: Schloss und Rokokogarten.
Zellingen-Retzbach: Rathaus (1586) und Barockkirche (Balthasar Neumann), bekannter Wallfahrtsort „Maria im Grünen Tal".
Laudenbach bei Karlstadt: Jüdischer Bezirksfriedhof (einer der größten Bayerns, Führungen: Tel. (09353) 86 38), Burgruine, Pfarrkirche.
Karlstadt: Hallenkirche St. Andreas, Stadtbefestigung mit Toren, gotisches Rathaus (1422), stauferzeitliche Burgruine Karlsburg, Stadtgeschichtliches Museum.
Gemünden: Altstadt, Stadtmauer, Ruine Scherenburg, Huttenschloß mit Verkehrsmuseum, Im Sinngrund: Burg Rieneck (5km), Wasserschloß Burgsinn (8km).
Lohr am Main: Malerische Altstadt mit Fischerviertel, Renaissance-Rathaus (1602), Stadtpfarrkirche St. Michael, Stadtturm, ehem. Kapuzinerkloster, Kurmainzer Schloss, Spessartmuseum, Schulmuseum, Infozentrum Naturpark Spessart.
Neustadt a. Main: romanische Pfarrkirche St. Michael, klostergeschichtliches Museum.
Rothenfels: Kleinste Stadt Bayerns mit idyllischen Fachwerkhäusern, Burganlage.
Marktheidenfeld: Barockes „Franck-Haus" und Pfarrkirche St. Laurentius.
Lengfurt-Triefenstein: Schiffersiedlung, Dreifaltigkeitssäule auf dem Marktplatz, Baldachinhochaltar in der kath. Pfarrkirche.
Homburg: Museum Papiermühle, Fachwerkschloss mit histor. Tasteninstrumenten-Museum, Burkhardus-Grotte, denkmalgeschützte steile Weinbergslage „Kallmuth".
Urphar: Mittelalterliche Jakobskirche.
Wertheim: Historische Burgruine, Rathaus, Grafengrabmal, Grafschaftsmuseum, Glasmuseum, Kilianskapelle, Pfarrkirche mit Kapelle, Wehrtürme, Jüdischer Friedhof, Marktplatz mit alten Fachwerkhäusern, Engelsbrunnen.
Kreuzwertheim: Marktplatz, Wallfahrtskirche, Schloss.
Dorf- und Stadtprozelten: Schifferdorf mit Binnenschifffahrtshafen, Burgruine Henneburg, malerisches Rathaus (1520), alte Pfarrkirche, Heimatmuseum.
Freudenberg: Fachwerk-Rathaus (1499), Stadtkirche, Burgruine „Frouwedenberch" (1200).
Bürgstadt: Martinskapelle von 950 mit Fresken, Alte Pfarrkirche, historisches Rathaus, Ruine der Centgrafenkapelle, Hammer- und Heimatmuseum, prähistorische Ausgrabungen.
Miltenberg: Marktplatz „Schnatterloch" mit Brunnen und schönen Fachwerkhäusern, Mildenburg (1180), älteste Fürstenherberge Deutschlands „Riesen", ehemalige Synagoge, Stadtmuseum, St.-Jacobs-Kirche, Altstadtfest am ersten Juliwochenende, Brauereibesichtigung, Michaelis-Messe (größtes Volksfest am Untermain) am letzten Augustwochenende.
Klein- und Großheubach: Barockschloss mit Park, erhaltener ehemaliger Galgen (außerhalb des Ortes), Kloster- und Wallfahrtskirche Engelberg (13.Jh.), Fachwerk-Rathaus (1612).
Laudenbach: Schloss mit Porzellansammlung.
Klingenberg a. Main: Schöne Altstadt, Burgruine Clingenburg, Clingenburger Festspiele im Juli, Weinbau- und Heimatmuseum, Teddymuseum, Stadtschloss.
Wörth a. Main: Stadtmauer mit Türmen, Rathaus, erhaltener Galgen, Schifffahrtsmuseum.
Obernburg a. Main: Römermuseum, St.Annakapelle mit Fresken aus dem 16.Jh.
Aschaffenburg: Schloss Johannisburg mit Gemäldegalerie, Pompejanum, Schloss Schönbusch mit engl. Landschaftsgarten, Stiftskirche mit Stiftsmuseum, Naturwissentschaftliches Museum, Automuseum Rosso-Bianco (größte ständige Sportwagenschau der Welt).

Sonstige Aktivitäten:

Paddeln: Auf dem Main von Bamberg nach Würzburg, der Fränkischen Saale (siehe Tour 2), der Wern, der Tauber.

Wandern: Auf dem „Mainwanderweg" (Höhenweg entlang des Mains), dem Wanderweg „Wein und Natur", auf zahlreichen thematischen Wanderwegen „Wege zum Wein", dem Lehrpfad „Karlstadter Trockengebiete", zu Deutschlands umfangreichster Ruine Homburg, ins Hafenlohrtal (eines der schönsten Spessarttäler), in die Täler von Sinn, Saale, Lohr, Tauber und Kahl; auf dem Rundwanderweg „Odenwald-Main-Spessart" rund um Miltenberg, dem „Rotweinwanderweg" von Großwallstadt nach Miltenberg.

Radfahren: Auf zahlreichen Radwegen wie z.B. dem Maintal-Radwanderweg (332,5 km), dem Main-Werra-Radwanderweg (135 km), dem Werntal-Radwanderweg (53 km), dem 3-Länder-Radweg (225 km), dem Rhön-Sinntal-Radwanderweg, dem Kahltal-Spessart-Radwanderweg, dem Main-Tauber-Radwanderweg (555 km), dem „16-Mühlen-Radweg" bei Marktheidenfeld.

Baden: Nautiland Würzburg; Freibad Zellingen, Karlstadt, Gemünden, Lohr, Lengfurt, Wertheim; in der Badeanlage „Bad Maradies" in Marktheidenfeld; Klostersee bei Trennfeld; Natursee Freudenberg; Hallenfreibad Miltenberg; Schwimmbad mit großer Wasserrutsche in Klingenberg; Mainpark-See in Aschaffenburg mit Campingplatz.

Wein: „Winzer für einen Tag" (*Weinlese* in den Weinbergen entlang des Mains); *Weinfeste* vom Sommer bis in den Herbst; *Weinproben* bei verschiedenen Winzern;

Sonstiges: Angeln; Klettern am „Edelweiß" bei Karlstadt; *Schiffsfahrten* auf dem Main.

Kartenmaterial: Wassersport-Wanderkarte 3 „Deutschland Südwest" (mit Staustufen), 1 : 450 000, Jübermann Verlag; Radtourenkarte „Maintal-Radwanderweg", 1 : 100 000; Wander- und Radtourenkarte „Naturpark Spessart", Blatt Süd, 1 : 50 000.

Literaturhinweise: Deutsches Flusswanderbuch, DKV-Verlag; Radwanderbroschüre „Main-Spessart" (Touristeninformationen); „Radtouren in Mainfranken", Bruckmann Verlag; DuMont Kunstreiseführer „Der Main", DuMont Verlag; „Spessart Wegweiser", Echter Verlag; „Würzburg – Literarische Reisewege", Insel Verlag; „Das Wirtshaus im Spessart", Insel Verlag.

Übernachtung in Wassernähe:

Würzburg: Campingplatz und Bootshaus des Kanuclub Würzburg, Tel.(0931) 725 36.

Erlabrunn: Historisches und schönes Hotel „Meisnerhof", Tel. (09364) 808 70.

Zellingen: Campingplatz mit Freibad.

Retzbach: Gasthof „Vogelsang", Tel. (09364) 80 50.

Karlstadt: Campingplatz mit Freibad.

Gemünden: Campingplatz des Kanusportclubs (laut, aber günstig gelegen); Campingplatz „Saale-Insel" mit Freibad (500 m saaleaufwärts); Gasthof „Zur Linde", Tel. (09351) 33 57.

Langenprozelten: Paddelsportverein „PSV Langenprozelten", Tel. (09351) 89 48; Pension „Betz", Tel. (09351) 34 86.

Steinbach: Gasthof „Adler", Tel. (09352) 87 50-0 (echte Hausmannskost!).

Lohr a. Main: Campingplatz.

Erlach a. Main: Gasthof „Goldener Anker", Tel. (09393) 99 77 87.

Zimmern: Campingplatz.

Rothenfels: Gasthof „Anker" (günstig), Tel. (09393) 401.

Marktheidenfeld: Pension „Fischerhof", Tel. (09391) 91 53 03.

Homburg: Familie Gerberich (günstig), Tel. (09395) 394 od. 12 229; „Weinhaus zum Ritter", Tel. (09395) 1506.

Wertheim/Eichel: Bootshaus Kanuclub Wertheim, Tel. (09342) 851 54 oder 0170/292 51 54; „Pension Hofgarten" (günstig), Tel. (09342) 64 26; Campingplatz in Bestenheid hinter Wertheim.

Dorfprozelten: Gasthof „Goldener Stern", Tel. (09392) 989 89.

Fechenbach: Campingplatz.

Freudenberg: Gasthof „Mainblick" (günstig), Tel. (09375) 80 04; Hotel „Goldenes Faß", Tel. (09375) 92 86 90.

Miltenberg: Campingplatz .

Kleinheubach: Bootshaus der WSG.

Großheubach: Campingplatz und Gasthof „Weißes Roß", Tel. (09371) 83 87; Weingut und Gasthof „Zur Brezel" (günstige Gruppenräume), Tel. (09371) 28 24.

Laudenbach: Campingplatz.

Trennfurt-Röllfeld: Campingplatz.

Aschaffenburg: Gasthof „Goldener Karpfen" (günstiger) bzw. Hotel „Wilder Mann" (teurer, Unterstellmöglichkeit für Kanu bei beiden vorhanden), Tel. (06021) 443 69 70; Campingplatz Mainparksee (hinter Aschaffenburg, kurz vor der Autobahnbrücke Kanu rechts über die Straße in den Mainparksee heben, dort Campingplatz).

Wichtige Adressen:

Kanuverleih: „Boots- und Freizeitservice" in Haßfurt, Tel. (09521) 35 77; Campingplatz „Saaleinsel" in Gemünden, Tel. (09351) 20 58; „Der Bootsplatz" in Kreuzwertheim, Tel. (09342) 91 31 77; „Kanu-Treff Maintal" in Freudenberg, Tel. (09375) 80 55.

Fahrradverleih: in Würzburg, Tel. (0931) 574 45; in Veitshöchheim, Tel. (0931) 96 06 26; in Karlstadt, Tel. (09353) 70 17; in Gemünden, Tel. (09351) 89 31; in Lohr, Tel. (09352) 51 52; in Marktheidenfeld, Tel. (09391) 91 53 03; in Wertheim, Tel. (09342) 61 23; in Miltenberg, Tel. (09371) 40 68 12; in Aschaffenburg, Tel. (06021) 37 42 88.

Angeln: Fischereiverband Unterfranken in Würzburg, Tel. (0931) 41 44 55. Adressen der Ausgabestellen für Tageskarten in der Broschüre „ Zu Gast in Main-Spessart, aktiv sein, erholen, geniessen" und „Fischen in der unteren Fränkischen Saale mit Grund-, Spinn- oder Fliegenrute" erhältlich in den Touristen-Informationen.

Sonstiges: Touristik GmbH in Veitshöchheim („Winzer für einen Tag", „Wandern ohne Gepäck", usw.), Tel. (0931) 980 27 41; Main-Spessart-Informationszentrale für Touristik in Karlstadt (Radwanderbroschüre, Wanderweg „Wein und Natur", u.v.m.), Tel. (09353) 79 32 34; Spessartbund e.V. in Aschaffenburg, Tel. (06021) 152 24, www.spessartbund.de (Wanderkarten, Wanderführer).

Auskunft: Touristen-Information *Würzburg*, Tel. (0931) 37 33 35; Städt. Fremdenverkehrsbüro *Karlstadt*, Tel. (09353) 98 13 47, www.karlstadt.de; www.mainspessart.de; Touristen-Information *Gemünden*, Tel. (09351) 38 30; Touristen-Information *Lohr*, Tel. (09352) 51 52, www.lohr.de; Touristen-Information *Wertheim*, Tel. (09342) 10 66; Touristen-Information *Miltenberg*, Tel. (09371) 40 41 19; Verkehrsamt *Klingenberg*, Tel. (09372) 133 11; Touristen-Information *Aschaffenburg*, Tel. (06021) 39 58 00/01.

Karte Main

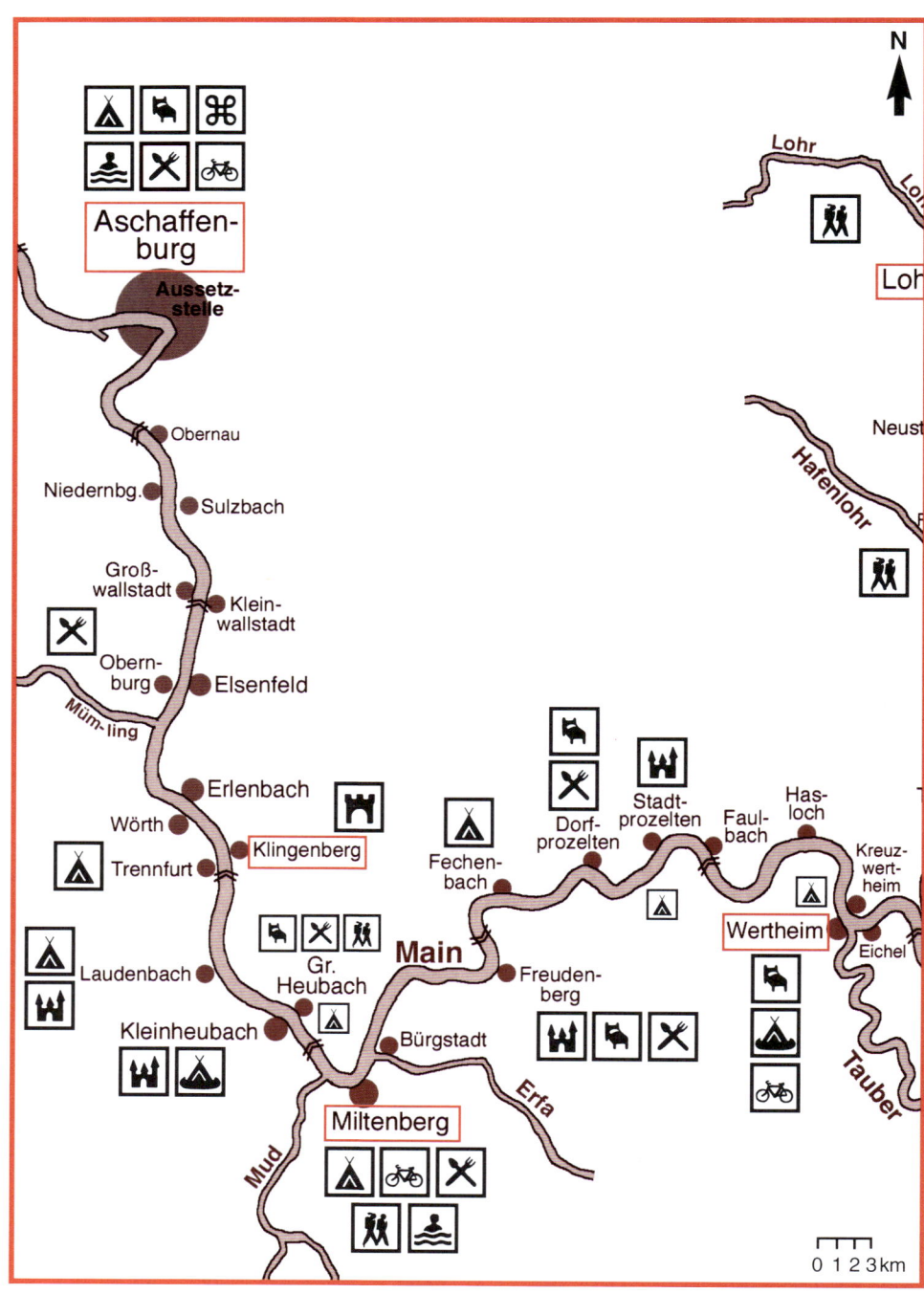

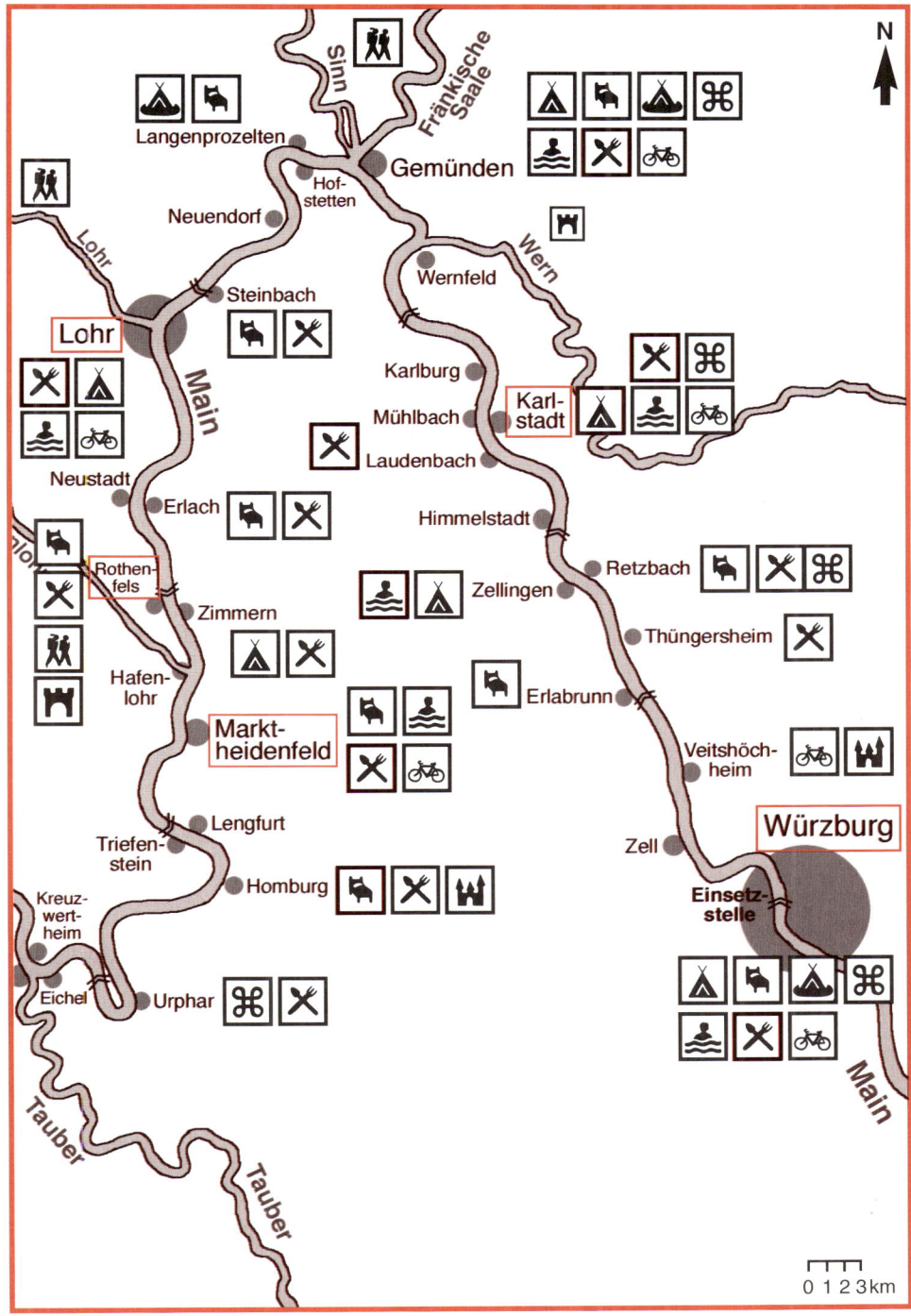

Wein und Kultur satt

„Zwei Wochen können wir uns für diese Tour schon Zeit nehmen", beschließen wir spontan. Wir sitzen im gemütlichen Schankraum des Gasthauses „Anker" in Thüngersheim. Zum Glück gibt es hier keine Übernachtungsmöglichkeit, sonst hätten wir nach dem ersten Thüngersheimer Schoppen und dem leckeren Herzragout das Paddel vielleicht schon aus der Hand gelegt. Immerhin waren wir zuvor schon in Veitshöchheim und hatten den prächtigen und bekannten Rokokogarten bewundert. Schloss und Garten wurden seit dem 17. Jahrhundert von den Würzburger Fürstbischöfen als Fasanerie und Sommersitz genutzt. Mit seinen Seen, Wasserspielen und über 200 Sandsteinskulpturen zählt er zu den schönsten und besterhaltensten Rokokogärten Deutschlands.

Die erste Staustufe in Erlabrunn umgingen wir wie alle folgenden mit Hilfe der Sportbootschleuse im Selbstbetrieb.

Wenn man sich an die Anleitung hält, ist die Schleusung völlig unproblematisch. Und sollte wider Erwarten mal eine Schleuse nicht in Betrieb sein, kann auf jeden Fall auch umtragen werden. Beachtenswert ist, dass einige der Schleusen mit einer eingebauten Fischtreppe kombiniert sind, so dass man nach Einfahren in die Schleusenkammer mit dem Kanu besser in der vorderen Hälfte auf die Schleusung wartet. Andernfalls könnte es passieren, dass sich das Boot nach Leerlaufen der Kammer in einer bedenklichen Schräglage auf der Fischtreppe wiederfindet. Die Schleuse in Würzburg hatten wir uns gespart, indem wir dahinter an der Friedensbrücke am linken Ufer einsetzten. Am Tag zuvor hatten wir uns die Residenzstadt Würzburg ausführlich angeschaut. Wer in der Stadt übernachten will, dem sei das Bootshaus des Kanuclubs Würzburg oder, außerhalb in Erlabrunn, der „Meisnerhof" empfohlen, ein in Ufernähe liegendes romantisches Hotel mit Biergarten und Radlerjause aus dem Jahre 1672.

Unterhalb der Weinhänge Marienbergs liegen St. Burkard und Main

Nach Thüngersheim geht es weiter, vorbei an rechts steil aufragenden Weinbergen, die jetzt in der gleißenden Sonne liegen. Vom gegenüber liegenden paddlerfreundlichen Zellinger Campingplatz und dem daneben liegenden Schwimmbad tönt fröhliches Kinderlachen über den Fluss. Auch von hier aus könnte man gut zur Main-Tour starten, denn der Bahnhof Retzbach-Zellingen

Blick von der Alten Mainbrücke auf Marienberg

ist nur etwa 15 Minuten Fußweg entfernt. Unmittelbar vor der Brücke, die Retzbach mit Zellingen verbindet, legen wir am rechten Ufer an, um dem schönen Ortsteil Retzbach einen Besuch abzustatten. Wer nicht im historischen Gewölbekeller des Winzerkellers oder in einer der Gaststätten einen der hiesigen Weine probieren möchte, sollte sich die 1738 vom Barockbaumeister Balthasar Neumann errichtete Wallfahrtskirche anschauen.

Hinter der Staustufe von Himmelstadt säumen steil aufragende, von Weinreben gekrönte Muschelkalkfelsen den Main. Nach der Flussbiegung können wir die

weithin sichtbar auf einem Bergrücken unter einer stauferzeitlichen Burg errichtete Pfarrkirche von Laudenbach erblicken. Im Jahre 1665 wurde in Laudenbach für 14 Kultusgemeinden der jüdische Friedhof angelegt, der heute mit 1,6 ha einer der größten in Bayern ist. Noch 2350 Grabstätten sind auf dem ganzen Areal sichtbar, die älteste von 1667, die letzte von 1941, vor Beginn der Deportationen in Mainfranken. Links in einer Bucht legen wir an einem Kiesstrand an, um uns im dahinter liegenden Biergarten noch einmal zu stärken, bevor wir auf das nahe Karlstadt, dem Ziel unserer ersten Tagesetappe zustreben.

Stadtrundgang Würzburg

*Wir starten unseren Stadtrundgang durch die Stadt Tilman Riemenschneiders und Balthasar Neumanns an der **Alten Mainbrücke (1)** mit ihren charakteristischen zwölf Heiligenfiguren. Aus Sandstein geschlagen, sind die bis zu 4,5 m hohen Apostel, Bischöfe und Namensheilige auf halbrunden Podesten hoch über dem Main postiert. Während die Brücke bereits 1133 fertiggestellt war, kamen die Figuren erst um 1730 hinzu. Linksmainisch erhebt sich über steilabfallenden Weinhängen der Schlossberg mit der imposanten Festung Marienberg. Wie Logen muten die den Berg umschließenden und mit Reben bestandenen Terrassen an. Ihnen zu Füßen erstreckt sich nach Osten, mit Dom und Neumünster als Kern der einst geistlichen Stadt, ein Gewirr von Straßen und Gassen. Am **Rathaus (2)** vorbei, mit seinem auf einem kleinen Platz* *davor befindlichen barocken Vierröhrenbrunnen (1765), gelangen wir in die Altstadt. Mit sei-nem romanischen Turm ist der ehemalige Besitz eines Burggrafen, der im Auftrag des Bischofs Recht sprach, seit 1316 Rathaus. Die auf die Wand des Gebäudes gemalte Linde soll an die Gerichtslinde erinnern, unter der Schöffen und Richter die öffentlichen Prozesse zu führen hat-ten. Die breite Domstraße führt uns geradewegs auf den* **Dom St. Kilian zu (3)***. Die viertgrößte romanische Kirche Deutschlands wurde von Bischof Bruno, einem Vetter Kaiser Konrads II., ab 1040 errichtet. Die schlichten Westtürme sind im Stil der Romanik, die Osttürme im Stil der frühesten Gotik erbaut. An diese lehnte Balthasar Neumann 1749 eine barocke Sakristei. Der Kircheninnenraum ist in reichstem Hochbarock stuckiert. Die in den Südwestturm einge-fügte Taufkapelle beherbergt das bronzene Taufbecken von 1279. Es ist das einzige größere Bron-zegusswerk, das im 13. Jh. im süddeutschen Raum gegossen wurde. Am Querhaus angebaut ist die Schönbornkapelle, die Altäre und Epitaphien für vier Fürstbischöfe birgt. Weiterhin sehens-wert sind die Krypta, der gotische Kreuzgang und die Sepultur, die Grablege der Domherren. Nur durch den Kiliansplatz vom Dom getrennt, ragt der mächtige Kuppelbau der* **Neumüns-terkirche (4)** *mit seiner aufwändigen Barockfassade empor. Als romanische Basilika des 11. Jh. errichtet, stammen der Turm aus dem 13. Jh. und die barocke Schaufassade von 1710. Sehens-wert ist u.a. die in einer Nische aufgestellte Madonna Tilman Riemenschneiders von 1493. An dieser Stelle, wo sich die Krypta befindet, sollen der Überlieferung nach die irischen Missionare Frankens enthauptet und unter einem Pferdestall verscharrt worden sein. Im daneben liegenden Lusamgärtlein befindet sich das Grabdenkmal des in der Stadt verstorbenen Dichters Walther von der Vogelweide. Vom Kiliansplatz führt die Hofstraße geradewegs auf* **die Residenz (5)** *zu. Als Hauptwerk des süddeutschen Barock und eines der bedeutendsten Schlösser Europas ist sie von der UNESCO zum Weltkulturerbe erklärt worden. In 24 Jahren, von 1720 bis 1744, wur-de sie nach Plänen Balthasar Neumanns gebaut. Trotz schwerer Zerstörungen der gesamten An-lage im 2. Weltkrieg blieb das großartige Treppenhaus mit seinem freitragenden Gewölbe und den einmaligen Deckengemälden mit den Allegorien der vier Kontinente von Giovanni Tiepolo unversehrt. Gartensaal, Weißer Saal, Kaisersaal und die Paradezimmer, ausgestattet mit reich-stem Rokoko und illusionistischen Übergängen von Fresken zu Stuck, sind ebenfalls sehr sehens-wert. Nach einem Besuch der angeschlossenen Hofkirche von Balthasar Neumann und Gemäl-den von Tiepolo (Engelsturz, Himmelfahrt Mariens) schlendern wir noch durch den im fran-zösichen Stil angelegten, mit Laubengängen und Gartenplastiken geschmückten Hofgarten.*

In nordwestliche Richtung schließt sich die Theaterstraße an, die uns vorbei am **Roten Bau (6)***, einem Familienpalais des frühen 18. Jh., zum* **Bürgerspital zum Hl. Geist (7)** *führt, einer gotischen Kirche mit wertvollen Plastiken. Sehenswert ist auch der malerische Innenhof mit Arkadenbau von 1717. Ein Schlenker über die Semmel- und Textorstraße bringt uns zum* **Stift Haug (8)***, dem bedeutendsten Werk des italienischen Architekten Petrini. Mit seiner strengen, hohen Doppelturmfassade und der mächtigen Vierungskuppel ist die Kirche der erste große Kir-chenbau der Barockzeit in Franken. Rund 200 m weiter westlich erreichen wir das* **Juliusspital (9)***, eine schlossartige Barockanlage von Fürstbischof Julius Echter. Der „steinerne Stiftungsbrief" im Durchgang zum Garten weist aus, dass neben Alten und Kranken auch Waise und Pilger aufgenommen wurden. Beeindruckend ist vor allem der von Petrini geschaffene Nordflügel. Auch Fürstenbau genannt, liegt unter ihm der riesige Weinkeller des Juliusspital-Weingutes, das über 165 Hektar Weinberge in und um Würzburg verfügt, deren Ertrag in 230 Eichenholzfässern* *ausgebaut wird. Über die Schönbornstraße geht es nach rechts zum Marktplatz der Stadt. Hier bewundern wir die üppige Stuckfassade des **einstigen Gasthauses Falkenhaus (10)** aus dem Jahre 1751, das nach der Zerstörung im Krieg mit Hilfe von Fotos wieder originalgetreu aufgebaut wurde. In ihm befindet sich heute die Touristeninformation. Nebenan erhebt sich die **Marienkapelle (11)**, die einzige gotische Kirche der Stadt. Im Jahre 1377 wurde mit ihrem Bau begonnen, der Turmbau um 1480 vollendet. In ihr befinden sich zahlreiche Grabmäler fränkischer Ritter und Bürger, Kostbarkeiten wie Riemenschneiders Epitaph sowie Tafeln eines spätgotischen Altars. Am Marktportal erinnert eine Eisentafel an die Grabstätte des 1753 hier bestatteten Balthasar Neumann.*

*Schnell haben wir über die schöne Alte Mainbrücke das gegenüber liegende Mainufer erreicht und steigen nun über die Tellsteige zur **Festung Marienberg (12)** mit ihren interessanten Museen hinauf. Ein grandioser Blick über Main und Stadt belohnt uns. Um 1200 wurde die Burg gegründet und war von 1253 bis 1719 Sitz der Fürstbischöfe. In der Marienkirche, der ältesten Kirche Frankens, ruhen unter 20 Grabplatten die sterblichen Überreste von 20 Bischöfen. Unter Julius Echternach wurde die Festung nach 1600 zum Renaissanceschloss umgebaut. Aus dieser Zeit stammt der reizvolle Tempel, der über dem 104 m tiefen Brunnen errichtet wurde. Nach der Eroberung durch Gustav Adolf von Schweden im Jahre 1631 wurde sie zur Barockfestung ausgebaut. Unbedingt sehenswert sind die weltberühmten Plastiken Tilman Riemenschneiders im Mainfränkischen Museum sowie das Fürstenbaumuseum mit Sammlungen zur Würzburger Stadtgeschichte. Nach soviel Kultur kann man sich nun in der Burggaststätte bei einem Frankenwein wunderbar erholen.*

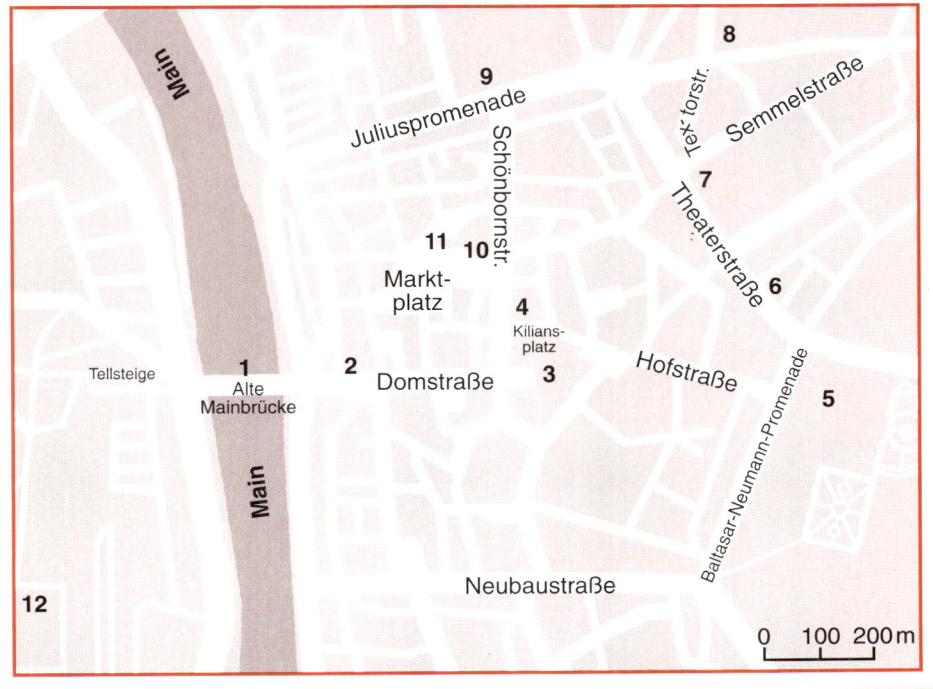

Karlstadt mit Blick auf die Ruine Karlsburg

durch die stauferzeitliche Stadt selbst überzeugen. Die Stadtmauer mit ihren vier Toren umgrenzt ein annähernd rechteckiges Areal von 375 x 325 m Ausdehnung. Dieses betreten wir durch den „Oberen Torturm", der im Volksmund auch „Katzenturm" heißt, seit der letzte Türmer seinen Fall aus dem vorletzten Stockwerk auf einen großen Reisighaufen unbeschadet wie eine Katze überstand. Das eingemauerte Kreuzigungsrelief aus dem 15. Jh. war früher die sogenannte „Beichtmarter", die letzte Station zum Tode Verurteilter auf ihrem Weg zum Richtplatz. Glanzpunkte der um 1200 gegründeten Stadt sind jedoch die romanisch-gotische Stadtpfarrkirche und das 1422 als Rat-, Kauf- und Tanzhaus errichtete Rathaus. Mit seiner dreischiffigen Markthalle mit den Ständen der Bäcker und Metzger im Erdgeschoss und dem größten Bürgersaal Frankens verkörpert es den Urtyp des deutschen Rathauses. Unter der doppelläufigen Freitreppe befand sich das „Narrenhäusle" genannte Arrestlokal für die meist bezechten nächtlichen Ruhestörer.

Eine gute Anlegemöglichkeit bietet der Steg des Campingplatzes kurz vor der Brücke am rechten Mainufer. Besuchern, die nur einen Abstecher in die sehenswerte Altstadt unternehmen wollen, sei der Kurzzeitliegeplatz für Sportboote hinter der Brücke auf Höhe des Maintores empfohlen. Karlstadt ist ein schmuckes Städtchen, das mit seiner von einer Stadtmauer umgebenen intakten Altstadt auch zu einem längeren Aufenthalt einlädt. Davon können wir uns am nächsten Morgen bei einem Bummel

Als Rest einer stattlichen Burg ragt die Ruine Karlsburg auf steilem Felsen gegenüber der Stadt hoch empor. Ihre Entstehung geht auf die Zeit um 600 zurück. Neben der Aufgabe als Fluchtburg für die Bewohner der benachbarten

Siedlungen dürfte die Anlage auch der Verwaltung und fränkischen Landerschließung gedient haben. Zur Ruine machten sie die Aufständischen des Bauernkriegs von 1525. Dafür mussten nach dem Sieg der Bischöfe zahlreiche Bürger Karlstadts, die sich den Bauern angeschlossen hatten, büßen. Sie wurden auf dem Marktplatz öffentlich hingerichtet. Nach kurzem Aufstieg liegt uns die Stadt mit ihrem Auf und Ab der gestaffelten Giebel buchstäblich zu Füßen.

Die Hitze des Tages hat nachgelassen, und so verstauen wir unser Gepäck im Kanu, um die kurze Strecke nach Gemünden zurückzulegen. Nach der Staustufe Harbach verschwinden die lieblichen Weinhänge; der Wald rückt nun dicht ans Ufer – das Tal wird enger. Links lockt der Jachthafen von Wernfeld mit einem großzügigen Gästeanleger. Eine Fußgängerbrücke führt auf die andere Mainseite zum Dorf, das sich den bewaldeten Hügel hinaufzieht. Der Ort ist idealer Ausgangspunkt für eine Wanderung zur sieben Kilometer entfernten Ruine Homburg bei Gössenheim im Werntal, einer der größten Burgruinen Deutschlands.

Schwarz aufziehende Wolken und in der Ferne grollender Donner mahnen uns zur Eile, als wir rechts in die Mündung der Fränkischen Saale paddeln. Nur wenige Meter weiter legen wir am hölzernen Anleger des Kanuclubs Gemünden an. In Anbetracht des aufziehenden Gewitters lässt uns der nette Platzwart im obersten Stockwerk des Bootshauses die Liegematten ausrollen. So ersparen wir uns am nächsten Morgen das Abbauen des sicherlich nassen Zeltes. Wer

sein Boot hier nur für die Nacht „parken" möchte, könnte auch im nahegelegenen Gasthof „Zur Linde" übernachten. Die Drei-Flüsse-Stadt gilt mit ihrem dichten Wegenetz als idealer Ausgangspunkt für Wanderungen und Radtouren in den Naturpark Spessart. Aber auch als Basislager für Tagespaddeltouren auf Fränkischer Saale, Wern und Tauber ist sie zu empfehlen. Über der Altstadt erhebt sich die Scherenburg, das Wahrzeichen der Stadt, von deren Burgterrasse man einen schönen Blick über die Dächer hinunter zum Main hat. Vor der Weiterfahrt lohnt sicherlich ein Besuch des Verkehrsmuseums, mit Exponaten aus Schifffahrt, Eisenbahngeschichte und Straßenverkehr. Es ist wie die Touristeninformation im barocken Huttenschloss am Saaleufer untergebracht.

Vorbei an Langenprozelten, einem Ortsteil von Gemünden, geht es in einer starken Kehre Richtung Süden. Friedliche Samstagmorgen-Stimmung. Nach dem Regen der Nacht hängt nun der Nebel in den Spessarttälern, und nichts stört das leise Plätschern des gleichmäßig durch das Wasser gleitenden Paddels. Hier beginnt der sogenannte „romantische Waldmain". Hinter der Staustufe Steinbach legen wir schon wieder an. Wer in weiser Voraussicht das Frühstück in Gemünden spartanisch hat ausfallen lassen, kehrt nun zur wohlverdienten Mittagsrast im „Gasthof Metzgerei Adler" ein, der sich oben an der Straße neben der barocken Pfarrkirche befindet. Echte Hausmannskost wie hausgemachte Wildschweinsülze, Saure Nieren oder Sauerbraten mit Backklößen erwartet den Paddler.

Derart gestärkt, legen wir die zwei Kilometer, die uns von der Stadt Lohr trennen, in Rekordzeit zurück. Ein paar hundert Meter vor der Straßenbrücke geht es rechts in eine kleine sandige Bucht, die zum dahinter liegenden Lohrer Campingplatz gehört. Dieser hat einen direkten Zugang zum daneben liegenden Schwimmbad mit seiner 90-Meter-Riesenrutsche. Kurz dahinter folgt das Gelände des Lohrer Kanuclubs. Vor dem großen Mainparkplatz legen wir am Ufer an, um der malerischen Altstadt ei-

Fischerbrunnen im malerischen Fischerviertel

nen Besuch abzustatten. Schon im Jahre 1333 wurden Lohr durch Kaiser Ludwig die Stadtrechte verliehen; in der Folgezeit entwickelte es sich zu einem der wichtigsten Orte zwischen den Herrschaftsbereichen des Erzbistums Mainz und des Hochstifts Würzburg. In sieben Jahrhunderten erlangte der Lohrer Schiffbau weithin Anerkennung und Berühmtheit. Aus Spessarter Eichenholz bauten die Lohrer große Lastkähne, die auf Main, Rhein, Donau und Moldau verkehrten. Von Bedeutung waren auch die Erzeugnisse der „Lohrer Spiegelmanufaktur" des 17./18. Jahrhunderts. Leider nicht ohne bittere Folgen für die Menschen, die diese prachtvollen Spiegel fertigten. Die rückseitige Beschichtung mit Quecksilber führte zu schleichender Vergiftung. Bevor wir uns mit eigenen Augen von den kunstgeschichtlichen Erzeugnissen im Spessartmuseum überzeugen, bewundern wir die historischen Fachwerkbauten und flanieren durch das malerische Fischerviertel mit dem eindrucksvollen „Fischerbrunnen", der einen überlebensgroßen Fischer darstellt, der seine Netze aus dem Fluss zieht. Noch heute gibt es in Lohr Mainfischer, und wer auf einer Speisekarte „Meefischli" angeboten sieht, sollte sich die knusprig gebratene Leckerei nicht entgehen lassen. Besonders gut gefallen uns die phantasievollen Wirtshausausleger und Zunftzeichen, die über den Portalen von Gaststätten, Bäckereien, Apotheken usw. baumeln. Die „Schatzkammer des Spessart", das Spessartmuseum, zeigt uns dann auf über 2000 qm das Leben und Arbeiten von Holzhauern, Häffnern, Schiffbauern, Steinhauern und anderen Gewerbetreibenden. Es spannt in einer aufregenden Zeitreise den Bogen von der Vergangenheit bis zur Gegenwart des größten zusammenhängenden Laubwaldgebiets Deutschlands, das die Rahmenhandlung für Wilhelm Hauffs Märchensammlung „Das Wirtshaus im Spessart" bietet.

Auch hier könnten wir wieder verweilen, nicht zuletzt, um auf über 300 km markierter Wanderwege das im Museum Gesehene wieder wach werden zu lassen. Aber wir fahren weiter, vorbei an Pflochsbach und Rodenbach auf Erlach am Main zu. Das alte Schifferdorf mit seiner romanischen Pfarrkirche ist durch eine Fußgängerbrücke, vor der man links gut anlanden kann, mit dem auf der anderen Mainseite gelegenen Neustadt a. Main verbunden. Neustadt ist eine der ältesten Klostergründungen Frankens. Die romanische Pfarrkirche mit alten Türmen und dicken Mauern im Stil einer dreischiffigen Basilika lässt diese Zeit erahnen.

Müde und hungrig sind wir, als uns kurz vor Rothenfels eine Gruppe Ruderer entgegenkommt. Noch wissen wir nicht, wo wir diese Nacht verbringen werden. Unser Blick schweift auf das linksufrige, am Berg klebende Örtchen Zimmern mit seinem am Wasser liegenden Campingplatz „Mainland". Hier würde uns das dazugehörige Restaurant locken. Aber wie einer inneren Eingebung folgend, legen wir vor der am rech-

ten Mainufer liegenden Stadt Rothenfels an. Kaum zu glauben, dass dieser nur aus zwei bis drei Straßen bzw. Gassen bestehende malerische Flecken eine Stadt sein soll. Aber wahrhaftig, wir befinden uns in der kleinsten Stadt Bayerns. Ihr Name leitet sich von den roten Buntsandsteinfelsen ab, auf dem die steil über dem Main aufragende Burg Rothenfels errichtet ist. Neben den zahlreichen Fachwerkhäusern sind das historische Rathaus, das Spital (beide 1599) und die Kirche sehenswert. Beim Gang durch das „überschaubare Städtchen" fällt uns der am Mainufer gelegene historische Gasthof „Anker" aus dem Jahre 1703 auf. Ein Schild am Eingang weist darauf hin, dass das Haus den Ehrenpreis der Regierung für Fränkische Kochkunst verliehen bekommen hat. Grund genug für uns, am grün gekachelten Ofen auf einer der alten Holzbänke Platz zu nehmen. Nach einem fränkischen Roten und einer Mahlzeit aus eigener Hausschlachtung erfahren wir, dass dieser Gasthof vor fast 80 Jahren als DKV-Station diente. Bald blättern wir vorsichtig im vergilbten Papier eines alten DKV-Gästebuches aus dem Jahre 1928. Seinerzeit verpflichtete sich der Betreiber des Gasthofes, den Mitgliedern des Deutschen Kanuverbandes Quartier zu gewähren und sie durch Anbringung eines Landefloßes bzw. Gratisunterkunft der Boote zu unterstützen. Damals kostete ein Bett pro Nach 1,50 Reichsmark, die Tasse Milchkaffee 25 Pfennige und das Frühstück 80 Pfennige. Auf dem Gelände vor dem Gasthof durften die Zelte aufgestellt werden; Zeltstroh wurde kostenlos zur Verfügung gestellt.

„10 Gebote für Wasserwanderer" (aus dem Jahre 1928)

1. Du sollst auf der Wanderung nicht Deine Erziehung und Bildung von Dir tun. Unart und Roheit sind nicht dasselbe wie Freudigkeit und Kraft.

2. Du sollst keine Wasserwanderung unternehmen, der Du nicht gewachsen bist; denn es ist schimpflich, auf dem Wasser um Hilfe zu rufen und in fremde Hände gegeben zu sein.

3. Du sollst jede Wanderung sorgfältig vorbereiten, gleichviel ob Du allein, mit Freunden oder einer Führung fährst. Deine Kenntnis, wo, wie und wie lange Du zu fahren hast, sei ebenso vollkommen wie Deine Ausrüstung.

4. Du sollst Deinen Führer geziemend behandeln und Dich nach seinen Weisungen richten. Sie geschehen in Deinem Interesse.

5. Du sollst, wenn Du die Unterkunft des Verbandes oder seiner Vereine benutzt, Dich geziemend betragen und keine Ansprüche machen, die sich nur in einem Großstadthotel machen lassen. Du wirst nicht Deines Geldes wegen aufgenommen.

6. Du sollst morgens den Zeltplatz von Stroh säubern und dieses dahin bringen, wo Du es geholt hast.

7. Du sollst die Gegend in der Du wanderst nicht verunehren. Darum sollst Du keine Scherben und kein Unrat umherstreuen. Blumen und Bäume sollst Du schonen, Vieh und Wild nicht beunruhigen. Auch Pflanzen und Tiere sind Gottes Geschöpfe und sie tragen ihr Teil dazu bei Flüsse und Seen für Dich zu schmücken.

8. Du sollst der Berufsschiffahrt, deren Rechte auf dem Wasser größer sind als die Deinen, nicht hinderlich sein und beizeiten allen größeren Fahrzeugen aus dem Wege gehen. Du sollst die Wassergesetze kennen und danach wandern, damit die Polizeiorgane nicht zu Einschränkungen des Bootsverkehrs gezwungen werden.

9. Du sollst des Volkes Glauben und Sitten nicht bewitzeln und verbessern wollen. Der unberufene Apostel der Aufklärung schadet der Sache des DKV und wird ausgelacht, wenn ihm nichts Schlimmeres widerfährt.

10. Du sollst Dich stets als Angehöriger des DKV wissen und bewegen und Menschen, die zu uns passen, für unseren DKV werben.

Nach einem weiteren Roten beschließen wir, die Nacht hier zu verbringen. Das Kanu samt Gepäck wird die wenigen Meter vom Ufer zum rückwärtigen Gebäudeteil geschleppt und findet auf der überdachten Terrasse einen Platz. Dann raffen wir uns am Abend nochmal auf, um über die steilen Stufen hinauf zur Burg Rothenfels zu steigen. Sie beherbergt eine der größten Jugendherbergen Deutschlands und stammt aus dem Jahre 1148. Über die Grenzen hinaus bekannt wurde sie durch den berühmten Theologen Romano Guardini, der von 1927 bis 1939 geistlicher Leiter der Burg war und unter dessen Führung die Kapelle der Burg zum Herz der lithurgischen Bewegung wurde. Inspiriert durch das Dessauer Bauhaus, wurden zu dieser Zeit die Innenräume gestaltet. Heute lädt das Tagungshaus ein mit einem vielfältigen Programm zu Philosophie, Literatur und Religion. Spät am Abend erfahren wir bei einem letzten Roten, dass Rothenfels idealer Ausgangspunkt zu Wanderungen in eines der schönsten Spessarttäler, dem Hafenlohrtal, sein soll. Also beschließen wir für einen Tag das Paddel ruhen zu lassen und uns die Wanderschuhe überzuziehen (Wanderung s. Seite 44).

Es regnet Bindfäden, als wir nach einem opulenten Frühstück das Kanu beladen, um weiter zu paddeln. Bald schon mündet von rechts die Hafenlohr am gleichnamigen Ort in den Main. Der Name leitet sich übrigens von den vielen Häfnern (Töpfern) ab, die es hier früher gab. Stoisch ziehen wir die Paddel durchs regengraue Nass und sind froh, als endlich die Brücke von Marktheidenfeld vor uns auftaucht. Die 1846 erbaute Sandsteinquaderbrücke ist die erste Mainbrücke zwischen Würzburg und Aschaffenburg gewesen. Sie wurde am 2. April 1945 teilweise gesprengt, um die anrückenden Amerikaner aufzuhalten. Jetzt, wo sie wieder aufgebaut ist, verbindet sie den waldreichen Spessart mit dem fränkischen Weinland.

Nachdem es trotz der späten Jahreszeit die meiste Zeit über heiß war, ist es nun schnell kühl geworden. Etwa 200 Meter hinter der Brücke legen wir am linken Ufer in einer kleinen sandigen Bucht an und flüchten uns in den behaglichen Schankraum einer der am Mainkai gelegenen Gaststätten, um uns aufzuwärmen. Den Rest besorgt ein wärmender Rundgang durch das Zentrum, bevor wir uns wieder aufs Wasser wagen. Lohnend ist ein Blick auf das barocke „Franck-Haus", dessen Fassade sich nach aufwändiger Restaurierung wie in alten Tagen in strahlendem Blau präsentiert. Der Weinhändler Franz Franck hat sich dieses „Juwel" 1745 bauen lassen; besonders sehenswert ist der wertvoll ausgestattete Festsaal mit großartigen Deckengemälden. Nach

einem Schlenker über den Marktplatz zur St. Laurentiuskirche mit ihrer beeindruckenden Prunkfassade paddeln wir weiter auf die Schleuse von Lengfurt zu. Die Schiffersiedlung ist bekannt für ihren Kallmuthwein. Wahrzeichen ist die Dreifaltigkeitssäule (1728) auf dem Marktplatz, aber ebenso sehenswert ist auch der prächtige Baldachinhochaltar in der katholischen Pfarrkirche. Übrigens – im Jahre 1812 hat Napoleon auf seinem Marsch nach Russland im Gasthaus „Zum Weißen Roß" genächtigt. Eine Gedenktafel erinnert daran.

Malerisch liegt uns Trennfeld zu Füßen

Wanderung ins Hafenlohrtal (18 km)

Von Rothenfels aus geht es über die vielen Stufen der Burgtreppe in etwa zehn Minuten hinauf zur Burg Rothenfels. Uns bietet sich ein wunderschöner Blick über das Städtchen und den Main. Im Burghof gibt es eine Buchhandlung mit Wanderkarten und Literatur über das Hafenlohrtal. Vor dem Tor der Burg befindet sich ein Wegweiser, der die verschiedensten Wandermöglichkeiten aufzeigt. Eine schöne Alternative zur vorgestellten Wanderung wäre eine Tageswanderung, dem blauen „M"bis Lohr folgend und mit der Bahn nach Rothenfels zurück.

Wir folgen dem weißen Quadrat mit rotem Balken durch das Örtchen Bergrothenfels. Zuerst geht es über einen asphaltierten Weg entlang der umliegenden Felder und Wiesen. An einer Kreuzung folgen wir unserem Zeichen, und schon an der nächsten Gabelung geht es auf unasphaltiertem Weg durch dichten Wald. Unterhalb unseres Wanderweges liegt ein kleines Gehöft im Wald, hinter dem sich die kleine Hafenlohr zwischen mächtigen Kiefern und Mischwald dahinschlängelt. Vorbei geht es am Torhaus Breitfurt, das auf der anderen Seite des Baches liegt. Hier verläuft auch die Straße durchs Hafenlohrtal. An der Weggabelung ohne Markierung geht es geradeaus den Berg hinunter durch den sogenannten „Geißschlag". Am vor uns liegenden Lindenfurther Hof versperrt uns ein Gatter den Weg, das wir aber über eine kleine Holztreppe überwinden können. An der Hausmauer des idyllischen Anwesens ist das Feuerholz bis unter die Fenstersimse gestapelt. Wenige Meter weiter geht es vorbei an einem alten Försterhaus, dessen Fassade Geweihe schmücken, über eine Brücke zur asphaltierten Straße. Die Hafenlohr, die wir nun hinter uns lassen, führt hier erstaunlich viel Wasser. Steil geht es auf dem Weg Nr. 61 hinauf durch den Wald zur 451 m hohen Karlshöhe mit seinem verschlossenen Jagdschlösschen, wo eine kleine Gaststätte mit einfachen Gerichten wartet. Dem weißen Quadrat mit rotem Dreieck (Weg Nr. 15) folgen wir bergab durch den schönen Eichen-Mischwald. Als fürstliches Jagdrevier der Mainzer Kurfürsten blieb der 1300 Quadratkilometer große Spessart vor frühindustriellen Schäden und menschlicher Ansiedlung weitgehend verschont. Diesem Umstand verdanken wir neben den herrlichen Räuber- und Spukgeschichten naturnahe Wälder und einen hohen Wildbestand. Sogar der Wanderfalke nistet hier seit einigen Jahren wieder.

Nach Übersteigen eines weiteren Gatters geht es am Zaun entlang links Richtung „Neue Wachenmühle" und wir passieren 300 m weiter einen idyllischen Biergarten. An Schwemmwiesen vorbei erreichen wir eine Weggabelung, an der sich rechts ein einfacher Zeltplatz befindet. Ein Schild weist uns auf die Planung eines gigantischen Wasserspeichers mit einem Fassungsvermögen von 41 Millionen Kubikmetern hin, dessen Verwirklichung eines der letzten biologisch noch intakten Täler Nordbayerns vernichten würde. Ein letzter steiler Anstieg durch den Wald, und wir haben die Felder rund um Bergrothenfels erreicht.

Die Sonne versucht zögernd sich einen Weg zwischen den Wolken hindurch zu bahnen, als wir von der großen Spielwiese mit ihrem überdachten Rastplatz ablegen. Nachdem seit Karlstadt bis dicht ans Ufer ragender Wald das Landschaftsbild bestimmt hat, beginnen hinter einem großen Zementwerk links die terrassierten

und steilen Weinberge „Fürstlich' Kallmuth". Schon im Jahre 1102 wurde der
Wein, dem man einen „zerbrechlichen
Mandelgeschmack" nachsagt, erstmals
urkundlich erwähnt. Seit 1981 steht der
Hang mit seinem tonigen Sand und dem
Muschelkalk, in dessen Reben sich seltene Vogelarten und Insekten wohlfühlen,
unter Denkmalschutz. Nun rückt das
hoch oben auf einem Felsen thronende
Fachwerkschlösschen von Homburg in
unser Blickfeld. Wer das Glück hat, Ende Juli zum jährlichen Weinfest, das im
historischen Schlosshof stattfindet, vor-
beizupaddeln, sollte auf jeden Fall versu-
chen, sich hier einzuquartieren. An einer
großen Wiese legen wir an. 50 Meter
weiter, unmittelbar hinter der Straßen-
unterführung, befindet sich das „Gasthaus zur Krone". Leider gibt es hier keine Übernachtungsmöglichkeit, aber auf
Nachfrage kann vielleicht auf dem Hof
das Kanu für eine Nacht gelagert werden. Ebenfalls etwa 50 m von der Anlegestelle entfernt befindet sich am Orts-
eingang unterhalb der Burg das „Weinhaus zum Ritter", wo man stilvoll und
nicht einmal teuer übernachten kann.
Wir steigen hinauf zum Burgschloss; es
ist in seinem runden Unterbau roma-
nisch, während das Obergeschoss aus
dem 18. Jahrhundert stammt. Von der
Burg führen 40 Stufen hinab in eine na-
türliche Tropfsteinhöhle, in der 754 der
Hl. Burkardus gestorben sein soll. Gegenüber der Burg genießen wir von der
Terrasse des Gasthauses „Wolzenkeller"
bei einem Schoppen „Kallmuth" den
Blick auf den Main. Gut essen und günstig schlafen können wir anschließend im
daneben liegenden Gasthof „Zum gül-
denen Rößlein". Beim abendlichen Wein
am Tisch mit örtlichen Winzern entsteht
bald der Wunsch, einmal die Mühen der
Weinernte am eigenen Leib zu erfahren,
um den guten Tropfen dann umso mehr
wieder schätzen zu lernen.

Ein kühler Schoppen hoch über dem Main

Gemächlich ziehen Lastkähne an uns
vorbei. Der von ihnen verursachte Wellengang macht uns manchmal zu schaffen. Besonders wenn sie sich von hinten
„anschleichen" und wir gerade träumend
vor uns in die Landschaft schauen und
dabei unmerklich in die Fahrrinne geraten, erschrecken wir über das kurze und
laute Hupen. Als sie auf unserer Höhe
sind, winken die Schiffer freundlich herüber. Aneinander gekoppelt im Schub-
verband, können diese Pötte mehrere

Homburger Weinlese

Nebel zieht die Weinhänge vom Main herauf, nur schemenhaft ist der Flusslauf unter uns auszumachen. Pünktlich um neun Uhr haben wir uns, ausgestattet mit festen Wanderschuhen und Regenjacken, am vereinbarten Treffpunkt im „Wengert" eingefunden. Nun warten wir mit zahlreichen weiteren Weinlesern darauf, dass der Weinbauer uns einweist. Die meisten haben sich für diesen Tag frei genommen, um mit dabei sein zu können. Jeder bekommt eine spezielle Winzerschere und einen Eimer, den er, schräg zum steilen Hang stehend, mit einem Bein gegen Umkippen sichern muss. Dies ist bei solchem Gefälle gar nicht so einfach, wie es sich anhört, da wechselnd in gebückter, in knieender und in stehender Haltung gearbeitet wird. Immer ein Pärchen steht sich in einer Reihe gegenüber und arbeitet sich gleichmäßig den Hang hinauf. Eine Hand kommt unter die Traube, mit der anderen wird der Stiel abgeschnitten. Nur die Trauben, die an einem Haupttrieb hängen werden gelesen; zu unserer Überraschung kommen auch die faulen Trauben in den Eimer. Deren Edelfäule, sagt man uns, ist ein Schimmelpilz, der auf unreifen Trauben Unheil bringe, aber auf reifen Beeren wahre Wunder wirke. Sie sorge für eine hohe Konzentration von Zucker und Säure und damit für einen weichen und vollen Körper des Weines. Die kleinen grünen Früchte, die an wilden Trieben hängen, dürfen nicht geschnitten werden, denn sie bringen keine großen und alterungsfähigen Weine hervor.

Ein dritter Mann liest die Reihen nach, denn trotz aller Aufmerksamkeit bleibt immer noch etwas hängen. Die schwerste Aufgabe im Weinberg haben jetzt sicherlich die Büttenträger, von denen je einer für zwei bis drei Reihen zuständig ist. Zwischen 40 und 60 Kilo wiegt eine Butte in gefülltem Zustand und muss trittsicher hinunter zum Traktor gebracht werden. Dort schüttet er sie in Kästen, die, wenn sie gefüllt sind, vom Winzer schnellstmöglich zum Keltern geschafft werden, damit der oft schon austretende Saft nicht mit dem Sauerstoff der Luft oxidieren kann, was zu unsauberen Aromen und anderen Fehlern im Wein führt.

Inzwischen ist es Zeit zur Vesperpause geworden. Auf dem breiten Fahrweg werden Holztische und -bänke aufgestellt. Nachdem die vom Rebensaft verklebten Hände gesäubert sind, machen sich alle über Kümmelbrötchen mit Wurst vom ortseigenen Schlachter und selbstgemachten Kochkäse her. Dabei können wir uns so ganz nebenbei auch von der hervorragenden Qualität des von uns gelesenen Silvaners überzeugen, denn auf den Triasböden Frankens wachsen die besten deutschen Silvaner. Aber auch der blumigweiche Müller-Thurgau hält uns nun an den Holztischen fest, so dass wir einige Mühe haben, nach einer Stunde wieder aufzustehen.

Der anfangs trübe Tag hat sich zu einem sonnigen Herbsttag entwickelt, und wir geraten langsam ins Schwitzen. Die Arbeit ist anstrengend, erfordert Trittsicherheit, und unter Rückenproblemen sollte man auch nicht leiden. Öfter muss die Seite gewechselt werden, um einer ungleichmäßigen Belastung vorzubeugen, verursacht durch die starke „Schräglage" am Hang. Früher war die Arbeit noch beschwerlicher, denn zwischen den Wegen lagen sieben statt heute zwei bis drei Terrassen. Der Wein war wild durcheinander gepflanzt und alles musste noch dazu mühsam zu Fuß hinauf und hinunter geschafft werden. Heute werden die Reben im Schnitt alle 40 Jahre etappenweise ausgetauscht; zwei bis drei Jahre muss man warten, bis sie neue Früchte bringen. Auf dem von uns bearbeiteten Hektar erzielt der Winzer einen Ertrag von etwa 5.000 bis 6.000 Litern im Jahr.

In den kurzen Pausen genehmigt man sich immer mal wieder ein kleines Gläschen und die Stimmung unter den Weinlesern steigt zunehmend. Nebenbei wird eifrig der neueste Dorftratsch ausgetauscht. Am Abend gibt es ein kleines Fest in den Räumen der Winzergenossenschaft. An mächtigen Eichentischen, vor großen, an den Wänden gestapelten Weinfässern wird der hiesige Wein bis spät in die Nacht ausgeschenkt.

hundert Meter lang sein. Ein respektvoller Abstand sowie ein Beidrehen, um die anrollenden Wellen zu schneiden, sollte selbstverständlich sein. Obwohl Bundeswasserstraße, ist das Aufkommen der Berufsschiffe auf dem zwischen 50 und 100 Meter breiten Main jedoch eher gering.

Unter der Autobahnbrücke geht es auf die Mainschleife von Urphar zu. Auf Höhe des Ortes kann man links an Steinstufen, die in die Uferböschung eingelassen sind, an Land gehen und im dortigen kleinen Biergarten einkehren. Urphar selbst wartet mit der sehenswerten Jakobskirche auf, die mit ihren Fresken aus dem 9. und 10. Jh. und dem originellen Balkengestühl ein Zeugnis mittelalterlicher Bau- und Volkskunst ablegt.

Eine eigentümliche Stimmung vermittelt das stark bewaldete steil aufragende Ufer in der Mainschleife. Noch einmal schleusen wir das Kanu kurz vor Eichel und erreichen dann bei km 158 den großen Steg des Kanuclubs Wertheim,

In Franken wachsen Deutschlands beste Silvaner

47

Kilianskapelle

der Stadt. Zurück geht es über die nächste Brücke wieder in die Altstadt, auf den aus rotem Sandstein gebauten Engelsbrunnen zu. Im Jahre 1574 erbaut, ist er eines der Wahrzeichen der Stadt. Rechts davon lohnt ein Abstecher zur Stiftskirche, bevor es an der gegenüberliegenden spätgotischen Kilianskapelle vorbei über einen Treppenaufgang hinauf zur Burg geht. Die Kilianskapelle gilt als eine der schönsten gotischen Kapellen Deutschlands und wurde ab 1469 erbaut. Wenn man Glück hat, ist das Restaurant auf der Burg geöffnet. Bei einer Tasse Kaffee lässt sich der herrliche Rundblick über die Stadt nochmal so gut genießen. Einst Sitz der Grafen von Wertheim, besetzten die Schweden während des Dreißigjährigen Krieges Stadt und Burg; 1634 wurde sie von kaiserlichen Truppen in Trümmer geschossen. Bald wurde die Ruine sich selbst überlassen und ist heute eine der großen und ältesten Steinburgen.

Am hinter der Stadt liegenden Campingplatz von Wertheim-Bestenheid und am Örtchen Haßloch vorbei paddeln wir auf die Staustufe von Faulbach zu. Ein großes Passagierschiff, das über den Rhein den Main herauf gefahren war und nun zum Ausgangspunkt seiner Kreuzfahrt zurückkehrt, fährt in die Schleuse neben uns ein. Hinter den getönten Scheiben des Restaurants mustern uns neugierige Blicke. Auch wenn unser Schleusenvorgang in der Sportbootschleuse gut eine halbe Stunde dauert, lassen wir den Riesenpott auf unserem Weg nach Stadtprozelten hinter uns. Hinter einer Kehre nimmt die Strömung

wo wir auf der großen Wiese unser Zelt aufstellen. Ein toller Platz auch als Basislager für eine Kanutour auf der idyllischen Tauber, die bei Wertheim in den Main mündet. Nur ein Kilometer Fußweg trennt uns von der sehr sehenswerten malerischen Wertheimer Altstadt, der wir am Morgen einen Besuch abstatten. Durch das Maintor und die Maingasse betreten wir die Altstadt, gehen über den Marktplatz mit seinen schönen Fachwerkhäusern nach rechts zur Tauberbrücke, unter der eine Schwanenfamilie gemächlich ihre Runden in der Morgensonne dreht. Ein Stück weiter flussaufwärts zählt der Blick über das Kittsteintor hinweg auf Stiftskirche und Burg zu den beliebtesten Fotomotiven

etwas zu, und ehe wir uns versehen, landen wir rechts an einer kleinen Rampe vor der Fähre an. Ein Stück weiter flussabwärts liegt auf der linken Flussseite ein Campingplatz. Wir lassen es uns nicht nehmen, in etwa 10 Minuten zur mächtigen Burgruine Henneburg aus dem 12. Jh., der größten des Maintals, aufzusteigen. Von der Terrasse der Burgschänke macht sich unser

Kanadier wie ein rotes Spielzeugboot im Ufergras aus.

Dorfprozelten – einst war es einer der bedeutendsten deutschen Binnenschifferorte, liegt verschlafen an der rechten Mainseite. Ein sandiger Binnenhafen mit niedrigen Steinstufen macht das Anlegen einfach. Es ist noch früh, aber irgendwie haben wir heute keine Lust mehr weiterzupaddeln, und wir beschließen den Paddeltag im Gasthof „Goldener Stern" zu beenden, der direkt am Wasser liegt. Das Kanu lagern wir an der Hecke des Biergartens. Wie in den beiden folgenden Orten Fe-

chenbach und Reistenhausen war auch hier in Dorfprozelten eine bedeutende Steinmetzindustrie, bevor im 20. Jh. eine Abkehr von der gesundheitsschädlichen Sandsteinindustrie hin zur Binnenschifffahrt und später zu hochentwickelten Technologien einsetzte. Die leuchtenden, bewaldeten Felsen des Buntsandsteins auf der rechten Mainseite zwischen Dorfprozelten und Freudenberg zeugen davon. Diese Steinbrüche lieferten das Material für viele bedeutende Bauwerke.

Hinter der Staustufe Freudenberg legen wir auf Höhe des Parkplatzes vor der lauten und verkehrsreichen Altstadt an. Es scheint, als böte nur die 15 Minuten Fußweg entfernte Burgruine „Frouwedenberch" Schutz vor dem Durchgangsverkehr. Sie wurde um 1200 von den Würzburger Bischöfen zur Verteidigung ihres Territoriums errichtet und ist mit ihren vier Stockwerken ein einmaliges Bauwerk. Der Blick von hier oben reicht weit über

Dorfprozelten – einst bedeutender Schifferort

die Gemeinde Collen-
berg und den Main.

Nun hält uns aber
nichts mehr zurück auf
unserem Weg nach Mil-
tenberg, haben wir doch
gehört, dass die Stadt ge-
meinhin auch „Perle des
Mains" genannt wird.
Vorbei an Bürgstadt stre-
ben wir zügig auf die nä-
her rückende Stadtsilhou-

Miltenberg –   „Perle des Mains"

ette zu. Hier, wo die Form des Mains fast
an eine Nase erinnert, treten Spessart
und Odenwald nahe an den Fluss heran.
Auf der rechten Mainseite unter der
Straßenbrücke liegt der sehr zentrale
Campingplatz. Unverständlicherweise
hat er nur bis zum 30. September geöffnet. Zwei Nächte werden wir hier verbringen, denn die Stadt und ihre reizvolle Umgebung mit den steil zum Main

Die alte „Fürstenherberge"

abfallenden Odenwaldhängen verlangen
schon mindestens einen Tag Zeit.
Schnell ist das Zelt am Ufer aufgebaut,
und durch den wunderschönen Brü-
ckenturm der Mainbrücke betreten wir
die Altstadt. Bereits 1237 als Stadt erwähnt, entwickelte sich Miltenberg
dank der günstigen Lage und dem soge-
nannten Stapelrecht, das alle durchrei-
senden Kaufleute zu Wasser und zu Lan-
de zwang, ihre Waren drei Tage in der
Stadt zum Kauf anzubieten, zu wirt-
schaftlicher Blüte. Vom Rathaus (Touristeninformation) geht es rechts in die ver-
kehrsberuhigte Hauptstraße mit ihren
hochgiebeligen Fachwerkhäusern, vorbei
am „Gasthaus zum Riesen". Durch die
Jahrhunderte war es „Fürstenherberge"
des Adels, wurde in der heutigen Form
1590 erbaut und ist eines der ältesten
Gasthäuser Deutschlands. Nach einem
Blick ins Innere und auf den Touristen-
rummel entschließen wir uns schnell, hier
nicht einzukehren. Dies kann man stil-
voller und besser im „Altstadt-Markt"
sowie im Weinhaus „Am Alten Markt"
am Marktplatz. Dort serviert man zum
dunklen Bier oder zum Frankenwein
kleine Leckereien wie Ochsenmaulsalat,

„Handkäs' mit Musik" (Harzer mit Essig, Öl und Zwiebeln) oder „Gerupfter" (angemachter reifer Camembert mit Zwiebeln und rohen Eiern).

Ein Stückchen weiter auf der rechten Straßenseite verbirgt sich der heute einzige Staffelbrunnen der Stadt, der erst 1985 wieder freigelegt wurde. Vorbei am Alten Rathaus von 1379 und dem Rokokohaus erreichen wir das Kleinod der Stadt, den Marktplatz „Schnatterloch" mit seinem roten, achteckigen Sandsteinbrunnen, den der Bildhauer Michael Junker im Jahre 1583 geschaffen hat. Zweifellos ist er zusammen mit den dahinter liegenden Fachwerkhäusern und der hoch darüber aufragenden Mildenburg das beliebteste Fotomotiv der Stadt. Ebenfalls am Markt befindet sich das sehenswerte Museum der Stadt mit Funden aus den Römerkastellen (Miltenberg ist Ausgangspunkt der Deutschen Limes-Straße), des

Mittelalters und der frühen Neuzeit. Als wir müde im Zelt liegen, beschließen wir, am nächsten Tag eine kleine Tageswanderung in die Umgebung anzuschließen.

Rundwanderweg „Odenwald-Main-Spessart"

Der empfehlenswerte Rundwanderweg (16km) vermittelt als Tagestour die Schönheit der Maintal-Landschaft zwischen Odenwald und Spessart. Der mit einem gelben „W" markierte Weg führt vom Rathaus in Miltenberg entlang des alten Judenfriedhofs zur Mildenburg, wo man Einkehren kann. Weiter durch den Wald, vorbei an einem weiteren Judenfriedhof, erreicht man Breitendiel. Von dort geht es zu den „Heunesäulen" am Bullauer Berg. Die Steinsäulen waren für den Wiederaufbau des im Jahre 1009 abgebrannten Mainzer Doms bestimmt. Das nächste Ziel ist Rüdenau, von wo ein bequemer Waldweg über das Schützenhaus nach Kleinheubach führt. Durch den Park des Schlosses gelangt man wieder zurück nach Miltenberg. Wer die Wanderung um sieben Kilometer verlängern möchte, wählt den Weg über die Heubacher Brücke nach Großheubach. Der Markierung folgend, geht es hinauf zum Wallfahrtskloster Engelberg. Nach einem dunklen Klosterbier und herrlichem Ausblick ins Maintal wandert man abwärts auf den sogenannten „Engelsstaffeln" bis zum Weinbergweg. Auf diesem bleibt man bis Miltenberg.

Klingenberg

Schweren Herzens lassen wir die „Perle des Mains" hinter uns, um am heutigen Tag die wenigen Kilometer nach Trennfurt zurückzulegen. Nach vier Kilometern liegt am linken Ufer Kleinheubach. Sehenswert sind hier das fürstliche Barockschloss mit Schlosspark und außerhalb des Ortes, jenseits der B 469, ein noch erhaltener ehemaliger Galgen. Am Ufer gegenüber liegt Großheubach, das Ausgangspunkt für Spaziergänge hinauf zur Wallfahrtskirche Engelberg und die umliegenden Weinberge ist. Im Ort finden sich zahlreiche gute Gaststätten, Weinbaubetriebe und Brennereien. Eine gute Übernachtungsstelle bietet der Campingplatz, vor dem man an einer Gruppe von Weiden oder am davorliegenden Fähranleger anlandet und von da das Kanu per Bootswagen auf den

Campingplatz schiebt. Ein guter Einstieg bietet sich hier oder in Miltenberg in den „Fränkischen Rotweinwanderweg" – die Rebsorte Spätburgunder hat hier eine lange Tradition. Der Markierung mit dem Rotweinglas im Mainviereck folgend, führt er auf 55 Kilometer Länge durch herrliche Weinberge und alte Ortskerne.

Keine vier Kilometer weiter liegt Laudenbach am linken Mainufer. Beachtenswert ist die zweiflügelige Schlossanlage aus dem 18. Jahrhundert mit dem im englischen Stil angelegten Park.

Um Klingenberg herum hat man reiche Auswahl an Campingplätzen; in Röllfeld, Trennfurt und Wörth. Nie ist es wirklich weit in den idyllischen Weinort, dessen enge Gassen mit den romantischen Fachwerkhäusern aus dem 16. und 17. Jahrhundert die Sonne nicht so richtig hereinlassen wollen. Wer nur einen Abstecher in den Ort machen will, legt nach der Schleusung unter oder kurz hinter der Straßenbrücke am rechten Ufer an. Die Häckerwirtschaften der Winzer, Weinstuben, das traditionelle Winzerfest (eines der ältesten Weinfeste Deutschlands), das Weinfest in der Altstadt und das historische Weinfest auf der Clingenburg bieten Gelegenheit, den weltberühmten Klingenberger Roten zu probieren. Das Heimat- und Weinbaumuseum vermittelt als einziges seiner Art in Franken den Weg des Weines vom Rebstock bis ins Fass. Der kulturelle Höhepunkt des Jahres sind die Clingenburger Festspiele, die immer im Juli stattfinden. Hoch oben auf der Burg erlebt man Theater-Faszination unter freiem Himmel.

Hinter Klingenberg öffnet sich das Maintal allmählich; die Landschaft wird flach und eintöniger. Wörths Altstadt wird von einer mittelalterlichen Stadtmauer umschlossen. Die alte Tradition des hier ansässigen Schiffsbauerstandes lässt das Schifffahrtsmuseum mit einer Dokumentation der gesamten Mainschifffahrt wieder aufleben. Auch im darauffolgenden Erlenbach werden Schiffe gebaut – seit 1626. Und zwar nicht nur für die Binnenschifffahrt, sondern sogar für die Hochsee. Die Maintour neigt sich ihrem Ende zu. In Obernburg legen wir nochmal unter der Fußgängerbrücke links an und laufen über diese in die Altstadt hinein. Der alte Stadtkern mit seinen Fachwerkhäusern und den Befestigungsanlagen mit den Türmen haben ihr mittelalterliches Aussehen bewahrt. Wer Zeit hat, sollte sich das Römerhaus mit den Funden aus der Kastellperiode anschauen.

Nun beweisen wir Sitzfleisch, denn auf den folgenden 17 Kilometern vertreten wir uns nur an den Schleusen Wallstadt und Obernau die Füße. Nach Kilometer 89 teilt sich der Wasserlauf. Rechts fahren wir in den Floß- und Jachthafen von Aschaffenburg ein, unterfahren die Adenauer- und die Willigsbrücke, auch Mittlere Mainbrücke genannt. Vor uns am rechten Ufer liegt majestätisch das Schloss Johannisburg in der Abendsonne. An ihm paddeln wir vorbei und legen auf Höhe des Stadttores am rechten Ufer an. Unterhalb des Schlosses

sowie auf der gegenüberliegenden Mainseite befinden sich große, gebührenfreie Parkplätze. Eine Besichtigung der wichtigsten Sehenswürdigkeiten der Spessartmetropole mit ihrer über 1000-jährigen Geschichte lassen wir uns nicht entgehen. „Bayerisches Nizza" wird die Stadt genannt – und wirklich zeigt sie sich während unseres Spaziergangs am nächsten Tag von ihrer sonnigsten Seite. Einige hundert Meter gehen wir in Fließrichtung den Main entlang, um dann über Treppenstufen zum hoch über dem Mainufer liegenden Pompejanum, einem der schönsten mediterranen Bauwerke nördlich der Alpen, hinauf zu steigen. König Ludwig I. ließ, angeregt durch Ausgrabungen in Pompeji, 1840-48 diese Nachbildung eines römischen Wohnhauses errichten. Im Innern sind neben römischen Marmorskulpturen, Gläsern und Kleinbronzen zwei wertvolle Götterthrone aus Marmor zu bewundern. Vorbei am kleinen runden „Frühstückstempel", gelangt man durch den Schlossgarten und einen reizvollen

Schloss Johannisburg

Aschaffenburg – das „bayerische Nizza"

Laubengang hinüber zur Mainterrasse, über deren Balustrade man einen weiten Blick ins Maintal hat. Das dahinter liegende Renaissanceschloss Johannisburg diente den Mainzer Kurerzbischöfen bis 1803 als zweite Residenz. Die riesige Vierflügelanlage wurde unter Einbeziehung eines mittelalterlichen Bergfrieds in den Jahren 1605 bis 1614 erbaut. Heute beherbergt sie die Staatsgalerie mit Werken altdeutscher und niederländischer Maler (Schwerpunkt Lucas Cranach d.Ä.), das Schlossmuseum mit mittelalterlichen Skulpturen und wertvollen Möbeln sowie die weltweit größte Sammlung von aus Kork gefertigten Architekturmodellen. Parallel zum Main überqueren wir den Schlossplatz und schwenken in die Webergasse ein, wo gemütliche Kneipen zur Rast einladen. In den dahinter liegenden verträumten Gassen lassen wir uns treiben, bis wir auf dem in unmittelbarer Nähe liegenden Stiftsplatz ankommen. Hinter dem wieder errichteten Stiftsbrunnen steigt man hinauf zur ältesten Kirche der Stadt. Die Stiftskirche St. Peter und Alexander wurde ständig verändert und vereint daher Romanik, Gotik und Barock. Sehr sehenswert ist das im ehemaligen Kapitelhaus rund um einen romanischen Kreuzgang befindliche Stiftsmuseum. Dort sind unter anderem Funde aus dem Untermaingebiet von der Steinzeit bis zum frühen Mittelalter ausgestellt. Wer Lust und Zeit hat, kann noch einen Besuch der Parks und Grünanlagen der Stadt anschließen. Neben Fasanerie, Park Nilkheim und Park Schöntal besonders empfehlenswert ist der auf der anderen Mainseite liegende und per Buslinie 4 zu erreichende Park Schönbusch, einer der schönsten Landschaftsgärten Deutschlands im englischen Stil.

Für Entdecker und Genießer

Die Fränkische Saale

Informationen Fränkische Saale

Aktivitäten	Natur	Kultur	Baden	Hindernisse

Charakter der Tour: Flankiert von waldreichen Höhen des Naturparks Bayerische Rhön, sucht sich die Fränkische Saale ihren verschlungenen Weg durch Wiesen und Auwälder entlang verträumter Dörfer, trutziger Burgen und Weinbergen. Dabei machen viele Sehenswürdigkeiten die Fahrt abwechslungsreich; nicht zuletzt lädt der Fluss an heißen Sommertagen zu einem Sprung ins kühle Wasser ein. Im oberen Teil, zwischen Bad Neustadt und Bad Kissingen, wartet der eine oder andere Schwall, während sich der Fluss den Rest der Strecke bis Gemünden von seiner gemütlichen Seite zeigt; sie ist den weniger erfahrenen Paddlern zu empfehlen.

Zur Befahrung eignen sich grundsätzlich alle Kanutypen, doch muss an einigen flachen Stellen mit Grundberührung gerechnet werden. Baum- und Strauchhindernisse und 18 Umtragungen machen die gesamte Befahrung etwas anstrengend. Wildes Zelten ist verboten, und die geringe Zahl an Übernachtungsplätzen macht eine sorgfältige Planung der Etappen erforderlich.

Die Bevölkerung und die örtlichen Angler sind durch starken Kanutourismus hauptsächlich an Pfingsten und Himmelfahrt sensibilisiert. Die Tour sollte daher außerhalb der touristischen Stoßzeiten durchgeführt werden, wobei nach der Verordnung der Regierung von Unterfranken unbedingt Folgendes beherzigt werden sollte:
- Nur Kanus mit max. vier Sitzplätzen und 6 m Länge benutzen
- in kleinen Gruppen fahren (max. 12 Boote)
- die Saale nur von 7 bis 21 Uhr befahren
- nur an den gekennzeichneten Umtragestellen ein- oder aussetzen
- die Wehre Aschach, Aura, Elfershausen, Westheim, Diebach, Neumühle, Roßmühle und Schönau müssen umtragen werden.

Anreise: A 7 Kassel – Würzburg, Abfahrt 93 auf der B 279 über Gersfeld nach Bad Neustadt.

Einsetzstelle: In Bad Neustadt hinter der Straßenbrücke Bad Neustadt – Herschfeld.

Aussetzstelle: Am Steg des Kanusportclubs Gemünden.

„Zurück zum Pkw“: Etwa alle zwei Stunden in ca. 90 Minuten mit der Saaletalbahn von Gemünden über Bad Kissingen und Ebenhausen (umsteigen) nach Bad Neustadt.

Länge der Tour: 96 km.

Etappenvorschlag: 1. Tag: *Bad Neustadt – Steinach*; 2. Tag: *Steinach – Euerdorf*; 3. Tag: *Euerdorf – Morlesau*; 4. Tag: *Morlesau – Gemünden*.

Umtragestellen: Unterebersbach 50 m, Steinach 100 m, Hohn 100 m, Aschach, Obere Saline 100 m, Lindesmühlenwehr 150 m, Karwinkelsmühle, Aura 150 m, Trimberg, Saalmühlenwehr 200 m, Langendorf, Westheim, Hammelburg, Rödermühle 200 m, Neumühle 100 m, Roßmühle 200 m, Gräfendorf 100 m, Schönau 100 m. Ein Kanuwagen ist erforderlich.

Sehenswürdigkeiten:

Bad Neustadt: Stadtmauer mit Hohntor (1578) und Heimatmuseum, Pfarrkirche mit klassizistischem Kirchenraum, Karmelitenkirche, Marktplatz, Kurviertel, Ruine Salzburg, Schloss Neuhaus.

Ober- /Unterebersbach: Fachwerkhäuser, alte Dorfbrunnen; gotische Pfarrkirche St. Peter und Paul (Engel von Tilman Riemenschneider).

Steinach: Alte Flutbrücke aus Sandstein, barockes Schlösschen (1707), Kirche St. Nikolaus mit Kruzifix von Tilman Riemenschneider.

Bad Bocklet: Kuranlagen mit klassizistischem Quellentempel.

Aschach: Schloss des Grafen von Henneberg (12. Jh./1571) mit Schul- und Völkerkundemuseum, Bildstock zwischen Kirche und Schloss (1674).

Großen- /Kleinbrach: „Luitpoldsprudel" mit Brunnenturm, fränkische Fachwerkhäuser, Monasterium Brachau.

Bad Kissingen: Klassizistischer Regenten- und Arkadenbau, Wandelhalle, Kurtheater, Rosengarten, russisch-orthodoxe Kirche, mittelalterlicher Stadtkern, Rathaus (1577), Pfarrkirche St. Jakobus (1772), Bismarck-Museum in der Oberen Saline, Industriedenkmal „Saline-Anlage" von 1848, Burgruine Bodenlaube.

Euerdorf: Kirche St. Johannes der Täufer, Zehnthaus (15. Jh.), alter Torturm, Rundmauer, alte Saalebrücke mit Brückenheiligem Nepomuk.

Aura: Romanische Klosterkirche, Klosterruine.

Trimberg: Barockkirche St. Elisabeth, Ruine Trimburg.

Hammelburg: Stadtbrunnen von 1541, fürstäbtliches Kellereischloss mit Weinkeller, historisches Rathaus (1524), Stadtmauer mit drei Wehrtürmen, spätgotische Pfarrkirche mit Madonna von Jakob von Auvera, Stadtmuseum, barocke Wallfahrtskirche „Kloster Altstadt" (wertvolle Bibliothek), Schloss Saaleck (1028) mit Aussichtsturm.

Diebach: Kirche St. Georg (9. Jh.), schöne Fachwerkhäuser und Bildstöcke.

Morlesau, Michelau: Kath. Kirche St. Cyriakus, Ruine Arnstein, restaurierte Nemühle, St. Martin-Kirche mit spätgotischem Flügelaltar von 1500.

Wolfsmünster: Kath. Kirche, Schloss der Herren von Thüngen (16. Jh.).

Kloster Schönau: Frauenzisterzienser-Koster von 1189.

Gemünden: Altstadt, Stadtmauer, Ruine Scherenburg, Huttenschloss mit Verkehrsmuseum, Burg Rieneck, Wasserschloß Bergsinn, Kloster Schönau.

Sonstige Aktivitäten:

Paddeln: Auf dem Main, der Sinn (Befahrungsregeln beachten), der Wern, der Tauber.

Wandern: Auf dem „Mainwanderweg", in die Täler von Lauer, Thulba, Schondra, Sinn und Wern, im Naturpark „Bayerische Rhön"; „Wandern ohne Gepäck".

Radfahren: Auf dem Saaletal-Radwanderweg, Rhön-Sinntal-Radwanderweg, Maintal-Radwanderweg (332,5 km), Werntal-Radwanderweg (53 km), Main-Werra-Radwanderweg (135 km), Brendtal-Radwanderweg (23 km); zahlreiche Mountainbike-Routen im Gebiet der Hohen Rhön; schöne Themen-Radwanderwege um Bad Kissingen u.a.

Baden: An sandigen Badeplätzen der Saale; Freibad Bad Neustadt, Bad Kissingen, Hammelburg, Gemünden; Kurbäder in Bad Neustadt, Bad Bocklet und Bad Kissingen.

Sonstiges: Kulturfestival „Kissinger Sommer"; *Weinfeste* vom Sommer bis in den Herbst; *Weinproben* bei verschiedenen Winzern; *Angeln; Klettern* in der Rhön; *Drachen- und Gleitschirmfliegen; Reiten; Schiffsfahrten* mit dem „Dampferle" von Bad Kissingen zur Oberen Saline; *Postkutschenfahrt* von Bad Kissingen nach Aschach/Bad Bocklet; *Schiffsfahrten* auf dem Main; Besuch des *Wildpark Klaushof* bei Bad Kissingen; *verschiedene Lehrpfade* (Botanik, Wald-, Fisch-, Salzlehrpfad) um Bad Kissingen; Besuch von *Münnerstadt* mit Altar Tilman Riemenschneiders.

Kartenmaterial: Broschüre „Bootwandern im Naturpark Rhön" (Streckenverlauf mit Kilometerangaben); Radtourenkarte „Saaletal-Radwanderweg", 1:100000; ADFC-Regionalkarte Rhön, Radkarte im Maßstab 1:75000, Bielefelder Verlagsanstalt.

Literaturhinweise: Deutsches Flusswanderbuch, DKV-Verlag; Broschüre „Radwandern", bei den Touristen-Informationen; „Radwanderwege vom Main zur Fränkischen Saale", Echter Verlag; „Die schönsten Wanderungen in der Rhön", Bruckmann Verlag; „Richtig Wandern – Die Rhön", DuMont Verlag; „Kunstreiseführer Franken", DuMont Verlag.

Übernachtung in Wassernähe:
Bad Neustadt: „Gasthof am Markt", Tel. (09771) 2336 (günstig, jedoch nicht in Wassernähe).
Steinach: „Gasthof/Metzgerei Schneider", Tel. (09708) 379.
Euerdorf: „Gasthof Wolz", Tel. (09704) 208 (günstig, gute Hausmannskost).
Trimberg: Landgasthof „Zum Stern", Tel.(09704) 274.
Hammelburg: Gasthof „Zum Engel", Tel. (09732) 78770 (ca. 5 Minuten Fußweg).
Morlesau: „Gasthof Nöth", Tel. (09357) 479 (tolle Küche).
Weickersgrüben: Campingplatz und Hotel „Roßmühle", Tel. (09357) 1210 oder 278.
Michelau: „Saaletal-Stuben", Tel. (09357) 9714 0.
Gemünden: Campingplatz des Kanusportclubs (laut, aber günstig gelegen); Campingplatz „Saale-Insel" mit Freibad; Gasthof „Zur Linde", Tel. (09351) 3357.

Wichtige Adressen:
Kanuverleih: in Haßfurt, Tel. (09521) 3577; in Bad Kissingen, Tel. (0971) 65033; in Trimberg, Tel. (09704) 1725; in Hammelburg, Tel. (09732) 79259; in Gräfendorf, Tel. (09357) 1210; in Gemünden, Tel. (09351) 2058.
„Wandern ohne Gepäck": in Bad Kissingen, Tel. (0971) 8011200.
Fahrradverleih: in Hammelburg, Tel. (09732) 79259; in Morlesau, Tel. (09357) 479 oder 534; in Gemünden, Tel. (09351) 8931.
Angeln: in Neustadt, Tel. (09771) 2342; in Bad Bocklet, Tel. (09708) 707030; in Bad Kissingen, Tel. (0971) 807243; in Hammelburg, Tel. (09732) 902149; in Gemünden, Tel. (09351) 8379. Adressen der Ausgabestellen für Tageskarten in der Broschüre „Fischen in der unteren Fränkischen Saale mit Grund-, Spinn- oder Fliegenrute".
Reiten: in Bad Neustadt, Tel. (09771) 2104; in Bad Kissingen, Tel. (0971) 3123; in Hammelburg, Tel. (09732) 5274.
Veranstalter: NatUrlaub, Tel. (06092) 5479 (Kanu, Trekking, Mountainbike); Boots- und Freizeitservice, Tel. (09521) 3577 (Kanu, Bogenschiessen).

*Sonstiges:*Wasserstand Fränkische Saale. Tel. (09721) 20 30 22; Fremdenverkehrsverband Rhön e.V., Tel. (0661) 60 06-309; Städt. Weinkellerei Hammelburg (Weinproben). Tel. (09732) 90 21 26.

Auskunft: Touristen-Information *Bad Neustadt*, Tel. (09771) 94 118; Touristen-Information *Bad Kissingen,* Tel. (0971) 801 12 20; Touristen-Information *Hammelburg*, Tel. (09732) 90 21 49, <u>www.hammelburg.de</u>; Touristen-Information *Gemünden*, Tel. (09351) 38 30.

Karte Fränkische Saale

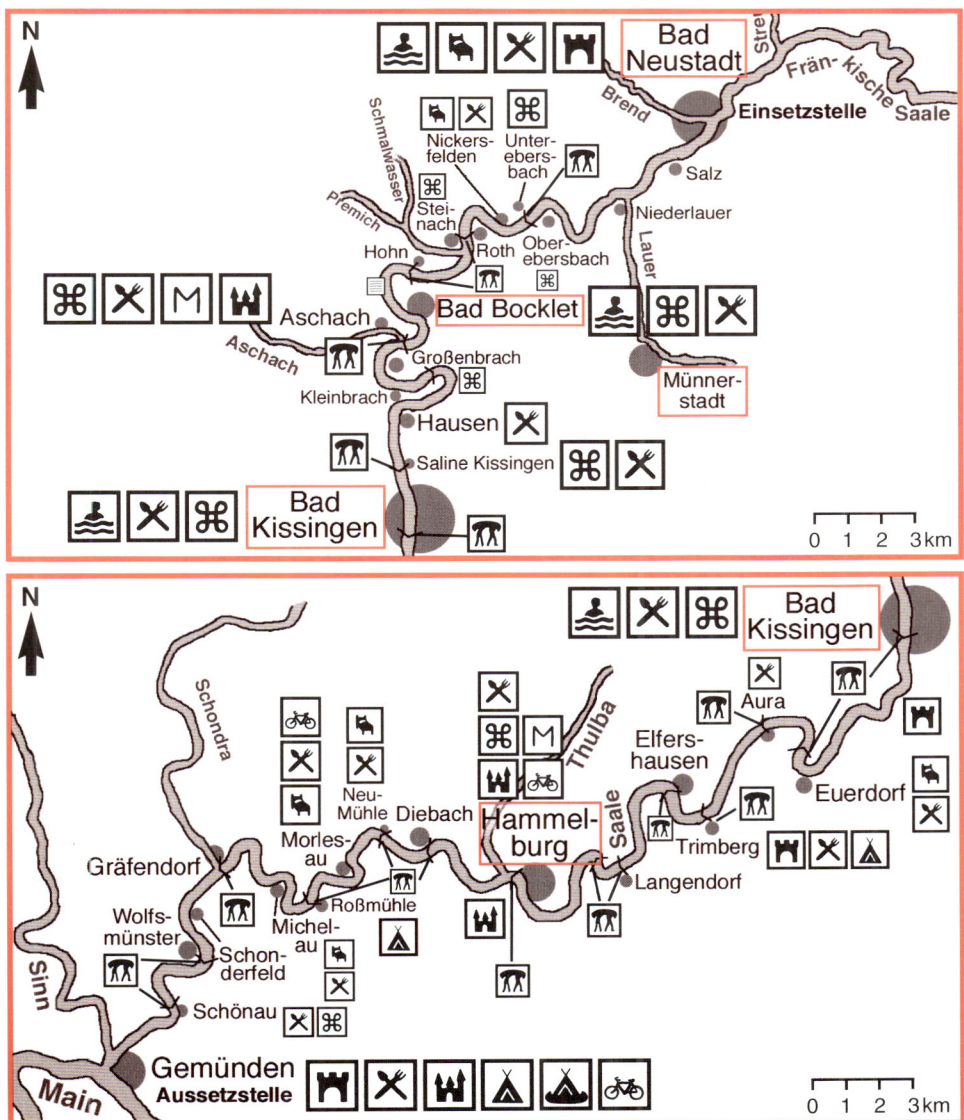

Für Entdecker und Genießer

An der Kreuzung der Handelsstraßen von Fulda nach Bamberg und von Meiningen nach Würzburg, liegt, umspült von Brend und Fränkischer Saale, Bad Neustadt, urkundlich schon 878 erwähnt. Mit einem Mauergürtel schützte sich die auf leichter Erhöhung liegende wohlhabende Stadt. Wer hinein gelangen wollte, fand durch Tortürme und Zugbrücken Einlass. Von den vier Toren ist nur noch das 1580 erbaute Hohntor erhalten, das heute das Heimatmuseum beherbergt. Durch das Wahrzeichen der Stadt hindurch kommt man, vorbei am Hotel Schwanen und Post, das schon um 1500 Gasthaus und später Poststation wurde, auf den Marktplatz. Sehenswert sind die 1794 begonnene Pfarrkirche Mariä Himmelfahrt und die ehemalige Karmeliten-Klosterkirche mit ihrer prächtigen Innenausstattung. Auf der anderen Seite der Fränkischen Saale, im

Ortsteil Bad Neuhaus, liegt das eigentliche Kurviertel mit den kohlensäurehaltigen Kochsalzquellen. Darüber thront eine der größten Burganlagen Deutschlands, die romanische Burgruine Salzburg.

Etwas weiter nördlich, wo die Straße von Bad Neustadt nach Herschfeld führt, starten wir an der Straßenbrücke auf der linken Flussseite zu unserer Kanutour. Von hier ist es nur ein kurzer Fußweg zum Neustädter Bahnhof; den Pkw können wir im nahen Herschfeld stehen lassen. Inzwischen wissen wir, dass man jede Tagesetappe in einem Gasthof beenden kann, aber während wir unseren Kanadier und das beim Campingplatz „Roßmühle" geliehene Kajak beladen, planen wir die Übernachtung im Zelt ganz selbstverständlich mit ein. Das wird uns bei den vor uns liegenden zahlreichen Umtragungen noch manchmal zum Schimpfen bringen, denn Schlafsäcke, Liegematten und Zelt für drei Personen haben doch ihr Gewicht.

Spritziger Schwall im oberen Teil der Fränkischen Saale

Eine zügige Strömung bringt uns schnell in Fahrt; wir freuen uns auf eine der beliebtesten Wasserwanderstrecken Deutschlands. Bald schon werden wir durch einen quer über dem Flussbett liegenden Baumstamm gestoppt. Also raus aus den Kanus und kräftig gezerrt und gezogen, bis der Weg wieder frei ist. Vorbei am Örtchen Salz, einer früheren karolingischen Kaiserpfalz, die mehrere Male Karl den Großen und bis ins 10 Jh. viele deutsche Könige beherbergte, lassen wir uns den Fluss hinuntertreiben. Da, wo das Flüsschen Lauer in die Saale mündet, befindet sich, vom Wasser her nicht erkennbar, der Ort Niederlauer. Am Steilhang, hoch über der Saale, liegt der „Dicke Turm", ein Wartturm, der im Mittelalter zu einem Warnsystem zwischen Münnerstadt und Mellrichstadt gehörte.

Immer wieder machen kleine Schwälle und zerfallene Wehre die Fahrt zum spritzigen, aber auch nassen Vergnügen. Das Saaletal ist hier tief eingeschnitten und die Ufer ragen steil empor. Am Wehr von Unterebersbach setzen wir am linken Ufer aus und ziehen die Kanus über das feuchte Gras bis hinter das Wehr. Die folgenden Kilometer schlängelt sich der Fluss in der Abendsonne, vorbei an Nickersfelden, auf das Wehr von Steinach zu. Zwischen Bäumen hindurch erkennen wir hinter ausgedehnten Schwemmwiesen die Kirche des etwas erhöht liegenden Ortes Steinach. Die Kanus bedecken wir im hohen Ufergras mit unserem grünen Tarp und gehen, nur mit den wichtigsten Gepäckstücken beladen, über die alte Flutbrücke aus Sandstein ins Dorf. Menschen kamen ums Leben und Häu-

Kajakfahrer auf der Fränkischen Saale

ser wurden zerstört, als im April 1945 der militärisch unwichtige Ort verteidigt wurde. Nur wenige schöne Häuser sind erhalten, doch lohnt allein schon die Kirche St. Nikolaus mit dem beeindruckenden Kruzifix von Tilman Riemenschneider den Abstecher. Es wurde erst zu Beginn dieses Jahrhunderts auf dem Dachboden der Kirche entdeckt.

Im Biergarten der neben der Kirche liegenden Gaststätte lassen wir den Paddeltag bei einem fränkischen Wein ausklingen. Zum Glück hat der „Gasthof Schneider" noch ein gemütliches Zimmer frei.

Am steil aufragenden Quästenberg mit der darunter liegenden Ruine Steineck, von der nur noch die Burgwälle erhalten sind, geht es vorbei und bei Hohn unter einer Brücke hindurch. Nach einem scharfen Rechtsknick kommt auf der rechten Seite ein ein Meter hohes Wehr, an dem wir, uns ganz links haltend, vorbei paddeln. An den, in eine Mauer eingelassenen Steinstufen legen wir an, wuchten die Kanus die Stufen hinauf und setzen 100 Meter weiter wieder ein. In schnellem Wechsel folgen nun kleine Schwälle und Schnellen, die nicht immer ganz einfach zu befahren sind. An der vor uns auftauchenden Straßenbrücke ist links eine gute Einsetzstelle. Hier lassen wir die Boote liegen und machen einen kurzen Abstecher ins „Biedermeierbad" Bad Bocklet. Besonders angetan hat es uns der schöne Kurgarten, der uns in seiner Stille und Bescheidenheit äußerst symphatisch ist. Der Aschacher Pfarrer Schöppner entdeckte hier 1724 die erste eisenhaltige Quelle; die ein Jahr später von Balthasar Neumann eingefaßt wurde. Kurze Zeit später wurde der Kurpark mit dem klassizistischen Brunnentempel angelegt. Heute besitzt der Ort die kräf-

tigste „Stahlquelle" Deutschlands. Als besondere touristische Attraktion besteht in den Sommermonaten von hier über Aschach nach Bad Kissingen eine regelmäßige Postkutschenverbindung, mit einer im Original nachgebauten Biedermeierpostkutsche. Auf den dicht am Ufer stehenden, strahlendweißen Holzstühlen machen es sich einige Kurgäste mit ihrer Zeitung bequem.

Ehe wir uns versehen, sind wir am unfahrbaren Wehr von Aschach angelangt, das wir links umtragen. An der Umtragestelle kann man gut rasten und ins nahegelegene Aschach hineinlaufen. Der Ort war jahrhundertelang Verwaltungssitz der Henneberger, die auch das Schloss im 12. Jahrhundert gegründet hatten. In seiner heutigen Form stammt es aus dem Jahre 1571 nachdem es an die Wüzburger Bischöfe kam. Im 19. Jh. erwarb es der Schweinfurter Industrielle Wilhelm Sattler, der hier eine Porzellanmanufaktur errichten wollte. Durch Billigimporte aus England war er bald ruiniert; seine Erben mühten sich lange, ihre Kunstsammlungen den Kissinger Kurgästen zugänglich zu machen. Sie mussten aber an den Regierungspräsidenten von Unterfranken verkaufen, der im Schloss einen Familiensitz mit Kunstsammlung bauen ließ. Zu den fränkischen Schätzen kamen alsbald noch asiatische Kunst sowie chinesische Bronzen und orientalische Teppiche, die sein

Biedermeierpostkutsche in Bad Bocklet

Sohn als junger Diplomat gesammelt hatte. So verwundert es nicht, dass sich heute im Anwesen ein Volkskundemuseum (Di-So 14-18) mit Möbeln und Kunstgegenständen in 36 Räumen befindet. Eine kleine Wanderung (4 km) führt an dem schönen Bildstock von 1674 und der Pfarrkirche vorbei nach Frauenroth. Der hennebergische Kreuzritter und Minnesänger Otto von Bodenlauben und seine Frau Beatrix von Courtenay gründeten hier 1231 ein Zisterzienserinnenkloster, in das beide zu Lebzeiten eintraten. Schon 1242 verzichtete das Ehepaar auf sein Wohnrecht und lebte fortan in selbstgewählter Armut. Im Chor der ehemaligen Klosterkirche kann man die beiden lebensecht wirkenden Stifterfiguren bewundern.

Zurück in Aschach, findet man neben einigen Gaststätten die Holzofenbäckerei „Lautensack", die in ihrer Heckenwirtschaft in den Sommermonaten (leider nur Sa 10-14) Holzofenspezialitäten offeriert.

Bevor die Saale zwischen Großenbrach und Kleinbrach in einer weit ausholenden Schleife einen Höhenzug umfließt, sehen wir, bald nach der Brücke, die die beiden Orte verbindet, am linken Ufer den Luitpoldsprudel mit seinem Brunnenturm. Der eisenhaltige Sulfat-Säuerling hat eine Bohrtiefe von 913 m. Am rechten Ufer wacht einsam das idyllische Wehrhaus über das alte Walzenwehr. Wenn es offen ist, kann mittig problem-

Am eisenhaltigen Luitpoldsprudel

los hindurchgefahren werden. Sonst muss man mühsam links an der steilen Böschung umtragen.

Im weiteren Flussverlauf müssen wir die Boote immer wieder über im Wasser liegende Bäume und Wurzeln wuchten. Bald nach der Straßenbrücke von Kleinbrach erreichen wir die Brücke von Hausen. Mit flotter Strömung geht es unter ihr hindurch; unmittelbar links dahinter, an einer sandigen „Badestelle", legen wir an. Trotz der fortgeschrittenen Jahreszeit scheuen wir uns nicht, ein erfrischendes Bad zu nehmen, um uns anschließend im Biergarten, der direkt an der Straße liegt, in der Sonne wieder aufzuwärmen.

Eiskaltes Bad in der Fränkischen Saale

Von Hausen aus ist es mit dem Kanu nur ein Katzensprung zur Saline Kissingen, einem Industriedenkmal ersten Ranges. Auf Höhe des Segelflugplatzes sollte man wegen eines, dicht unter der Wasseroberfläche liegenden Steines umtragen. So hat man eine gute Gelegenheit, sich diese Sehenswürdigkeit anzuschauen. Der unter Übergewicht leidende Reichskanzler Otto von Bismarck, Kissingens treuester Kurgast, spazierte häufig zum Gradierbau und atmete die über geschichtete Reisigbündel tropfende Sole. Der Gradierbau wurde, wie auch die gusseiserne Freipumpe und das Turbinenhaus, im Jahre 1848 erbaut.

Auf den folgenden zwei Kilometern muss in den Sommermonaten mit Schiffsverkehr gerechnet werden, denn das Ausflugsschiff „Dampferle"

pendelt zwischen Bad Kissingen und der Oberen Saline. Im Gegenlicht der Spätnachmittagsonne taucht der Rosengarten von Bad Kissingen vor uns auf. Auf der rechten Flussseite gibt es gute Anlandemöglichkeiten um dann über die Ludwigsbrücke in die Innenstadt mit ihren klassizistischen Bauten hinein zu laufen.

Schon früh waren die kohlensäurereichen und eisenhaltigen Quellen bekannt; seit Mitte des 19. Jahrhunderts war Kissingen Weltbad. Neben Kurgästen aus England und dem österreichischen Kaiserpaar hielt sich auch die Zarenfamilie zur Kur in der Stadt auf. Um all diesen Gästen gerecht zu werden, errichtete man eine anglikanische sowie die russisch-orthodoxe Kirche. Nach einem Abstecher zur Arkadenhalle, die im Stil der florentinischen Frührenaissance erbaut wurde und mit über 2500 qm Europas größte Wandelhalle ist, schlendern wir noch durch den mittelalterlichen Stadtkern um das alte Rathaus von 1577.

Die klassizistische Kurstadt Bad Kissingen

Nun wird es aber Zeit, müssen wir doch für die Nacht eine Bleibe suchen, da der Campingplatz von Bad Kissingen angeblich keine Kanuwanderer aufnimmt. Die kurze Strecke zum Lindesmühlenwehr genießen wir noch den Blick auf die mediterran anmutenden Kuranlagen. Hier tragen wir die Kanus 150 m um und paddeln am Golfplatz von Bad Kissingen vorbei. Hoch über dem gegenüberliegenden Ufer wacht

Hinter dem Rosengarten liegt der Regentenbau

die Eyringsburg über die Saale. Zwischen flachen Felsen hindurch bahnt sich der Fluss seinen Weg Richtung Euerdorf. Nach einem scharfen Knick Richtung Südwesten lassen wir den links neben uns liegenden Stufenberg zurück. Bald tauchen die ersten Häuser von Euerdorf vor uns auf. Gerade noch vor Einbruch der Dunkelheit unterfahren wir flott die schöne Buntsandstein-brücke mit dem obligatorischen Brückenheiligen Nepomuk, um gerade noch die Kurve zum linken Ufer zu bekommen, bevor die Strömung uns weitertreibt. Hinter der großen Wiese liegt der preisgünstige „Gasthof Wolz", wo wir nach einem guten fränkischen Essen (Hausschlachtung und eigene Brennerei) todmüde in die Kissen fallen.

Kulinarisches aus Franken

Die fränkische Küche ist vielseitig, einfallsreich und vielerorts preisgünstig. Jeder, der einmal nach einem verregneten Paddeltag mit ihren kulinarischen Köstlichkeiten Bekanntschaft gemacht hat, wird erkennen, dass Reisen und Essen zusammen gehören. Dies gilt in gleichem Maße für fränkisches Bier und den viel gepriesenen Frankenwein. „Sende mir noch einige Würzburger, denn kein anderer Wein will mir schmecken und ich bin verdrießlich, wenn mir mein gewohnter Lieblingsdrank abgeht", schrieb Goethe im Jahre 1806 an seine Frau. Auch Karl der Große und Götz von Berlichingen, der auf Burg Kilianstein bei Hammelburg seine Jugendjahre verbrachte, tranken schon ihre Schoppen auf Schloss Saaleck.

Doch zurück in unsere Zeit, wo es dem Reisenden gewiss nicht schwerfallen wird, in einer der zahlreichen „Heckenwirtschaften", die nur an wenigen Wochen im Jahr geöffnet sind, sein ganz persönliches Lieblingsgericht zu entdecken.

Zur Brotzeit bestellt man die „Blauen Zipfel", rohe Bratwürste, die behutsam in einem Sud mit Essig als „Blaumacher" gegart werden. Dazu kommen ein Schuss Frankenwein sowie Zwiebeln, Pfeffer-, Senfkörner und Lorbeerblätter. Aber auch mit einer Portion „Gerupfter" lässt sich die Zeit bis zum Mittagessen gut überstehen. Er ist relativ einfach zubereitet: Camembert, Butter, gehackte Zwiebeln, Kräuter und Gewürze verdrückt man zusammen mit etwas Eibgelb, Paprika und einem Schuss Bier oder Wein. Wie jener Wurstsalat, der aus in Streifen geschnittenem gekochtem Ochsenmaul, weißem und schwarzem Presssack sowie Zwiebelringen und einer Vinaigrette aus weißem Pfeffer, Zucker, Essig und Öl besteht, wird er mit deftigem Landbrot serviert. Nicht unerwähnt bleiben sollten solche Herrlichkeiten wie die „Häckerbrotzeit", ein Brotzeitteller bestehend aus frisch geräucherter Blut- und Leberwurst, rohem Schinken und Presssack. Dazu darf ein Zwetschgenschnaps nicht fehlen. Damit sind die Möglichkeiten aber noch lange nicht erschöpft. „Knäutele", eine Speckwurst in dünnem Darm, und Schlachtschüssel, bestehend aus Sauerkraut, Blut- und Leberwurst sowie Kesselfleisch, um nur zwei weitere zu nennen. Auch die Hauptgerichte sind meist fleischlicher Natur. Eine typisch fränkische Malzeit ist das „Hochzeitsessen"; zu dem Gericht aus Rindfleisch mit Nudeln gehört nach alter Tradition Meerrettich. Außer Wildgerichten mit Klößen und Pilzen, Kalbshaxe, Schinken in Brotteig, Fränkischer Roulade, die mit fränkischem Rotwein zubereitet wird, sollen auch einige Fischgerichte nicht unerwähnt bleiben. „Die Rhönbachforelle" muss unbedingt eine fangfrische Bachforelle sein. Man lässt sie eine Stunde in einem Sud aus einem Liter Riesling, Salz, Zucker, Kerbel, Thymian, Wacholderbeeren, Zitronenmelisse, Petersilie, Lorbeer, Estragon, Zwiebeln und Mohrrüben ziehen. Neben „Aal grün" und Karpfen, der mal in einer Bierteighülle gebacken, mal in gekochter Art auf den Tisch kommt, müssen die speziell im Würzburger Raum zu findenden „Meefischli" hervorgehoben werden. Es sind kleine dünne Weißfische aus dem Main, die gleich dreimal schwimmen müssen: im Wasser, im Fett und im Wein.

Schon kurz nach dem Start müssen wir an der Karwinkelsmühle wieder umtragen, bevor wir das Wehr von Aura erreichen. Auf der rechten Seite folgt nun eine wahre Schlepperei über einen holprigen Pfad, vorbei am leider geschlossenen Gasthaus „Alte Brauerei" mit seinem schönen Biergarten. Auch das nächste Wehr in Trimberg ist nicht fahrbar. An der Umtragestelle genießen wir, im Gras liegend, den Blick auf die das Saaletal beherrschende Ruine Trimburg mit ihren unterhalb gelegenen Weinbergen der Weinlage „Trimberger Schlossberg". Gerne würden wir zur inzwischen wieder an Sonn- und Feiertagen bewirtschafteten Burg hinauflaufen. Mit ihrem quadratischen Bergfried und dem 1290 umgebauten gotischen Staffelgiebel bietet sie von dort oben einen tollen Blick, hinauf zu den Kuppen der Rhön. Hinter der gleich folgenden Brücke liegt am linken Ufer ein sehr einfacher Campingplatz, der sich gut für einen Stopp anbietet.

Nach der Eisenbahnbrücke erreichen wir das 1,3 m hohe Saalmühlenwehr bei Elfershausen. Die folgende längere Umtragung ist wegen schmaler, über kleine Gräben führender Stege sehr paddlerunfreundlich. Wir können mit dem auf dem Bootswagen befestigten und mit Gepäck beladenen Kanadier die Stege nicht überqueren. Wir umtragen daher nur das Wehr und setzen 20 Meter weiter wieder ein. Im seichten Wasser treideln wir bis zur Steinbrücke. Spätestens jetzt stellen wir uns die Frage, warum die Umtragungen für Paddler nicht einfacher und damit schonender für Fluss und Ufervegetation gestaltet werden. Hinter Elfershausen unterfahren wir die Autobahnbrücke Kassel – Würzburg, aber schon bald lassen wir den ungewohnten Geräuschpegel hinter uns. Wohltuende Stille umgibt uns, nur unterbrochen vom Rauschen kleiner Schwälle, die die Fahrt sehr abwechslungsreich machen. Am Ortsanfang von Langendorf umtragen wir rechts das bei diesem Wasserstand nicht befahrbare Schrägwehr. Auch das Westheimer Wehr muss umtragen werden. An der Spitze einer kleinen Insel weist ein Schild auf die Umtragung hin. Unter einer sehr niedrigen Brücke geht es an Westheim vorbei auf das zerfallene Fuchsstädter Mühlenwehr und ein kurz dahinter liegendes Wehr zu, die wir beide links durchfahren. Mit Blick auf den Ofenthaler Berg und seine dahinter liegenden Weinhänge paddeln wir durch eine beschauliche Wiesen- und Auen-

landschaft in der sich außer uns auch Kormorane, Eisvögel und Schwäne wohl fühlen. Linker Hand fällt uns der riesige Parabolspiegel der Erdfunkstelle Fuchsstadt ins Auge. Von den vor uns liegenden Muschelkalkhängen gleiten still zwei Drachenflieger zu uns herab.

In einem weiten Bogen umfließt die Saale das schöne altfränkische Städtchen Hammelburg. Unter der Brücke der B 287, aber noch besser vor der drei Kilometer weiter erreichten Brücke der B 27, kann man gut anlegen, um der ältesten Weinstadt Frankens einen Besuch abzustatten. Eine Schenkungsurkunde Karl des Großen weist eine über 1200 Jahre

Hoch über der Saale liegt die Trimburg

Stadtbrunnen in Hammelburg

Kirchgasse, liegt das fürstäbtliche Kellereischloss mit seinem Weinkeller. Das Stadtmuseum mit seiner schönen Barockfassade veranschaulicht in der Ausstellung zum Thema „Brot und Wein" die einstigen wirtschaftlichen Grundlagen der Stadt. Trotz des verheerenden Stadtbrandes von 1854 hat Hammelburg mit der Stadtmauer und den erhaltenen Türmen sein mittelalterliches Aussehen teils bewahren können. Der Weg über die Saale auf der B 27 führt zum Kloster Altstadt, einer barocken Wallfahrtskirche der Franziskaner, die vom Fürstabt von Fulda gegründet wurde und noch heute eine wertvolle Bibliothek besitzt. Über einen Kreuzweg führt vom Kloster ein Weg hinauf zum Schloss Saaleck, der Festung der Fürstäbte von Fulda, das während des Bauernkrieges schwer beschädigt wurde und heute ein Weingut und Hotel beherbergt.

alte Rebkultur nach. Dass die rauhe Rhön an ihrem Südrand mit einem edlen Tropfen aufwarten kann, verdankt sie den sonnenbeschienenen Muschelkalkfelsen und dem milden Klima, welches einen charaktervollen Wein gedeihen läßt. Der kurze Fußweg in die Innenstadt führt uns geradewegs auf den Marktplatz mit seinem Stadtbrunnen von 1541, eine der interessantesten Sehenswürdigkeiten der deutschen Frührenaissance. Über ihm spannt sich ein prachtvolles Pfeilergehäuse mit barockem Baldachin. Auf dem Marktplatz findet jeden ersten Samstag im Monat der traditionelle Bauernmarkt statt. Rechts davon, in der

Nur 400 Meter weiter, vorbei an schönen Hammelburger Häusern, kommen wir zu einem Schrägwehr, das wir links umtragen müssen. Kurz darauf fließt von rechts die Thulba in die Saale. Über zwei gut befahrbare zerfallene Bewässerungswehre geht es an Schloss Saaleck und Untereschenbach vorbei auf das unfahrbare Wehr der Rödermühle zu. Ein schöner Platz zum Rasten bietet sich hier. Es ist schon spät, und wir erwägen, unser Zelt aufzubauen und im Örtchen Diebach einzukehren, das am rechten Flussufer liegt. Doch wollen wir das etwa vier Kilometer flussabwärts liegende Morlesau an diesem Abend noch erreichen.

Dazwischen liegt auf halber Strecke die schöne Neumühle. Im 16. Jh. erbaut und im fränkischen Stil restauriert, birgt sie heute ein Hotel mit Restaurant, sowohl preislich als auch qualitativ auf hohem Niveau. Auf der linken Flussseite umtragen wir eilig, denn es droht bald dunkel zu werden. Zwischen Neumühle und dem ruhigen Urlaubsort Morlesau begleiten uns dann in der Dämmerung doch tatsächlich Biber, die, sobald wir unser Paddel bewegen oder ihnen zu nahe kommen, ihre „Kelle" mit lautem Knall auf die Wasseroberfläche aufschlagen lassen.

Vor uns erhebt sich der Sodenberg in der Abenddämmerung. In früherer Zeit zierte eine thüngensche Burg, die nie durch feindliche Angriffe zerstört wurde, seine Spitze. Neidhard von Thüngen, der sie verpfändet hatte, konnte das Pfand nicht mehr einlösen, so dass sie ab 1660 verfiel. Der Rest der Ruine fiel im Laufe des letzten Jahrhunderts dem Basaltsteinbruch zum Opfer. Fast unmittelbar hinter der Straßenbrücke auf der rechten Seite ziehen wir unsere Kanus über eine Holzrampe die Böschung auf die Wiese des „Gasthof Nöth" hinauf. Ein Zimmer hatten wir telefonisch schon vorbestellt. Die Übernachtungspreise sind fair, das Essen überdurchschnittlich, und so sind wir am Ende dieses Tages trotz der vielen Umtragungen wieder versöhnlich gestimmt.

Dicht ans Wasser ragender Wald begleitet uns auf unserer letzten Etappe über die Roßmühle zur Drei-Flüsse-Stadt Gemünden. Links der

Pontonbrücke, die den höher gelegenen Ort Weickersgrüben mit dem Campingplatz „Roßmühle" und dem kleinen Bahnhof verbindet, setzen wir aus und ziehen mit dem Kanuwagen unsere Boote um die Brücke und das sich anschließende Wehr herum. Über Michelau, das wegen einiger schöner Häuser und der Kirche St. Martin, mit ihrem spätgotischen Flügelaltar sehenswert ist, nähern wir uns dem Wehr von Gräfendorf. Teilweise ist der Fluss nun recht breit, und der Rückstau des Wehrs macht sich auf den letzten beiden Kilometern bemerkbar. Der Ort Gräfendorf selbst liegt an der Mündung des Flüsschen Schondra,

Kloster Schönau

Gemünden

das sich zu einem schluchtartigen Bachbett verengt. Die sich zwischen dem Ort und Schonderfeld anschließende Seewiese am rechten Ufer birgt die älteste Forellenzucht Deutschlands. Nach der Umtragung wird die Saale wieder schmaler, und mit Unterstützung einiger spritziger Abschnitte kommen wir schnell nach Wolfsmünster mit seiner malerischen Buntsandsteinbrücke. Jenseits des Ortes, am linken Flussufer, gibt es eine schöne Badestelle. Seinen Ursprung verdankt das Örtchen dem Hl. Baugolf, der um 800 das Kloster Fulda verließ, um im unteren Saaletal das Christentum zu verbreiten. Aus seiner Zelle ist ein Kloster und daraus das Dorf Baugolfmünster, das heutige Wolfsmünster, entstanden. Das Wehr Wolfsmünster, eine etwa 50 cm hohe Stufe, ist links fahrbar. Sicherheitshalber kann man es sich vorher aber anschauen. Danach folgt abermals

eine flotte Strömung, so dass die folgenden vier Kilometer bis zum Kloster Schönau keine Langeweile aufkommen lassen. Man muss vor dem zerfallenen Wehr sowieso wieder umtragen, daher ist der Gang über die kleine Brücke hinauf zum Kloster eine willkommene Abwechslung. Als Frauenzisterzienserinnenkloster 1189 gegründet, ist die Doppelkirchenanlage wegen ihrer Plastiken aus der Zeit Tilman Riemenschneiders sehenswert. Im daneben liegenden Biergarten machen wir eine letzte Pause, bevor wir über den immer ruhiger werdenden Fluss Gemünden erreichen. Vor der Stadt teilt sich der Fluss, und wir paddeln über den rechten Arm eine Gefällestufe hinunter, bevor wir nach einem Kilometer zum Rastplatz des Kanusportclubs Gemünden gelangen.

Mit dem Kanu durch das Land der Bartenwetzer

Die Fulda

Informationen Fulda

Aktivitäten   Natur   Kultur   Baden   Hindernisse

Charakter der Tour: Die Wasserkuppe, Hessens größter Berg, ist der Ursprungsberg der Fulda. Auf ihrem Lauf zur Weser durchfließt sie eine der romantischsten Regionen des hessischen Mittelgebirges, Waldhessen genannt. Unsere beschauliche Fahrt führt durch ein streckenweise einsames und reizvolles Tal, begleitet von steil abfallenden Waldhängen, dann wieder sanften Bergen und großen Waldungen. Die historischen Fachwerkstädte Bad Hersfeld, Rotenburg a. d. Fulda, Melsungen und Hann. Münden bieten auch dem Kulturinteressierten jede Menge Erlebenswertes. In Kassel mit seinen zahlreichen Museen, kann man sich gut und gerne einen weiteren Tag aufhalten.

Obwohl ab Mecklar Bundeswasserstraße, ist auf der Fulda erst ab Kassel an den Wochenenden mit stärkerem motorisierten Ausflugsverkehr zu rechnen. Ihr langsam strömendes Wasser ist bis Kassel nur mäßig belastet. Auf der gesamten Strecke sind vier Umtragungen zu bewältigen; sonst können Schleusen (teils im Selbstbetrieb) benutzt werden. Im Bereich der zahlreichen Naturschutzgebiete nicht anlanden, sondern zügig durchpaddeln.

Anreise: A 4 Kirchheimer Dreieck – Eisenach, Abfahrt 32 (Bad Hersfeld), auf der B 27 nach Bad Hersfeld.

Einsetzstelle: Steg des Bad Hersfelder Kanuclubs.

Aussetzstelle: Campingplatz von Hann. Münden.

„Zurück zum Pkw": Mit der Bahn stündlich in etwa 90 Minuten von Hann. Münden über Eichenberg nach Bad Hersfeld.

Länge der Tour: Ca. 120 km.

Etappenvorschlag: 1.Tag: *Bad Hersfeld – Rotenburg a. d. Fulda*; 2.Tag: *Rotenburg – Melsungen*; 3.Tag: *Melsungen – Büchenwerra*; 4.Tag: *Büchenwerra – Kassel*; 5.Tag: *Kassel – Hann. Münden.*

Umtragestellen: Bad Hersfeld 100 m; Mecklar 50 m; Rotenburg 70 m; Neue Mühle 200 m.

Sehenswürdigkeiten:
Bad Hersfeld: Größte romanische Kirchenruine der Welt (9.Jh.), Renaissancefachwerkhäuser, Museum, Katharinenturm mit Lullusglocke, Linggdenkmal, Lullus-Brunnen, Kirchturm der gotischen Stadtkirche, Rathaus mit Renaissancefassade, Kurpark, Internationale Bachtage (Ostern), Festspiele (Mitte Juni - Mitte August), Jazzfestival (1. Samstag im Juni), Lullusfest (ältestes Heimatfest Deutschlands, um den 16. Oktober herum).
Bebra: Biberbrunnen, Eisenbahnmuseum.

Rotenburg a. d. Fulda: Marktplatz mit Rathaus und Jakobi-Kirche, Stiftskirche, mittelalterliches Fachwerkensemble „Brotgasse", Alte Landvogtei, Landgrafenschloss mit Marstall, Stadtmauer mit Hexenturm, Heimatmuseum, Puppen- und Spielzeugmuseum, Gut Elingerrode.

Braach: Jeden Samstag und Sonntag „Kuckuksmarkt"

Altmorschen: Zisterzienserinnenkloster Haydau (1235), Orangerie, schöne Fachwerkhäuser.

Beiseförth: Korbmachermuseum.

Melsungen: Alte Fachwerkhäuser, Fachwerk-Rathaus mit Bartenwetzerfigur (1562), Bartenwetzer-Brücke (1595), Heimatmuseum (an der Brücke), Stadtkirche (15. Jh.), Alter Friedhof, Landgrafenschloss (1550-57), neugotische Fachwerkkirche.

Guxhagen: Kloster Breitenau (1113).

Kassel: Staatstheater, Fridericianum, Landesmuseum, Tapetenmusem, Naturkundemuseum, Brüder-Grimm-Museum, Neue Galerie, Wilhelmshöhe mit Löwenburg und Rembrandt-Galerie, Kaskade, Herkules, Brüderkirche (13. Jh.), Martinskirche (Grabstätten der hessischen Landgrafen), Weltausstellung „Documenta", u.v.m.

Hann. Münden: Einmalig geschlossenes mittelalterliches Stadtbild (über 700 Fachwerkhäuser aus sechs Jahrhunderten), Rathaus, Welfenschloss mit Museum, St. Blasiuskirche, Ägidienkirche, Tillyschanze.

Sonstige Aktivitäten:

Paddeln: Auf der Fulda von Schlitz nach Bad Hersfeld, auf der Weser von Hann. Münden nach Minden, auf der Eder (guter Wasserstand ab Mitte Juni).

Wandern: Durch den Seulingswald zwischen Bad Hersfeld und Bebra, im Knüllgebirge bei Bad Hersfeld, Stölzinger Gebirge bei Rotenburg a. d. Fulda, im Reinhardswald, im Kaufunger Wald.

Radfahren: Auf dem Fuldaradweg, dem Hessencourrier-Weg, dem Ederauenweg, dem Lossetal-, dem Weser- und dem Werra-Radweg, dem Radweg „Deutsche Märchenstraße" sowie „Märchenroute", zahlreiche Radtourenwege um Bad Hersfeld, Rotenburg a. d. Fulda und Kassel.

Baden: Freizeitbad in Bad Hersfeld, Waldschwimmbad in Rotenburg a. d. Fulda, Freibad in Beiseförth, Melsungen, Guxhagen, Kassel, Hann. Münden, Badeseen bei Melsungen, Thermalsolebad und Badesee Fulda-Aue bei Kassel.

Angeln; Floßfahrt mit dem „Fuldaböckchen" (Rotenburg-Lispenhausen) und mit der „Fuldanixe" (Morschen-Melsungen); Fahrt mit dem *Ausflugsdampfer* von Kassel nach Hann. Münden; Fahrt mit der *Museumseisenbahn* „Hessencourrier" von Kassel nach Naumburg; *Wanderreiten* (Rotenburg); Ausflüge in die malerischen Städte *Fulda* und *Schlitz*, in die *Rhön*, zum *Vogelsberg*, nach *Kaufungen*, zur *Burg Herzberg bei Breitenbach* oder der *Burg Friedewald*.

Kartenmaterial: Wassersport-Wanderatlas W 1+2, 1:100 000, Jübermann Verlag; „Fulda-Radweg", 1:50 000, Bielefelder Verlagsanstalt.

Literaturhinweise: Deutsches Flusswanderbuch, DKV-Verlag; „Wandern und Radtouren im Märchenland der Brüder Grimm", Kartogr. Kommunale Verlagsges.; Hessen für Kinder, Eichborn Verlag; Mountain Bike Hessen, Pietsch Verlag.

Übernachtung in Wassernähe:

Bad Hersfeld: Kanuclub, Tel. (06621) 742 43 (telefonisch anmelden!).

Rotenburg a. d. Fulda: Campingplatz, Tel. (06623) 55 56.

Melsungen: Campingplatz; Wassersportverein, Tel. (05661) 37 80 oder (06622) 504 40.

Büchenwerra: Campingplatz, Tel. (05665) 96 10 44.

Dittershausen: Hotel „Felsenkeller".

Kassel: Campingplatz; Polizeisportverein Grün-Weiß Kassel, Tel. (0561) 188 82; Wassersport-vereinigung Cassel, Tel. (0561) 188 39; Casseler Kanu-Club, Tel. (0561) 532 98; Kanu-Sport Kassel e.V. (zentrumsnah) Tel. (0561) 77 41 44; und einige mehr.

Hann. Münden: Campingplatz; Gelände des Kanuclubs, Tel. (05541) 49 83; Hotel „Zur Fulda", Tel. (05541) 95 43-0 (nicht in Wassernähe, aber günstig).

Wichtige Adressen:

Kanuverleih: in Mecklar, Tel. (06621) 741 39; in Rotenburg a. d. Fulda, Tel. (06623) 55 56; in Hann. Münden, Tel. (05541) 122 57; Eder-Fulda-Tour, Tel. 0171 / 354 49 54.

Fahrradverleih: in Bad Hersfeld, Tel. (06621) 91 60 77; in Rotenburg, Tel. (06623) 55 56; in Mel-sungen an der „Zwei-Pfennigs-Brücke" (Mai-Okt.); in Hann. Münden., Tel. (05541) 122 57.

Wanderreiten: Rotenburg a. d. Fulda, Tel. (06623) 416 07.

Angeln: Infos bei den Touristen-Informationen (Jahresfischereischein erforderlich).

Veranstalter: Erlebnistouren Odenhardt in Edertal-Anraff, Tel. (05621) 743 91; „Auf und Da-von" in Fulda, Tel. (0661) 764 64; Touristik Service Waldhessen, Tel. (06621) 62 04-44, www.-waldhessen.de (u.a. Infos zu Radtouren); Nordhessischer Verkehrsverbund, Tel. 01802-34 01 80 (kostenlose Fahrradmitnahme in allen Nahverkehrszügen und Bussen).

Auskunft: Touristen-Informationen in *Bad Hersfeld:* Tel. (06621) 20 12 74 und 194 33; *Roten-burg a. d. Fulda:* Tel. (06623) 55 55, www.rotenburg.de, *Melsungen:* Tel. (05661) 92 11 00, www.melsungen.de, *Kassel:* Tel. (0561) 7077-162, www.Kassel.de, *Hann. Münden:* Tel. (05541) 753 13, www.hann.muenden.de; www.kurhessisches-bergland.de

Karte Fulda

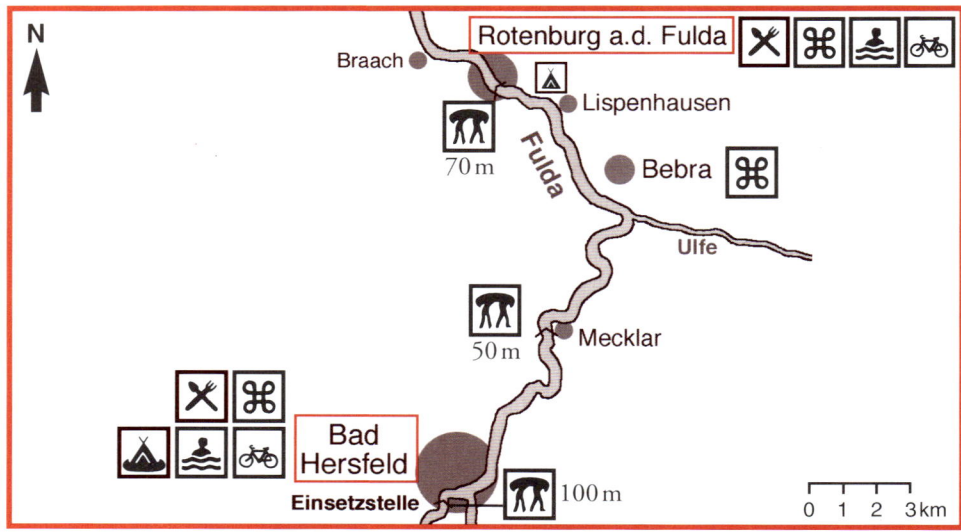

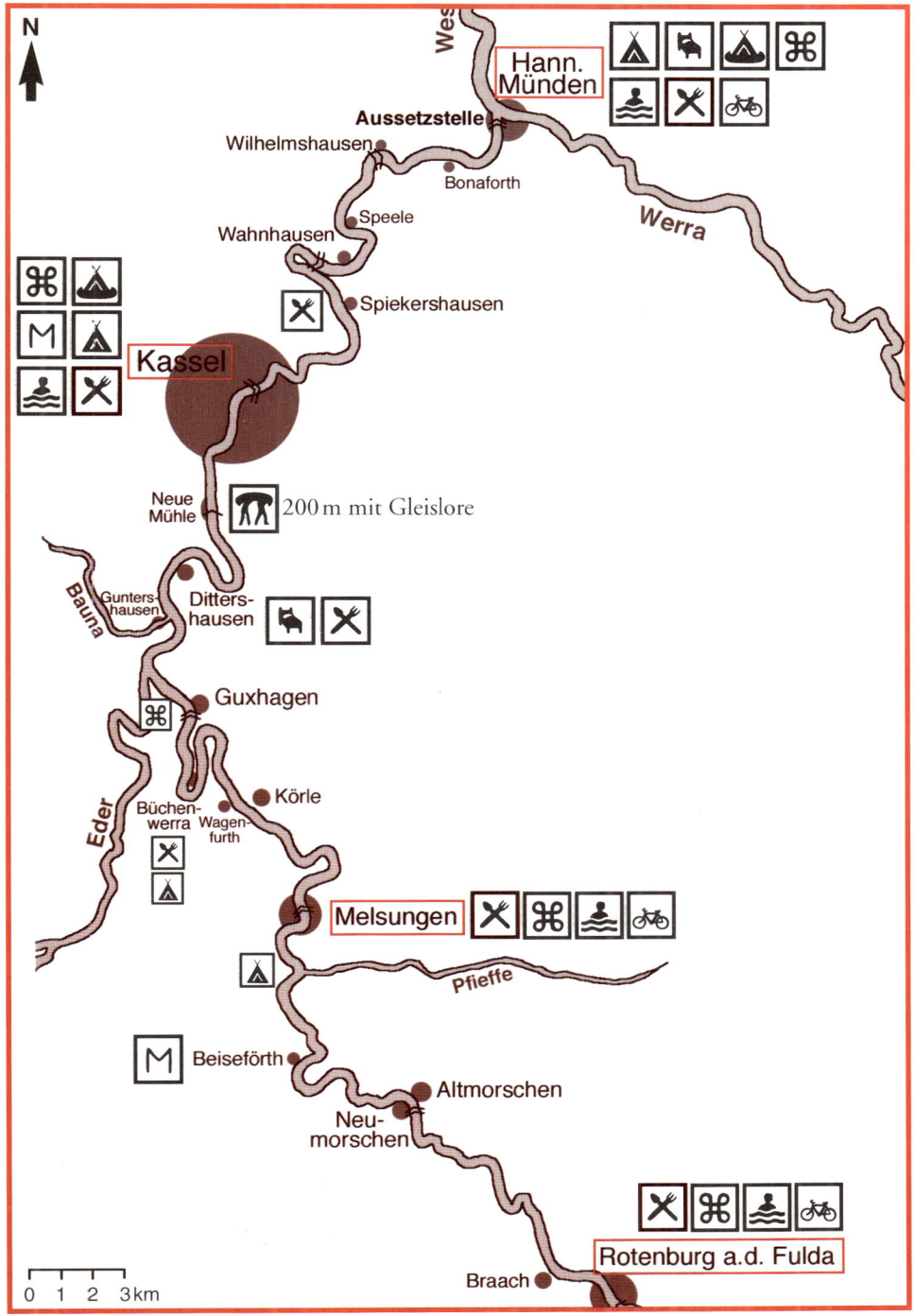

Mit dem Kanu durch das Land der Bartenwetzer

Ich öffne den Reißverschluss des Zeltes und luge vorsichtig über das Gelände des Bad Hersfelder Kanuclubs. Zarter Morgendunst liegt noch über der Fulda, und fröstelnd schlüpfe ich in meinen Schlafsack zurück. Am Tag zuvor waren wir nach telefonischer Anmeldung freundlich aufgenommen worden und durften unser Zelt aufstellen. Den Pkw stellten wir in der Nähe des Vereinsgeländes ab, das sich nur wenige Gehminuten von der Innenstadt und etwa einen Kilometer vom Bahnhof entfernt befindet. Den angebrochenen Tag nutzten wir für einen Rundgang durch die schöne Festspielstadt.

Romanische Stiftsruine in Bad Hersfeld

Gegründet wurde sie 766 von Bischof Lullus, dem vor dem Rathaus, einem Kleinod der Renaissance, mit dem Lullus-Brunnen ein Denkmal gesetzt wurde. Oberhalb des Rathausplatzes ist das Wahrzeichen Hersfelds, der Kirchturm der gotischen Stadtkirche, zu sehen. Vorbei am Linggdenkmal, das an den badischen Oberstleutnant erinnert, der die Stadt vor dem Niederbrennen durch napoleonische Truppen rettete, gelangt man zur eigentlichen Attraktion Hersfelds, der in einem Park liegenden Stiftsruine. In den Jahren 831-850 wurde sie durch den Abt Bun erbaut und ist heute die größte romanische Kirchenruine der Welt. Kaiser und Könige gingen in dem bedeutenden Bauwerk ein und aus. Die zurückweichende Franzosenarmee vernichtete 1761 ihre in der Stiftskirche gelagerten Vorräte. Einer der größten sakralen Hallenbauten Deutschlands wurde ein Raub der Flammen. Heute finden in der Ruine von Mitte Juni bis Anfang August die berühmten Bad Hersfelder Festspiele statt. Beim Rundgang stoßen wir auf den geheimnisvoll und düster wirkenden Katharinenturm, der aus dem 12. Jahrhundert stammt. In ihm hängt die um 1038 gegossene älteste Glocke Deutschlands. Am Abend kochten wir in der Vereinsküche und saßen bei einer Flasche Wein lange auf der Terrasse.

Die Sonne hat die Nebelschwaden verdrängt. Schnell packen wir zusammen, beladen den Kanadier und gleiten auf der Fulda unter der Straßenbrücke hindurch auf unsere erste Umtragung zu. Vor dem Wehr legen wir rechts an, rollen mit dem Bootswagen

Die schönen Fachwerkfassaden in Rotenburg reichen bis an die Fulda

das Kanu über eine gemähte Wiese und setzen an Steintreppen wieder in die Fulda ein. Nun folgt ein mehrere Kilometer langer und ruhiger Flussabschnitt. Nur manchmal unterbricht ein kleiner Schwall oder eine flache Stelle die beschauliche Fahrt. Ab dem Dörfchen Friedlos führt der Fuldaradweg links neben dem Fluss her. Kurz vor dem Mecklarer Wehr müssen wir am linken Ufer wenige Meter umtragen; dann geht es weiter auf dem idyllischen Flusslauf. Manchmal erinnert das zugewachsene Flussbett mit den weit über der Wasseroberfläche hängenden Zweigen doch mehr an den Amazonas als an einen Fluss mitten in Deutschland. Wo die Ulfe in die Fulda mündet, zog sich einst ein alter Fernweg von der Werra zur Fulda. Auf Pferdefuhrwerken kamen die Holzstämme aus dem Thüringer Wald herab und wurden an der Ulfemündung für ihre lange Reise auf Flöße geladen, die sog. „Fuldaböcke".

Auf der Höhe von Bebra ist auf einer Länge von etwa einem Kilometer aus Naturschutzgründen das Anlanden am linken Ufer verboten. Kurz vor Rotenburg kommt uns das über neun Meter lange Floß „Fuldaböckchen" entgegen. Sanft gleitet es über das Wasser, nur von einem fast lautlosen Elektromotor unterstützt. So können die Fahrgäste das Plätschern des Wassers, die Steuerschläge des Ruders und das Rauschen des Windes in den Weiden hören. Unmittelbar vor Rotenburg a.d. Fulda erreichen wir nach 23 Kilometern den Campingplatz, der Ziel unserer ersten Tagesetappe ist. Auch hier sind es wieder nur wenige hundert Meter in die Altstadt.

Wer auf dem Wasserweg die Stadt ansteuert, dem entfaltet sich ein eindrucksvolles Stadtpanorama. Zur Linken liegt die Altstadt mit den sich im Fluss spiegelnden Fachwerkfassaden, die Schlossanlage sowie die Pfarrkirche St. Jakob.

Rechts in der alten Neustadt lugt die ehemalige Stiftskirche Sankt Elisabeth und Maria hinter dem Kraftwerk hervor. Beide Stadtteile werden durch die stählerne Brücke von 1882 miteinander verbunden. Im Mittelalter war der Fluss Lebensader für die Rotenburger Bürger. Schiffsweg, Waschstelle, Angelplatz, Arbeitsplatz der Gerber und der Leineweber sowie, im Winter, wenn der Fluss zugefroren war, Sportstätte. Gut können wir uns beim Schlendern durch die engen Gassen vorstellen, dass die Gebrüder Grimm hier ihre Märchen aufleben lassen könnten – Jacob Grimm lebte als Lehrer in der Stadt. Am Abend sitzen wir dann im gemütlichen historischen

Reiches Fachwerk in Rotenburg a.d. Fulda

Gasthof „Zur Gerichtsschänke", bei einem rustikalen Essen.

Am nächsten Morgen erreichen wir nach wenigen hundert Metern das Wehr von Rotenburg, wo wir links umtragen. Unter der Brücke könnte man gut mit dem Kanu anlegen, um in die Stadt hineinzulaufen. Wir lassen aber die Landgrafenstadt hinter uns und paddeln zum Teil in munterer Strömung an mehreren kleinen Fachwerkorten vorbei. Waldhänge ziehen sich dicht ans Ufer heran; die Stimmung ist beschaulich und ruhig. Gerne würden wir an diesem heißen Tag ein erfrischendes Bad im Fluss nehmen. Bei Neumorschen müssen wir am Wehr das erste Mal schleusen. Froh über die Abwechslung, besorgen dies mit Begeisterung unsere Kinder. Das nahe Kloster Haydau gilt als das am besten erhaltene Zisterzienserinnenkloster Hessens. Im Jahre 1235 gegründet, wurde es nach 1527 zuerst Jagd- und Lustschloss, dann kurhessische Staatsdomäne, Schnapsbrennerei, Lager für Kriegsgefangene und hat jüngst eine umfassende Sanierung erfahren.

Nächster Stopp ist das hinter einer engen Fuldaschleife liegende Korbmacherdorf Beiseförth. In dem Luftkurort befindet sich in einem nur 60 qm kleinen Fachwerkhaus Hessens einziges Korbmachermuseum. Bis zur Mitte des letzten Jahrhunderts übten noch fünfzig Betriebe dieses Handwerk aus. Auf Wunsch führt der letzte „Kötzenflikker" des Dorfes seine Kunst vor.

Die Sonne steht schon tief, als wir auf dem Campingplatz von Melsungen eintreffen. Das 92 000 qm große Gelände liegt direkt in einer Fulda-

Ende eines Paddeltages auf dem Campingplatz von Melsungen

schleife und bildet mit seinen drei Badeseen den krönenden Abschluss dieses
heißen Paddeltages.

Die fehlenden dreieinhalb Kilometer
bis Melsungen fließt die Fulda breit und
behäbig dahin, der Rückstau des vor uns
liegenden Wehres macht sich bemerkbar.
Dank der Schleuse links neben der alten
Steinbrücke ist auch dieses Hindernis kein
Problem. Waldumschlungen liegt Melsungen zu beiden Seiten der Fulda, das
sich auch als Standort ausgedehnter Wanderungen anbietet. Wir machen das Kanu
hinter der Schleusenanlage am Ufer fest
und gehen die wenigen Schritte in die
Altstadt. Mit der 825 Fachwerkhäuser
zählenden Innenstadt ist sie eine der
schönsten Fachwerkstädte Nordhessens.
Das mitten auf dem idyllischen Marktplatz stehende imposante Fachwerk-Rathaus mit seinen vier Ecktürmen und einer
stattlichen Höhe von 29 Metern gleicht

schon fast einer Stadtburg. In einem der
umliegenden Cafés sitzen wir in der Sonne und warten darauf, dass pünktlich um
12 Uhr das Wahrzeichen der Stadt, der
Bartenwetzer, sein Uhrtürmchen verlässt,
um seine Barte zu wetzen. Als Nachfahr
der früheren Holzfäller war sein Arbeitsplatz der 500 Hektar große Eichenwald,
den die Bürger 1370 vom Landgrafen ge-
schenkt bekamen. In den Morgenstunden
wetzten die Bartenwetzer ihre Äxte im
Sandstein der alten Steinbogenbrücke.
Böse Zungen behaupteten, dass sie dies
so lange und ausführlich taten, dass sie
nicht mehr zu ihrer eigentlichen Arbeit
kamen. Aber irgendwoher müssen ja die
kunstvoll geschnitzten Balken der Fachwerkhäuser gekommen sein.

Wir verweilen etwas auf der alten sechs-
bogigen Sandsteinbrücke, eine der schönsten Brücken Hessens, und schauen aufs
Wasser unter uns. Im Wehr tummeln

79

Die Bartenweizerbrücke in Melsungen

sich Reiher und andere Wasservögel. Hier wurde im 17. Jahrhundert die Schifffahrt eröffnet, doch war ihr kein Glück beschieden. Im Laufe der Jahrhunderte sank aufgrund von Trockenlegungen der Moore und großer Waldrodungen der Wasserspiegel der Fulda. Im Jahre 1842 fand die letzte Frachtfahrt zwischen Hersfeld und Kassel statt.

Hinter der Brücke halten wir uns mit dem Kanu ganz rechts, denn der Flusslauf links ist besonders flach und steinig. Die Fahrt wird nun wieder flotter; auf kleinen schmalen Schnellen schlängelt sich der Fluss durch ein liebliches einsames Tal zwischen grünen Hängen und gelb leuchtenden Rapsfeldern hindurch nach Norden. Kuckuksrufe begleiten uns schon fast den ganzen Tag; an den zahlreich brütenden Schwänen paddeln wir mit respektvollem Abstand vorbei. Links liegt das Dörfchen Wagenfurth mit der

ältesten dörflichen Fachwerkkirche Hessens. Hinter Wagenfurth setzt die Fulda zu einer engen Doppelschleife an, in deren letztem Abschnitt ein kleiner Biergarten zur Rast lockt. An der am rechten Ufer befindlichen Schleuse von Guxhagen vertreiben sich zwei einheimische Jungs die Zeit als „Schleusenwärter". Für ein kleines Entgelt in Form von Müsliriegeln dürfen wir in die schon geöffnete Schleuse einfahren.

Am gegenüber liegenden Ufer liegt das 1119 von Benediktinermönchen des Schwarzwaldklosters Hirsau gegründete Kloster Breitenau (Foto Seite 71). Mehrere Reliquien, darunter das Haupt des Märtyrers Felix, bewirkten, dass im 12. und 13. Jahrhundert zahlreiche Pilger hierher kamen. Die Mönche versuchten sich daneben auch in der Kunst des Weinbaus. Das von ihnen gezüchtete Gewächs war aber so sauer, dass man den Kindern abends drohte: „Wedde Winn süffen oder wedde ins Bette?" Das Kloster ist auf den ersten Blick eine Idylle, auf den zweiten ein dunkles Kapitel deutscher Geschichte. Hundert Jahre lang wurden hier geistig Behinderte weggeschlossen, während nebenan in der Kirche Gottesdienst gefeiert wurde. Während des Nationalsozialismus war das Kloster Konzentrationslager für politische Häftlinge. Die Mauern der Isolierzellen erzählen noch heute vom Leid der Eingesperrten. Nebenan, in der „Zehntscheune" des Klosters, erinnert die Gedenkstätte Breitenau mit einer Dauerausstellung an die Zeit des Nationalsozialismus und die damit verbundenen Verfolgungen.

Unter der Autobahnbrücke hindurch, gesellt sich bald von links die zügig strömende Eder zur Fulda. Hinter Guntershausen öffnet sich das Kasseler Becken, der Fluss wird breiter, und in der Ferne zeichnet sich vor den Höhen des Habichtswaldes im Abendlicht die Herkulesstatue der Wilhelmshöhe ab – das Wahrzeichen Kassels. Ziemlich ausgepowert erreichen wir die nicht mehr funktionsfähige Schleuse „Neue Mühle", auf die man wegen des starken Sogs zum Kraftwerk gar nicht erst zufahren sollte. Glücklicherweise befindet sich hier am rechten Ufer vor dem Wehr eine Gleislore. Es hilft alles nichts – das Kanu muss entladen und aus dem Wasser auf die Lore gezogen werden. Bald hinter der Autobahn- und der Eisenbahnbrücke erreichen wir den am linken Ufer liegenden Campingplatz „Fuldacamp". Auf den folgenden Kilometern reiht sich ein Wassersportvereinsgelände ans andere, so dass es der Übernachtungsmöglichkeiten, gleich ob Zelt oder Bootshaus, viele gibt. Zu Fuß oder mit der Straßenbahn geht es in die Kasseler Innenstadt, für die man sich gut einen Tag Zeit nehmen sollte.

Auf der Fulda Kassel entgegen

Einst als schönste Residenz Deutschlands gerühmt, ging die Altstadt mit ihren hochgiebeligen Fachwerkhäusern am 22. Oktober 1943 in einer einzigen Bombennacht in Flammen auf. Trotzdem gibt es, dank umfangreicher Restaurierung und Rückkehr der ausgelagerten musealen Schätze, wieder viel Sehenswertes. Um nur Einiges zu nennen: das Hessische Landesmuseum; das Staatstheater; das bilderreiche Fridericianum, der erste Museumsbau Europas; das einzigartige Tapetenmusem; das zum Naturkundemuseum umgebaute Ottoneum; die Orangerie; die Wilhelmshöhe mit ihrer berühmten Rembrandt-Galerie, der Löwenburg, den Kaskaden und dem Ther-

Rathaus von Hann. Münden

malsolebad. Wie auch im Jahre 2002 präsentiert alle fünf Jahre von Anfang Juni bis Mitte September die Weltausstellung „Documenta" Kunst und Experiment. Dann schwärmen Kulturbegeisterte von der Museumslandschaft, denn die Künstler haben die Architektur der Stadt in ihre Kunst mit einbezogen. Ein Naherholungsgebiet ersten Ranges ist die Fulda-Aue mit idealen Bademöglichkeiten.

Wieder Lust aufs Paddeln haben wir, als es am übernächsten Tag auf die drei Kilometer entfernte Stadtschleuse zugeht. Ohne das Kanu verlassen zu müssen, können wir uns vom freundlichen Schleusenwärter ins tiefere Fahrwasser hinabbringen lassen. Tief kerbt sich die Fulda in ein Buntsandsteinplateau und trennt so Reinhardswald und Kaufunger Wald. In vielen Windungen strömt der Fluss still dahin. Mit dem zwischen Kassel und Spiekershausen verkehrenden Ausflugsschiff teilen wir uns nun das Flussbett. Bei Spiekershausen kehren wir am linken Ufer nochmal in einem am Wasser liegenden Biergarten ein. Gemeinsam mit vielen Radfahrern genießen wir den schönen Blick auf das am rechten Ufer liegende Dorf. Von dichtem Wald umgeben, erreichen wir am Gut Kragenhof vorbei die schon im Niedersächsischen liegende Selbstbedienungsschleuse Wahnhausen. Auf dem Weg weisen Schilder auf das Naturschutzgebiet „Kragenhof bei Fuldatal" hin. An der Schleuse Wilhelmshausen erwartet uns zur Freude der Kinder eine Bootsgasse. Wir müssen nur am Seil ziehen, die Klappe öffnet sich, und sobald die Ampel „Grün" zeigt, rutschen wir mit einem ordentlichen Schwall Wasser und eingezogenem Paddel ins Unterwasser. Auch drei Kilometer weiter, an der Schleuse Bonaforth, macht die Bootsgasse die Fahrt zum Vergnügen. Nicht weit von ihrer Mündung ist die Fulda zu einem stattlichen Fluss angewachsen. Vor uns taucht die Silhouette von Hannoversch Münden im Abendlicht auf. Am Mündener Kanuclub vorbei, erreichen wir den absolut zentral gelegenen Campingplatz auf der Insel „Tanzwerder". Nur wenige Schritte sind es bis in die Altstadt, wo wir gemütlich essen wollen. Ein Fußballspiel wird im Fernsehen übertragen, und die halbe Stadt schaut, selbst vor den Lokalen sitzend, zu. So wird doch nichts aus dem gemütlichen Essen in lauer Frühsommerluft, aber die Jungs sind glücklich – schließlich haben sie sich diesen Abschluss der Kanutour wirklich verdient.

„Die Stadt des Doktor Eisenbart"

„Ich bin der Doktor Eisenbart, kurier die Leut' nach meiner Art, kann machen, dass die Blinden gehn und dass die Lahmen wieder sehn".

Gelebt hat er tatsächlich, ist also keine Sagenfigur wie viele der Märchengestalten im Weserraum. Johann Andreas Eisenbart wurde am 27. März 1663 in Oberviechtal in Niederbayern als Sohn eines Okulisten, Bruch- und Steinschneiders geboren. Zehn Jahre lang lernte er bei seinem Schwager, der den gleichen Beruf wie sein Vater ausübte, und war dann in den folgenden Jahren von Markt zu Markt unterwegs. Dabei besuchte er in phantastisch-bunter Kleidung mit einer eigenen Truppe von Musikanten, Komödianten und Akrobaten im ganzen deutschen Sprachraum nachweislich 83 Orte.

Anders als im Eisenbartlied und vielen literarischen Veröffentlichungen dargestellt, war er kein Scharlatan oder Quacksalber, sondern ein überaus seriöser und erfolgreicher Arzt. Zehn deutsche Fürsten gaben ihm Privilegien für ihre Fürstentümer. Sogar den Titel „Königlich preußischer Hofoculist" bekam er verliehen.

Von Mitte des 13. Jahrhunderts bis weit ins 18. Jahrhundert hinein behandelten akademisch gebildete Ärzte nur innere Krankheiten, so dass die wandernden, handwerklich ausgebildeten Ärzte die einzigen Chirurgen waren. Dabei behandelte Eisenbart Leisten- und Hodenbrüche, Blasensteine, Hasenscharten und Augenleiden. Genauso wie er eine Nadel zum Starstechen und einen Haken zur Polypenoperation erfand, fertigte er künstliche Zähne, Augen und selbst eigene Medikamente. Frauenleiden kurierte er mit Unterstützung seiner ersten Frau, mit der er sieben Kinder hatte. Vielleicht hängt sein teils zwielichtiger Ruf damit zusammen, dass während der Behandlungen auf dem Marktplatz laute Musik und die Possen der Harlekine, begleitet vom Gelächter des Publikums, die Schmerzensschreie der hinter einem Vorhang behandelten

Patienten übertönen sollte. Zu dieser Zeit gab es noch keine Narkose im heutigen Sinne. Entgegen aller Anfeindungen und Versuche von Neidern, ihn als Schwindler und Marktschreier abzutun, belegen doch viele Dankesschreiben und Attestate den Erfolg seiner Behandlungen.

Nach einem aufreibenden Leben als Wanderarzt starb Eisenbart an den Folgen eines Schlaganfalls am 11. November 1727 im damaligen Gasthaus „Zum Wilden Schwan" in Hannoversch Münden. Ein Gedenkstein an der Nordseite der St. Ägidienkirche erinnert an den genialen Operateur. Beigesetzt wurde er in einer Gruft vor dem Altar, im Chorraum der Kirche. Noch heute begegnen wir ihm in den Sommermonaten auf einer hölzernen Bühne vor der Kulisse des historischen Rathauses. Dann wird seine Geschichte in einem lebendigen Schauspiel einem meist großen Publikum dargeboten.

Eine außergewöhnliche Stadt ist dieses Hannoversch Münden. Alexander von Humboldt sprach von ihr als einer der sieben schönst gelegenen Städte der Welt und verglich sie in einem Atemzug mit Rio de Janeiro und Konstantinopel. Zum Glück hat sie im Laufe des letzten Krieges keinerlei Schäden genommen, so dass der Besucher schnell merkt, dass er durch eine Fachwerkstadt von europäischem Rang schlendert. Einst gehörte die Hafenstadt zum Königreich Hannover. Viele der über 700 Fachwerkhäuser sind in ihrem Fachwerk mit Schiffsornamenten, Schiffchenmotiven und Motiven der Fabelwelt verziert. Wohlhabend gemacht hat die erstmals 1183 erwähnte Stadt das Stapelrecht, das alle Kaufleute zwang, ihre Waren für mindestens drei Tage in der Stadt zum Verkauf anzubieten und dafür die entsprechenden Zölle und Steuern zu entrichten.

Auf der Insel „Unterer Tanzwerder", die über eine 100-jährige Hängebrücke mit der Altstadt verbunden ist, wurde einst der Schriftsteller Johann Gottfried Seume als hessischer Söldner gemustert und nach Amerika eingeschifft. Dort huldigt auch der Weserstein dem vermeintlich aus dem Zusammenfluss von Werra und Fulda entstanden Strom Weser. In Wirklichkeit ist er aber nur eine Fortsetzung der Werra und die Fulda sein Nebenfluss.

Neben dem großartigen städtischen Gesamtbild mit der fünfbogigen Werrabrücke aus dem 14. Jahrhundert und der spätgotischen Pfarrkirche St. Blasius hat Hannoversch Münden zwei erstklassige Bauwerke der Weserrenaissance aufzuweisen: das Rathaus und das Welfenschloss. Letzteres wurde 1562-84 dort gebaut, wo einst eine Burg stand. Sein Erbauer, Herzog Erich II. von Braunschweig-Calenberg, hatte lange Zeit auf seinen Schlössern in Holland und Flandern gelebt. Von dort brachte er Architekten, Bauarbeiter und Dachdecker mit, was sich in den Giebeln, die nach französischem Muster geformt sind, niederschlägt. Die vielen Dachkamine erinnern an die Loire-Schlösser unter Ludwig XII. Sein Inneres birgt das Städtische Museum mit der beachtenswerten Mündener Fayence-Manufaktur mit prächtigen Vasen.

Die Baugeschichte des einmaligen Rathaus reicht in das Mittelalter zurück. Die dem Markt zugewandte Schauseite ist mit der reich ornamentierten Utlucht und dem prächtigen Mittelportal besonders schön.

Oberhalb der Stadt, auf der Tillyschanze, befindet sich auf den Resten einer mittelalterlichen Wehranlage ein Aussichtsturm aus dem 19. Jahrhundert. Von hier oben aus soll Feldherr Tilly im Dreißigjährigen Krieg die Stadt angegriffen haben. Wir genießen einen letzten Blick auf die Stadt und ihre Flüsse.

Unter Waschbären im Waldecker Land

Der Edersee und die Eder

Informationen Edersee und Eder

Aktivitäten	Natur	Kultur	Baden	Hindernisse

Charakter der Tour: Die saubere und klare Eder, auch „die Eilige" genannt, entspringt im Rothaargebirge und durchfließt auf ihrem Lauf zur Fulda den 27 km langen Edersee. Tiefe Seitentäler mit stillen Buchten und dicht bewaldete Berge, bis zu 600 Metern hoch, laden zum Paddeln, Baden, Wandern oder einfach nur zum Faulenzen ein. Die ganze Gegend rund um den Edersee ist ein Eldorado für Outdoor-Aktivisten.

Mit rasantem Tempo strömt der Fluss, der bei durchschnittlichem Wasserstand auch für Anfänger geeignet ist, in einer Breite von 20 bis 40 Metern ohne größere Hindernisse durch eine urwaldähnliche Auenlandschaft, bis er bei Grifte in die Fulda mündet.

Fritzlar mit seinem mittelalterlichen Charme war einmal bevorzugter Aufenthaltsort deutscher Könige und Kaiser und sollte unbedingt zur Besichtigung mit eingeplant werden.

Für die Eder gilt: Wenn in trockenen Sommermonaten zur Unterstützung der Weserschifffahrt viel Wasser dem Stausee entzogen wird, dass der Fluss, im Gegensatz zu anderen Flüssen, mehr Wasser führt. Bei niedrigem Wasserstand ist die Eder bei Fritzlar nicht befahrbar. Aktueller Wasserstand unter www.edersee.de/wasser.htm. Wer sich die lange Umtragung der Sperrmauer ersparen möchte, setzt besser erst in Affoldern ein.

Bitte beachten: Laut Erlass der Hessischen Landesregierung darf die Eder ab Mai 2002 zwischen Frankenberg und dem Edersee nicht mehr befahren werden. Auf dem Fluss und dem Affolderner See Sperrzonen /-zeiten beachten (Info unter www.flussinfo.de und kanuhessen.de/ fluesse/VerNh.html). Die Auewälder am Flussufer stehen fast ausnahmslos unter Naturschutz. Da schlechte Verkehrsverbindungen rund um den Edersee bestehen, besser zwei Pkw's oder Leihkanu mit Rücktransport nutzen.

Anreise: A 49 Kassel Richtung Marburg, Abfahrt 15 Wabern. Auf der B 253 über Fritzlar nach Mehlen. Von dort über Affoldern und Waldeck nach Basdorf. Unbefestigte Straße hinunter zum DKV-Ferienheim „Edersee".

Einsetzstelle: Anleger des DKV-Ferienheims „Edersee".

Aussetzstelle: Rechts vor der Brücke von Gensungen / Felsberg.

„Zurück zum Pkw": Evtl. Pkw nach Affoldern nachholen. Mit der Bahn von Gensungen/ Felsberg nach Bad Wildungen und von dort mit dem Bus nach Affoldern (ca. 75 Minuten).

Länge der Tour: Ca. 45 km.

Etappenvorschlag: 1.Tag: *Auf dem Edersee – Affoldern*; 2.Tag: *Affoldern – Niedermöllrich*; 3.Tag: *Niedermöllrich – Felsberg.*

Umtragestellen: Ederseesperrmauer 1000 m; Affolderner See 250 m; Fritzlar 100 m; Altenburg 80 m. Kanuwagen erforderlich.

Sehenswürdigkeiten:
Nieder-Werbe: Museum zur Entstehungsgeschichte des Edersees.
Waldeck: Schloss (12./13. Jh.) mit Burgmuseum, Fachwerkhäuser (18. Jh.), Brunnen von 1751.
Hemfurth: Aquapark, Edersee-Sperrmauer, Kavernenkraftwerk mit Info-Zentrum, Wildpark.
Bergheim: Schloss des Grafen von Waldeck-Bergheim (17./18. Jh.), gotische Pfarrkirche mit Gewölbemalereien.
Wellen: Dorfmuseum.
Fritzlar: Historische Fachwerkstadt, St.-Petri-Dom (12./13. Jh.) mit Krypta und Domschatz, ältestes Rathaus Deutschlands, Marktplatz mit Gildehaus, Rolandsbrunnen und Pferdemarkt (Juli), Deutschlands größter Wehrturm mit Verlies, Stadtmauer, Hochzeits- und Patrizierhaus, Regionalmuseum.
Altenburg: Burg (14. Jh.)
Felsberg/Gensungen: mittelalterlicher Stadtkern, Felsenburg (11./14. Jh.), Stadtkirche, Heimatmuseum, Imkermuseum und Burg Heiligenberg in/bei Gensungen.

Sonstige Aktivitäten:
Paddeln: Auf der Eder zur Fulda bis Hann. Münden, auf der Schwalm von Dittershausen bis Altenburg.
Wandern: Im Kellerwald rund um den Edersee; rund um Hemfurth (Pumpspeicherkraftwerk - Peterskopf - Hochspeicherbecken - Hemfurth); um den Wildpark zwischen Hemfurth und Rehbach; von Bringhausen nach Bergheim; von Bergheim nach Fritzlar; auf Fernwanderwegen wie dem „Lulluspfad" von Herzhausen über Bad Hersfeld zur Wartburg (184 km); dem „Ederhöhenweg" von der Quelle bis zur Mündung in die Fulda (231 km).
Radfahren: „Taltour" (Affoldern - Bergheim - Wellen), „Seetour" (ab Asel-Stein mit der Fähre nach Asel Süd - Bringhausen - Rehbach - Hemfurth - Waldeck - Scheid - Basdorf - Asel), „Waldtour" (Herzhausen - Frebershausen - Gellershausen - Bringhausen - mit dem Schiff nach Scheid - Basdorf - Vöhl), Ederauenradweg (180 km von der Quelle bis nach Guxhagen), auf der Drei-Seen-Tour (Eder, Twiste, Diemel).
Baden: Strandbäder in Asel-Süd, Rehbach, Waldeck; Erlebnishallenbad in Bad Wildungen.
Sonstiges: Angeln (Edersee: Hecht, Zander, Schlei und Karpfen, Affolderner See: Salmoniden); *Reiten, Tauchen, Ballonfahren; „Naturerlebnisse"* für Gruppen organisiert durch die Ökologische Forschungsstation Waldeck; *Wildpark Edersee, Erlebnis-Wassergarten „Aquapark",* sehr lohnender Besuch des *Kavernenkraftwerks* (größte künstliche Felsenhöhle Europas, Info-Zentrum zum Thema „Energie") bei/in Hemfurth; Fahrt mit der *Standseilbahn zu den Oberbecken des Pumpspeicherwerks* (dort bewirtschaftete Berghütte, Ausgangspunkt für Wanderungen, toller Blick über den Edersee); mit der *Kabinenseilbahn zum Schloss Waldeck;* Besuch von *Battenberg* (historische Altstadt), *Frankenberg* (schöne Fachwerkhäuser und zehntürmiges Rathaus mit Markthalle von 1509), *Bad Wildungen, „Kupferbergwerk Bertsch"* bei Bad Wildungen und dem 1000-jährigen *Korbach.*

Kartenmaterial: Wassersport-Wanderatlas W 1+2, 1:100 000, Jübermann Verlag; Rad- und Wanderkarte „Edersee", 1:25 000, Grothus Verlag.

Literaturhinweise: Deutsches Flußwanderbuch, DKV-Verlag; „Hessen für Kinder", Eichborn Verlag; „Mountain Bike Hessen", Pietsch Verlag.

Übernachtung in Wassernähe:
Zahlreiche *Campingplätze* am Edersee sowie
Jugendherbergen: „Hohe Fahrt" bei Asel, Tel. (05635) 251 und „Waldeck am Edersee" unterhalb von Waldeck, Tel. (05623) 53 13.
Basdorf: Campingplatz und günstige Zimmer im DKV-Ferienheim „Edersee", Tel. (05635) 202 (in der Ferienzeit anmelden).
Rehbach: Campingplatz „Rehbach am Edersee" (schöner Badestrand).
Affoldern: Campingplatz „Affolderner See".
Ungedanken: Campingplatz „Ederblick", Tel. 0171 / 315 77 74.
Niedermöllrich: Gasthof „An der Ederbrücke" (Camping und günstige Zimmer), Tel. (05683) 438.

Wichtige Adressen:
Kanuverleih: DKV-Ferienheim „Edersee" bei Basdorf, Tel. (05635) 202; in Affoldern, Tel. (05623) 29 44; in Anraff, Tel. (05621) 743 91.
Fahrradverleih: „Fahrrad-Pool Edersee" (12 Fahrrad-Pool-Stationen rund um den Edersee zur Ausleihe und Rückgabe von Tourenrädern), Tel. (05623) 999 80, www.edersee.com/bike pool.htm; in Asel, Tel. (05635) 535; in Affoldern, Tel. (05623) 20 94; in Anraff, Tel. (05623) 743 91; in Wellen, Tel. (05621) 26 82.
Reiten: in Nieder-Werbe, Tel. (05634) 257; in Hemfurth, Tel. (05632) 12 28; in Wellen, Tel. (05621) 26 82.
Angeln: in Hemfurth, Tel. (05623) 20 32 (Angelscheine).
Tauchen: in Hemfurth, Tel. (05623) 94 79 79; in Waldeck, Tel. (05623) 60 50.
Veranstalter: Kanu- und Erlebnistouren Odenhardt in Edertal-Anraff, Tel. (05621) 743 91, www.eder-kanu.de; Eder-Fulda-Tour in Frankenberg, Tel. (06451) 85 78.
Sonstiges: *Ökologische Forschungsstation* Waldeck in Nieder-Werbe, Tel. (05634) 480; Hessisch-Waldeckischer *Gebirgs- und Heimatverein* (Wanderinfos), Tel. (0561) 402 35; *Personenschifffahrt* auf dem Edersee , Tel. (05623) 54 15; „Fahrservice" (Taxi), Tel. (05623) 93 00 39, www. edersee-taxi.de; Nordhessischer Verkehrsverbund, Tel. 0180 / 234 01 80 (kostenlose Fahrradmitnahme in allen Nahverkehrszügen und Bussen).
Befahrungsregelungen: Sperrzonen / -zeiten beachten (Info unter www.flussinfo.de und kanu-hessen.de/ fluesse/VerNh.html). Aktueller Wasserstand bei www.edersee.de/wasser.htm

Auskunft:
Touristen-Information in
Waldeck: Tel. (05623) 999 80, www.edersee.com
Hemfurth: Tel. (05623) 99 98 20, www.edersee.com
Edertal-Sperrmauer: Tel. (05623) 99 98 50, www.edersee.com
Fritzlar: Tel. (05622) 988-643, www.fritzlar.de
Feldberg-Gensungen: Tel. (05662) 50 20
www.waldecker-land.de; www.hessen-tourismus.de

Karte Edersee und Eder

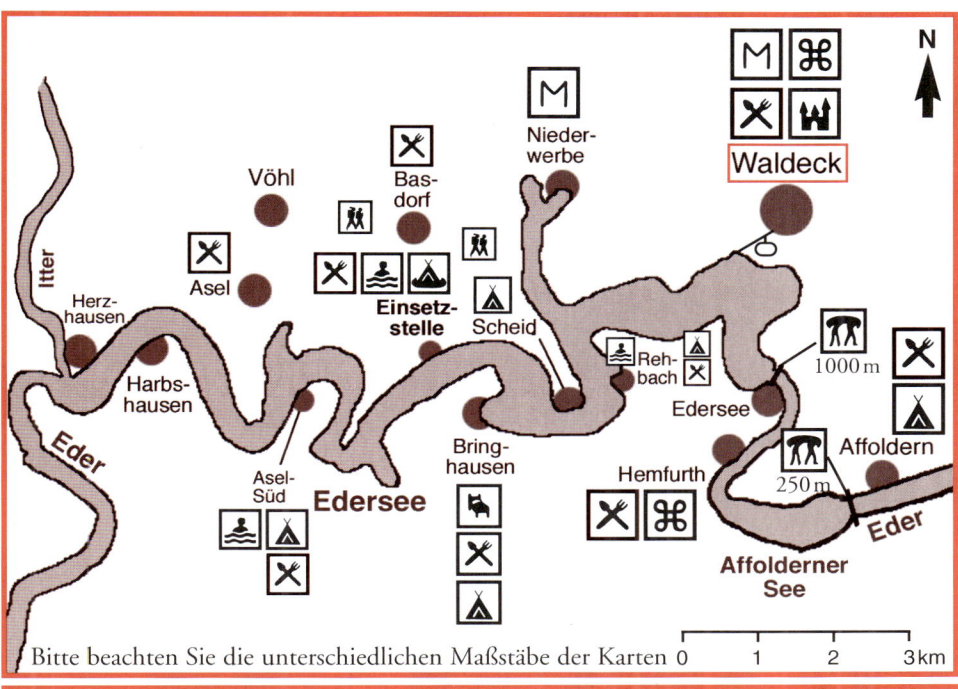

Bitte beachten Sie die unterschiedlichen Maßstäbe der Karten

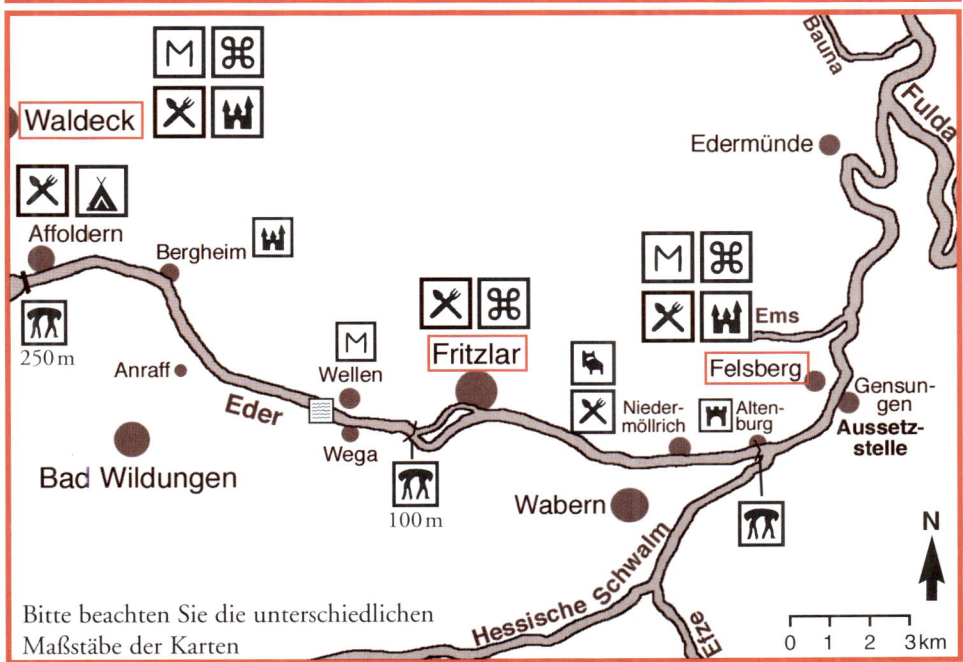

Bitte beachten Sie die unterschiedlichen Maßstäbe der Karten

„Unter Waschbären im Waldecker Land"

So ganz ernst genommen haben wir den Tipp des Platzverwalters nicht, unsere Lebensmittelvorräte über Nacht im Pkw zu deponieren. „Waschbären" – war seine lapidare Begründung. Wir sind doch nicht in Kanada, denk' ich mir und ignoriere den gutgemeinten Rat. Jetzt liege ich im Zelt, klammere mich an meinen Beutel mit dem Obst und den Müsliriegeln und lausche in die Dunkelheit. Ja, wir sind zwar nicht in Kanada, aber in Bärenland, wird mir schlagartig klar, als die lästigen Gesellen schnüffelnd ums Zelt streichen. Überhaupt muss man beim Gang zur Toilette förmlich darauf achten, nicht über eines der gefräßigen Tiere zu stolpern, die sich

eigentlich die ganze Nacht auf Raubzug befinden. Da hilft kein Jammern und kein Zetern, denk' ich mir, als ich im Schein meiner Taschenlampe genau sieben Waschbären aus dem Küchenzelt des benachbarten Wohnwagens eilen sehe, die schon längere Zeit zwischen Töpfen und Pfannen gewütet hatten. Dennoch beneide ich die Besitzer um ihren tiefen Schlaf.

Am nächsten Morgen leihen wir uns zum Kanadier noch ein Kajak und erkunden den westlichen Teil der mit 202 Mio. Kubikmeter Wasser und 27 Kilometer Länge drittgrößten Talsperre Europas. Idealer Standort für eine Tour auf dem Edersee ist das mitten in einem Naturschutzgebiet liegende Gelände des Deutschen Kanuverband-Ferienheims „Edersee" mit seinem 80 000 qm großen

Der Edersee ist von bewaldeten Höhenzüge umgeben

90

Der Waschbär

Er hatte sein Verbreitungsgebiet ursprünglich von Kanada über Nordamerika bis Panama. Die von ihm selbst durchgeführte „Einbürgerung" nach Europa beweist seine Anpassungsfähigkeit, die ihn selbst in dicht besiedelten Gebieten leben lässt. Ein von Verwandten aus den USA geschenktes Waschbär-Pärchen soll (unbewiesenermaßen) aus dem Gehege eines Försters in Vöhl entwischt sein und sich vom Edersee aus über halb Europa ausgebreitet haben.

Das 60 bis 70 cm lange Tier mit seinem buschigen Schwanz hat einen langen und dichten Pelz, der überwiegend schwärzlichgrau gemischt und am Schwanz weiß geringelt ist. Ein besonderes Merkmal ist sein breites schwarzbraunes Augen- und Wangenfeld und die gleichfalls gefärbten Streifen, die sich von der fuchsähnlichen Schnauzspitze hinauf zur Stirn ziehen. Ursprünglich ist er ein scheues und nächtliches, in Höhlen lebendes Waldtier, das vorzüglich in Bäumen zu klettern, aber ebensogut zu springen und schwimmen versteht. Er weiß sich gut zu tarnen und beherrscht alle Künste des Anschleichens und Räuberns. Sein unstillbarer Appetit beschert ihm einen vielseitigen Speisezettel: alle Arten von Insekten, Schnecken, Würmer, Krebse, Muscheln, Mäuse und Ratten, Tauben und Hühner, Nüsse, Beeren, Früchte und Wurzeln und dort, wo er fündig wird, alles, was auch uns Menschen schmeckt. Daher sollten alle Lebensmittel beim Zelten über Nacht im Pkw oder zumindest in einer verschraubbaren Weithalstonne unterkommen. Wasserdichte Rundbeutel und Rucksäcke sind vor ihm nicht sicher.

Das Weibchen wirft im April/Mai nach etwa acht bis zehn Wochen Tragzeit in einer Höhle etwa vier bis acht winzig kleine Junge. Diese Fruchtbarkeit wird den Bestand der Waschbären wohl auch künftig noch für lange Zeit sichern. In einer kurzen Winterruhe, die etwa drei Monate dauert, ist er jederzeit flucht- und abwehrbereit.

Zeltplatz. Wenn das Wetter mal nicht mitspielt, versöhnen ein schöner Aufenthaltsraum, die Sauna oder die kleine Gaststätte mit ihrer gemütlichen Terrasse. Der naturnahe und abgelegene Platz, über einen steil abfallenden Waldweg von Vöhl-Basdorf aus zu erreichen, ist umgeben vom Kellerwald, einem der letzten Urwaldgebiete Hessens. Der See gilt als eines der saubersten Binnengewässer Deutschlands und garantiert, da er für motorisierte Wasserfahrzeuge nicht zugelassen ist, ein ruhiges Paddelvergnügen. Trotzdem sollte man die Wochenenden während der Ferienzeit meiden und besser auf das zeitige Frühjahr oder den Herbst ausweichen, wenn der See noch mit warmem Wasser zum Baden lockt. Wer dann noch Spaß am Radfahren oder Wandern hat, ist hier gut aufgehoben. Zum Beispiel startet vom DKV-Gelände aus eine landschaftlich eindrucksvolle Wandertour. Ein neun Kilometer langer Rundweg führt ufernah durch dichten, weitgehend unberührten Buchenwald zum Lindenberg, einem halbinselförmig in den Edersee ragenden hohen Bergsporn. Durch das

91

Naturschutzgebiet „Hünselburg" geht es hinauf ins Dörfchen Basdorf, wo zwei Gaststätten zur Rast einladen. Zurück führt der Schotterweg hinunter zum Campingplatz, vorbei an den steilen Flanken der „Kahlen Hardt". Beim Blick auf die hoch aufragenden grünen Hänge fühle ich mich an eine norwegische Fjordlandschaft erinnert.

Es ist noch früh, und morgendlicher Dunst liegt über der großen, glitzernden Wasserfläche. Hinter der weit in den See hineinragenden Landspitze paddeln wir am Campingplatz Asel Süd mit seinem Strandbad vorbei, auf das am Ende eines kleinen Fjord liegende Asel zu. Den Berg hinauf geht es ins stille Dörfchen, das uns vor allen Dingen mit dem Gasthof „Gasthaus Sauer" lockt. Im kleinen Garten sitzend, genießen wir zur Mittagsrast

die gute deftige Küche, bevor wir weiter gen Herzhausen paddeln, das am Ende des Sees liegt und im ständigen Wechsel von Höchstwasserstand im Frühjahr bis zu völligem Verschwinden des Wassers im Spätsommer lebt. Schon 1244 befanden sich hier Goldwäschereien. Auf dem Grund der Eder befestigte man schwarze Schaffelle, in deren Wolle sich die hauchdünnen Goldblättchen verfingen und im Tageslicht vom dunklen Flussgrund gut abhoben. Noch in den dreißiger Jahren des 19. Jahrhunderts gewann ein Goldwäscher in sechs Wochen für 30 Taler Rohgold. In Kassel wurden daraus die „Edder-Dukaten" hergestellt. Bis Juli führt der See ausreichend Wasser, so dass einem Abstecher dorthin nichts im Wege steht. Im warmen und trockenen Spätsommer ist eine Paddeltour oft nur bis

Der Edersee – Ein Eldorado für alle Arten von Wassersport

auf Höhe von Asel möglich. Durch Zufuhr von Wasser aus dem See soll die Binnenschifffahrt auf der Oberweser unterstützt werden. Dann jedoch heißt es bei gutem Wasserstand „Freie Fahrt" auf der Eder von Affoldern bis zur Edermündung in die Fulda.

Das kleine, am linken Ufer liegende Örtchen Harbshausen besticht durch eine schlichte Fachwerkkirche aus dem Jahre 1720. Zurück auf der Höhe von Asel, beschleicht mich schon ein merkwürdiges Gefühl bei dem Gedanken, dass vor weniger als 100 Jahren unter mir das belebte malerische Dorf Asel mit seinen Gehöften und der alten Kirche lag. Später, im Herbst, kommt die Zeit, in der alte, versunkene Dörfer, Brücken und Friedhöfe wieder aus der Tiefe des Sees auftauchen.

Die Geschichte des Edersees

Einst mündete die Eder in das sich öffnende Tal bei Herzhausen. Inmitten fruchtbarer Felder und Wiesen lagen kleine Dörfer und Gehöfte, die von Blumengärten umgeben waren. In dieser abgelegenen Landschaft lebten die Menschen ruhig und beschaulich. Die Kornfelder leuchteten in sattem Gelb, und auf den Weiden graste das Vieh. Die Ansiedlungen waren nur über schmale Verbindungswege zu erreichen. Fünf Kilometer flussabwärts lag das Dörfchen Asel mit seinen schmucken Fachwerkhöfen und der alten Kirche, deren Glocke von 1599 die Dorfbewohner zum Kirchgang rief.

In scharfen Windungen eilte das Flüsschen dem Ort Bringhausen entgegen. Seinen Namen verdankt er einem sagenumwobenen Rittergeschlecht, das seinen Sitz auf dem nahegelegenen Burgberg hatte. An der Einmündung der Werbe in die Eder lag die „Bericher Hütte", einer der bedeutendsten Hüttenbetriebe im Waldecker Land. Hier befand sich ehemals eine Gaststätte, in der sich die Jugend aus Berich, Bringhausen und Nieder-Werbe traf. Etwas weiter am Fluss lag das Dörfchen Berich, dessen Mittelpunkt die spätgotische Klosterkirche bildete. Nach einem weiteren großen Bogen lag inmitten von Obstgärten am Fuß des Hopfenbergs die malerische Stollmühle. Angetrieben wurde ihr Mühlrad vom Wasser, das aus einem 75 Meter langen Stollen kam, der von zwei zu lebenslanger Haft verurteilten Bergleuten im Jahre 1756 gebaut wurde.

Dann folgte eine Ereignis, das für die Bewohner des Tals eine neue Zeitrechnung einläutete – die Zeit „vor" und „nach dem Bau der Sperrmauer". Anlass waren Planung und Bau des Mittellandkanals, der Weser, Rhein und Elbe miteinander verbinden sollte und große Mengen Wasser benötigte. Zur Speisung des Kanals wurde der Weser Wasser entzogen. Dafür musste ein Ausgleich geschaffen werden, um die Weser in den trockenen Sommermonaten schiffbar zu erhalten. Ganz nebenbei konnte auf diese Weise Strom erzeugt und das Tal der Eder vor dem gefürchteten Hochwasser geschützt werden. Der waldecksche Landtag verabschiedete im

Jahre 1906 eigens für den Bau der Talsperre ein Enteignungsgesetz. Die Grundstückseigentümer wurden in großzügiger Weise abgefunden. Baubeginn war im September 1909. Zuerst erfolgte der Bau einer Eisenbahnzubringerstrecke, um die riesigen Mengen an Material und Baumaschinen heran zu bringen. Etwa 1000 Arbeiter, darunter viele Italiener, Kroaten, Tschechen und Polen, waren auf den Baustellen und in den Steinbrüchen bei Bringhausen tätig, in denen die nötigen Steine gewonnen wurden. Das geruhsame Leben im Tal war vorüber. Drei Dörfer – Berich, Bringhausen und Asel – sowie drei Gehöfte mussten dem Staudamm weichen. Damit verloren mehr als 700 Menschen ihre Heimat. Auf höher gelegenen Ländereien wurden für einige der Bewohner neue Ansiedlungen gegründet. Die im Tal gelegenen Gehöfte wurden abgetragen und – verbrannt. Die alte Kirche von Berich wurde abgebrochen und in Neu-Berich wieder aufgebaut. Ebenso haben die Bericher den schönen spätgotischen Altar mitgenommen. Die alte Glocke des überfluteten Asel fand ihren Platz in der Kirche des auf einer Anhöhe über dem See wieder aufgebauten Dorfes. Die sterblichen Überreste der Verstorbenen wurden entweder umgebettet oder Grabstätten mit schützenden Betonplatten versehen. Im August 1914 sollte die Sperrmauer feierlich durch den deutschen Kaiser, das waldeckische Fürstenpaar und viel Prominenz eingeweiht werden. Doch daraus wurde nichts – der Erste Weltkrieg brach aus. So wurde die Talsperre ohne die Zermonie in Betrieb genommen.

Keiner hatte damit gerechnet, denn die Sperrmauer lag geschützt zwischen den Bergen und galt zur Zeit des Zweiten Weltkrieges als „bombensicher". Und doch geschah das Unmögliche in einer sternenklaren Nacht vom 16. zum 17. Mai 1943. Eine britische Fliegerbombe traf die Sperrmauer an ihrer empfindlichsten Stelle. Die vor der Sperrmauer absinkende Rotationsbombe detonierte durch den Wasserdruck in 20 Metern Tiefe und riß ein halbovales Loch, das eine Breite von 70 Meter und eine Tiefe von 22 Meter aufwies. Etwa 8500 Kubikmeter Wasser pro Sekunde schossen zu Tal. Die am Fuß der Sperrmauer befindlichen Kraftwerke wurden stark beschädigt, und der über drei Kilometer entfernte Damm des Ausgleichsbeckens wurde fast vollständig weggerissen. Am schlimmsten traf es die Orte im Edertal. 47 Menschen fanden in der großen Flutwelle den Tod, Vieh und Häuser wurden vernichtet, wertvoller Ackerboden wurde hinweggeschwemmt. Selbst in Kassel, das erst in den Vormittagsstunden von der Flutwelle erfasst wurde, waren Todesopfer zu beklagen. Schnell wurde mit dem Wiederaufbau der Sperrmauer begonnen. Wohl niemand hat damals damit gerechnet, dass das Edertal einmal zu einem solch gut besuchten Ferien- und Erholungsgebiet werden würde.

Wenn der Wasserstand des Sees heute nach einem besonders trockenen Sommer niedrig ist, gibt das geflutete Tal seine Geheimnisse preis. Bei einer Wanderung durch den leeren See ist man schnell auf einer Reise durch die Vergangenheit. Bei Asel kann man noch deutlich die Straßenführung erkennen und sogar über die alte, 60 Meter lange, vierbogige Brücke gehen, die damals die schmale Eder überspannte. Erst 1890 erbaut, wurde sie restauriert und steht heute unter Denkmalschutz. Auch von der alten Bringhausener Ritterburg auf dem Burgberg, der heutigen „Liebesinsel", vor der neuen Ortschaft gelegen, sind noch die Grundmauern, ein Kellergewölbe sowie Teile des Burggrabens erhalten. Makaber wirken die durch Betonplatten geschützten Grabstätten auf dem Friedhof von Alt-Bringhausen. Auch von Berich und der Bericher Hütte sind noch Ruinen und Grabstätten erhalten sowie ein Modell der Talsperre im Maßstab 1:40.

Die „Liebesinsel" bei Bringhausen – einst stand hier eine Ritterburg

Vor dem sich den Hang hinauf ziehenden Dorf Bringhausen mit seinen zahlreichen Pensionen, Ferienhäusern und dem Campingplatz machen wir am steinigen Ufer der „Liebesinsel" Rast. Mauerreste zeugen vom Rittersitz der Herren von Bringk, die hier ihre Burg hatten. Die Sonne sticht erbarmungslos vom wolkenlosen Himmel, so dass wir froh sind, an der mit Ferienhäusern bebauten Halbinsel Scheid vorbei die Bucht von Rehbach zu erreichen. Hier bietet ein großer, teils sandiger Badestrand ungetrübte Badefreuden im klaren Wasser. Gegenüber der gemütlichen Gaststätte „Fischerhütte" mit sonnigem Biergarten lockt ein Imbiss mit frisch geräuchertem Ederfisch.

Auf dem Weg zum beliebten Ferienort Hemfurth, der am Ende des Sees an der Sperrmauer liegt, sehen wir links, hoch oben auf einem nach allen Seiten steil abfallenden Hügel, das alte Grafenschloss Burg Waldeck thronen, das Wahrzeichen des Waldecker Landes. Unterhalb des Schlosses, in Waldeck-West, kann man am Ufer anlegen, um mit der Seilbahn in wenigen Minuten hinauf zum Schlossberg und zur alten Berg- und Fachwerkstadt Waldeck zu schweben. Sehenswert ist sie mit ihren romantischen Fachwerkhäusern aus dem 18. Jahrhundert und dem Schnitzaltar in der spätgotischen Kirche allemal. Die Entstehung der Burg liegt im Dunkeln. Es ist nur gewiss, dass bereits um 1100 ein Geschlecht derer „von Waldeck" bekannt war. Die Grafen von Schwalenberg erwarben 1178 die Burg, residierten dort bis zum Jahre 1665 und nannten sich fortan Grafen von Waldeck. Auf dem Weg nach Prag besuchte der erste Kaiser als neu gekrönter Kaiser Wenzel von Aachen die Festung. Obwohl bei einem schweren Einbruch im Jahre 1969 viele wertvolle originale Gegenstände gestohlen wurden, darunter das alte Richtschwert, mit dem die Todesurteile auf der Burg vollstreckt wurden, lohnt eine Besichtigung des Burgmuseums, des Verlieses und des 120 Meter tiefen Burgbrunnens. Von der Terrasse des Cafés genießen wir den einmaligen Ausblick über den Edersee. Bei einem Spaziergang durch die alte Festungsstadt, die im Laufe der Jahrhunderte von vielen Kriegen und Bränden heimgesucht wurde, gehen wir einen Fußpfad entlang

der Stadtmauer und kommen zum schön gelegenen Friedhof mit dem im Jahre 1832 errichteten „Beinhaus". An einem Fachwerkhäuschen vorbei, das den letzten erhaltenen Brunnen der Stadt überdacht, gelangen wir durch den kleinen Fremdenverkehrsort zurück zur Seilbahn, die uns hinunter zum Kanu bringt.

Die große Bucht vor der Sperrmauer überquerend, streben wir auf das linke Seeufer zu und setzen neben dem Anleger der Personenschifffahrt aus. Schnell ist das Kanu auf dem Bootswagen festgezurrt und bereit für die etwa 1000 Meter lange Umtragung. Über die für den Kraftfahrverkehr gesperrte Mauer geht es an der Edersee-Touristeninformation vorbei in den Ort Edersee. Wir laufen die Straße hinunter, bis links die Straße „Am Wäldchen" abgeht. Diese gehen wir bis zum Ende, biegen links ab und gehen am Ende wieder rechts, wo

Morgenstimmung an der Eder beim Campingplatz Affoldern

Eine beliebte Einsetzstelle gegenüber dem Campingplatz Affoldern

wir im Unterwasser in die Eder einsetzen. Etwa zwei Kilometer paddeln wir auf ihr geradewegs zum Affolderner See, der nur im nördlichen Teil in einer schmalen Fahrrinne überquert werden darf. Vom 16. Oktober bis zum 15. März ist er ganz gesperrt. Am Ende des Sees legen wir links neben der Staumauer an und schieben das Kanu eine Straße ca. 250 Meter entlang, um hinter der Sperrmauer wieder einzusetzen. Nur 200 Meter weiter befindet sich auf der linken Seite, kurz vor der Straßenbrücke, der gemütliche Affolderner Campingplatz, wo wir die Nacht verbringen. Am gegenüber liegenden Ufer bietet sich eine gute Einsetzstelle für all jene an, die erst hier ihre Tour beginnen wollen.

Am nächsten Morgen geht es auf der ca. 7 km / h flott strömenden glasklaren Eder auf Mehlen zu. Das über 1 000 Jahre alte Straßendorf liegt inmitten der Ederaue, die zahlreichen Wasservögeln einen idealen Lebensraum bietet. Die mittlerweile selten gewordenen Auewälder im Unterlauf sind fast ausnahmslos zum Naturschutzgebiet erklärt worden. Hier hat sich noch eine einzigartige, teils urwaldähnliche Vegetation erhalten. Schön ist es, im wechselnden Spiel von Licht und Schatten unter dem grünen Baumgeflecht des Ufers entlangzupaddeln. Um die einzigartige Tier- und Pflanzenwelt nicht zu stören, sollte man jedoch möglichst nur in der Flussmitte fahren. Hinter dem schönen Marktflecken Bergheim mit seinem hinter Bäumen versteckten Schloss des Grafen von Waldeck-Bergheim beginnt ein Uferbetretungsverbot. Nur auf Höhe von Anraff lädt ein Rastplatz zum Picknick ein. Zwischen flutendem Hahnenfuß mit seinen gelbweißen Blüten können wir im grünklaren Wasser die Fische unter uns vorbeiflitzen sehen. Gespannt halten wir Ausschau nach der mitteleuropäischen

Schildkröte, die hier auch vorkommen soll. Kurz vor der Brücke, die Wellen mit Wega verbindet, weisen uns zwei Schilder auf eine aus Natursteinen errichtete Sohlschwelle hin, die erst im Winter 2001 aus Naturschutzgründen angelegt wurde. Kurz davor steigen wir am linken Ufer aus unserem Kanu, um sie auf ihre Befahrbarkeit hin zu prüfen. Ein Arbeiter, der, mit einer Fischerhose bekleidet, in der starken Strömung Halt sucht, um die in der Mitte befindliche Fahrrinne von Astwerk zu befreien, erzählt uns, dass im Bereich Bergheim noch weitere solcher Sohlschwellen errichtet werden sollen. Ihre Funktion ist es, durch Aufstauen die Auegebiete am Ufer zu vergrößern.

An dem Dorf Mandern und dem linker Hand 300 Meter hoch aufragenden Heidekopf vorbei werden wir durch das Wehr vor Fritzlar gestoppt, das sich zuvor durch einen Rückstau ankündigt.

Der Wasserstand ist gut, so dass wir nicht in den Mühlengraben einfahren müssen, sondern die wenigen Meter rechts umtragen. Über uns erhebt sich der Büraberg, ein ins Edertal vorspringender Bergsporn, mit den Resten einer im 7. Jahrhundert zum Schutz des umliegenden Landes errichteten ehemaligen fränkischen Großburg. Von hier aus soll im 8. Jahrhundert der Mönch Bonifatius die Christianisierung der germanischen Stämme Mitteldeutschlands vorbereitet haben. Auf der anderen Flussseite, vom Wasser aus nicht zu erreichen, liegt Geismar, ein Stadtteil von Fritzlar. Man spricht ihm ein außerordentliches Alter zu. Ganz in seiner Nähe findet man die Ausgrabung eines stadtähnlichen Ortes aus der Zeit um Christi Geburt. Die im Jahre 723 von Bonifatius gefällte Donar-Eiche, die hier gestanden haben soll und dem germanischen Gott Donar geweiht war, sollte die Ohnmacht der heidnischen

Sohlschwellen wie diese bei Wellen sollen die Auegebiete am Ufer vergrößern

98

Götter beweisen. Aus ihrem Holz soll der Vorgängerbau des Fritzlarer Doms entstanden sein.

Unmittelbar unter der Straßenbrücke von Fritzlar legen wir am Ufer an. Von hier aus ist es nur ein kurzer Fußweg über die alte Steinbrücke in die Altstadt mit ihrem einzigartig geschlossenen Stadtbild. Bei einem Bummel wird die fast 1 300-jährige Geschichte lebendig; kaum einer kann sich dem mittelalterlichen Charme der Kaiserstadt entziehen. Zahlreiche Wehr- und Wachtürme, darunter der „Graue Turm", Deutschlands größter Wehrturm, sowie die schlanken, schiefergedeckten Kirchtürme und sich eng aneinander schmiegende, spitzgiebelige Fachwerkhäuser um den malerischen Marktplatz prägen das Bild. Über allem dominieren die Tür-

In Fritzlars Gassen scheint die Zeit still zu stehen

me des Domes St. Peter, in dessen Museum der Domschatz, der zu den bemerkenswertesten Deutschlands zählt, aufbewahrt wird. Unter Heinrich I. wurde Fritzlar zu einer bedeutenden Stadt des Deutschen Reiches. Zu einem Schauplatz der Reichspolitik wurde die Kaiserpfalz durch 21 Kaiserbesuche sowie acht große Kirchenversammlungen. Zahlreiche Kulturstufen von der Altsteinzeit bis zur Christianisierung können im Museum der Stadt nachvollzogen werden. Bei einem kühlen Bier mit Blick auf den Rolandsbrunnen, einem Wahrzeichen für die städtische Banngewalt des Markt- und Gerichtswesens, erholen wir uns, bevor wir wieder zum Fluss zurückkehren.

Mit zügiger Strömung geht es durch das Naturschutzgebiet Ederauen auf Niedermöllrich zu. Die in der Karte eingezeichneten Schnellen sind bei dem momentanen Wasserstand kaum wahrnehmbar. Mit Einfahren in die Ebene bei Wabern wird das Landschaftsbild

Der Rolandsbrunnen auf dem Marktplatz von Fritzlar

Seiten des Ufers dehnen sich nun zahlreiche Sand- und Kiesgruben aus. Kurz vor dem Wehr können wir hoch oben über dem Fluss die Ruine Altenburg erblicken. Hier legen wir am rechten Ufer an und tragen, da die Eder hinter dem Wehr mit Steinen verblockt ist, die wenigen Meter zur von rechts hinzufließenden windungsreichen Schwalm um. Gleich darauf nimmt uns wieder die flotte Strömung der von links kommenden Eder auf. Drei Kilometer weiter erreichen wir Gensungen / Felsberg. Eine Anlandemöglichkeit bietet sich rechts vor der Brücke. Während einer von uns vom wenige hundert Meter entfernten Bahnhof aus über Bad Wildungen nach Affoldern fährt, um unseren dort abgestellten Pkw zurückzuholen, besichtigen die anderen die hübsche Drei-Burgen-Stadt Felsberg. Nach einem Gang durch die kleinen Gassen der mittelalterlichen Kleinstadt treffen wir uns zum Abschluss der Tour unterhalb der eindrucksvollen Felsenburg im gemütlichen Gasthof „Ratskeller" mit seiner guten Küche.

etwas eintöniger. In Niedermöllrich, unmittelbar hinter der Straßenbrücke, legen wir am linken Ufer an einer großen Wiese vor dem Gasthof „Zur Ederbrücke" an, wo wir unser Zelt aufstellen. Der Gasthof bietet aber auch günstige Zimmer und einfache Gerichte.

Von hier aus sind es am nächsten Morgen nur wenige Kilometer in flotter Strömung bis Altenburg. Zu beiden

Fluss
in den Bergen

Die Werra

Informationen Werra

Aktivitäten   Natur   Kultur   Baden   Hindernisse

Charakter der Tour: In eine der schönsten deutschen Mittelgebirgslandschaften eingegraben, windet sich die Werra, anfangs flankiert von bis zu 100 m hoch aufragenden Felswänden, durch eine liebliche Wiesen- und Auenlandschaften Hannoversch Münden entgegen.

Wir genießen eine sehr abwechslungsreiche und erholsame Fahrt auf dem einstigen „Deutschen Schicksalsfluss". Sie wird aufgelockert durch Wanderungen in der schönen Natur des Naturparks Eichsfeld-Hainich-Werratal – wo man mit etwas Glück den Rotmilan, Wanderfalken oder den Uhu beobachten kann – und mit Besichtigungen der so zahlreichen Sehenswürdigkeiten.

Wer die Kanutour im klimatisch begünstigten Tal im Frühling startet, kann sich über die Blüten abertausender Kirschbäume freuen, während im Herbst das Farbenmeer der Laubwälder begeistert.

Die verhältnismäßig wenigen Wehre sind leicht zu umtragen. Obwohl sich die Wasserqualität weiter gebessert hat, ist die Werra immer noch salzhaltig.

Anreise: A 4 Bad Hersfeld – Eisenach, Abfahrt 39 (Eisenach West), auf der B 7 nach Creuzburg.

Einsetzstelle: An der alten Werrabrücke in Creuzburg.

Aussetzstelle: Campingplatz von Hann. Münden.

„Zurück zum Pkw": Mit der Bahn von Hann. Münden nach Eisenach. Von dort stündlich (Sa und So nur morgens, mittags und abends) mit dem Bus nach Creuzburg.

Länge der Tour: ca. 110 km.

Etappenvorschlag: 1. Tag: *Creuzburg – Probstei Zella*, 2. Tag: *Probstei Zella – Altenburschla*, 3. Tag: *Altenburschla – Eschwege*, 4. Tag: *Eschwege – Wahlhausen*, 5. Tag: *Wahlhausen – Witzenhausen*, 6. Tag: *Witzenhausen – Hann. Münden*.

Umtragestellen: Mihla, Falken, Wanfried, Eschwege, Bad Sooden-Allendorf, Hedemünden, „Letzter Heller", Hann. Münden. Kanuwagen erforderlich.

Sehenswürdigkeiten:
Creuzburg: Burg Creuzburg (1170), romanische Nikolaikirche, Werrabrücke von 1223 (älteste Natursteinbrücke nördlich des Mains) mit Liboriuskapelle (1499).
Mihla: Kirche (18. Jh.) mit Flügelaltar (15. Jh.), „Graues Schloss" (1536).

Falken: Ehem. Klosterkirche.

Treffurt: Burg Normannstein (11. Jh.), Marktplatz mit Fachwerk-Rathaus, schöne Fachwerk-häuser, St. Bonifatious Kirche (13. Jh.) mit alten Grabplatten.

Heldra: Heimatmuseum, Heldrastein mit „Turm der Einheit".

Großburschla: Dorfkirche (17. Jh.) mit Resten einer romanischen Basilika, Heimatmuseum.

Altenburschla: Schönes Ortsbild mit alter Fachwerkkirche und Dorfanger.

Wanfried: Heimatmuseum und Dokumentationszentrum Deutsche Nachkriegsgeschichte, Kaufmannshäuser, alte Stapel- und Lagerhäuser am historischen Werrahafen.

Eschwege: Mehr als 1 000 Fachwerkbauten mit Flachschnitzereien, Landgrafenschloss, Hospi-talkapelle, Kemenate, Neustädter Kirche, Altstädter Kirche, Hochzeitshaus, Raiffeisenhaus, Dietemann-Kunstuhr, Judenfriedhof, Heimatmuseum, Eisenbahnmuseum, Sopien-Garten, Nikolaiturm, 1. Juliwochenende Altstadtfest, Bismarckturm auf dem Leuchtenberg, Schloss Wolfsbrunnen.

Jestädt: Dorfkirche (1588) mit alten Grabstätten, altes Schloss (Dreiflügelanlage).

Albungen: Burg Fürstenstein.

Bad Sooden-Allendorf: Malerisches Stadtbild, Fischerviertel „Klein Venedig", Patrizierhaus „Löwe", historisches Gradierwerk (1638), Söder Tor mit Salzmuseum, Grenzmuseum „Schifflersgrund", Erntedankfest (3. Augustwochenende), Brunnenfest (Pfingsten).

Lindewerra/Werleshausen: Stockmuseum, Ruine Hanstein, Burg Ludwigstein

Witzenhausen: Historische Fachwerkhäuser, Renaissance-Rathaus, Wilhelmitenkloster, Lieb-frauenkirche, St. Michaelskapelle, alte Stadtmauer mit Türmen, Gewächshaus für tropische Nutzpflanzen, Kesperkirmes (Kirschenfest) im Juli.

Hann. Münden: Einmalig geschlossenes mittelalterliches Stadtbild (über 700 Fachwerkhäuser aus sechs Jahrhunderten), Rathaus, Welfenschloss mit Museum, St. Blasiuskirche, Ägidien-kirche, Tillyschanze. (Siehe Tour 3).

Sonstige Aktivitäten:

Paddeln: Auf der Werra von Meiningen bis Creuzburg, auf der Weser von Hann. Münden nach Minden (Tour 6), auf der Fulda von Bad Hersfeld nach Hann. Münden (Tour 3).

Wandern: Durch den Naturpark Eichsfeld-Hainich-Werratal, rund um Creuzburg (toller Rundwanderweg von 8,5 km Länge über die schroffen Felsen der „Ebenauer Köpfe" und „Nordmannsteine"), Mihla, Treffurt, im Nationalpark Hainich (von Mihla), im Thüringer Wald (z.B. von Creuzburg nach Eisenach), zum Heldrastein (ca. 1,5 Std. ab Altenburschla), zur „Bauernkanzel" bei Falken, zur „Teufelskanzel" und „Junkerkuppe" bei Lindewerra (einmaliger Rundblick ins Werratal), rund um die Leuchtberge bei Eschwege, auf den „Hohen Meißner" (754 m) im Naturpark Meißner-Kaufunger Wald.

Radfahren: Auf dem Hessenradweg (von Wanfried zum Diemelsee), dem Werratal-Radweg (ca. 300 km), dem Main-Werra-Radwanderweg (135 km), dem Meißner-Radrundweg, dem Werra-Unstrut-Radwanderweg von Treffurt (Werra) nach Mühlhausen (Unstrut).

Baden: Werratalsee Eschwege, Freibad in Mihla, Treffurt, Wanfried, Eschwege, Bad Sooden-Allendorf, Witzenhausen, Hann. Münden.

Sonstiges: Angeln, Ballonfahrten, Rundflüge über dem Werratal (ab Eschwege), *Reiten, Erlebnis-park Ziegenhagen* bei Witzenhausen, *Ausflüge zur Wartburg* bei Eisenach, *zur Götz-Höhle Mei-ningen* (Europas größte begehbare Kluft- und Spalthöhle), *zum Besucherbergwerk „Grube Gustav"* im Höllental bei Abterode (von Eschwege aus).

Kartenmaterial: Wassersport-Wanderatlas W 1+2, 1:100 000, Jübermann Verlag; „Werratal-Radweg", Bielefelder Verlagsanstalt.

Literaturhinweise: Deutsches Flusswanderbuch, DKV-Verlag; „Landschaftsführer Werratal" (27 Wanderrouten), Wartberg Verlag; „Der Märchenlandweg", Kartogr. Komunale Verlagsges. Nordhausen.

Übernachtung in Wassernähe:
Creuzburg: Familie Roth, Tel. (036926) 822 86.
Mihla: Campingplatz; Eisenacher Wassersportfreunde, Tel. (036924) 421 13.
Probstei Zella: „Landgasthof Probstei Zella", Tel. (036924) 419 76 (campen, aber auch günstige Zimmer).
Falken: „Pension Veronika", Tel. (036923) 803 56.
Altenburschla: Campingplatz; Landgasthof Gemeindeschänke, Tel. (05655) 923 40 (gemütlich, gute Küche); Familie Meier, Tel. (05655) 12 15.
Wanfried-Völkershausen: „Gut Marienhof", Tel. (05655) 322.
Eschwege: Kanusportclub; Jugendherberge, Tel. (05651) 600 99.
Bad Sooden-Allendorf: Kanu-Bootshaus an der Werra (Unterstellmöglichkeit); Zimmervermittlung, Tel. (05652) 95 87 -18
Wahlhausen: Campingplatz „Oase".
Lindewerra: Pension „Alte Brücke", Tel. (036087) 983 98.
Witzenhausen: Kanuclub; Campingplatz.
Hann. Münden: Campingplatz.

Wichtige Adressen:
Kanuverleih: in Creuzburg, Tel. (036926) 822 86; in Treffurt, Tel. (036923) 503 75; in Eschwege, Tel. (05271) 92 13 63; The EDDY (05651) 229 05 15 und 0170 / 343 31 44; Krumos' Kanu, Tel. (06442) 921 18.
Fahrradverleih: in Creuzburg, Tel. (036926) 822 86; in Eschwege, Tel. (05651) 505 90 und 75 40 20; in Bad Sooden-Allendorf, Tel. (05652) 955 80 oder 44 16 oder 29 00.
Veranstalter: The Green Valley Guide, Tel. (036926) 822 86 in Creuzburg (Kanu-, Wander-, Rad- und Reittouren); The EDDY (05651) 229 05 15 www.the-eddy.de; Busch Freizeit, Tel. (05271) 92 13 63 (Kanu-, Wander- und Radtouren); Kanu-Schumacher, Tel. (05642) 76 82.
Angeln: in Creuzburg, Tel. (036926) 981 70; in Eschwege, Tel. (05651) 339 02 70; in Bad Sooden-Allendorf, Tel. (05652) 25 70 oder 45 77; in Witzenhausen, Tel. (05542) 20 54.
Sonstiges: Fremdenverkehrsverband Werra-Meißner-Land e.V., Tel. (05542) 958-158 in Witzenhausen (kostenlose Faltblätter zu Radwegen und „Wandern ohne Gepäck"); Verwaltung Naturpark Eichsfeld-Hainich-Werratal, Tel. (036083) 466-3, www.naturpark-ehw.thueringen.de.

Auskunft: Fremdenverkehrsbüro *Creuzburg*, Tel. (036926) 980 47;
Touristen- und Naturparkinformation *Treffurt*, Tel. (036923) 515 42, www.treffurt.de;
Touristen-Information in: *Eschwege*, Tel. (05651) 304-210 und 194 33, www.eschwege.de;
Bad Sooden-Allendorf, Tel. (05652) 95 87-18 und 194 33, www.bad-sooden-allendorf.de;
Witzenhausen, Tel. (05542) 60 01-0 und 194 33, www.werra-meissner.de;
Hann. Münden, Tel. (05541) 75-313.

Karte Werra

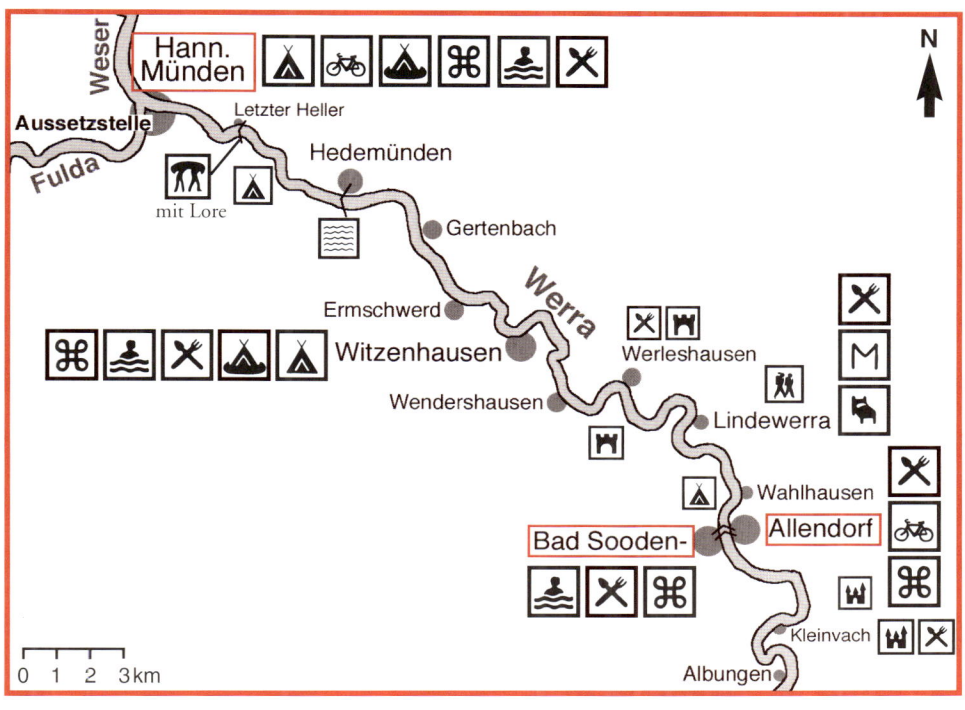

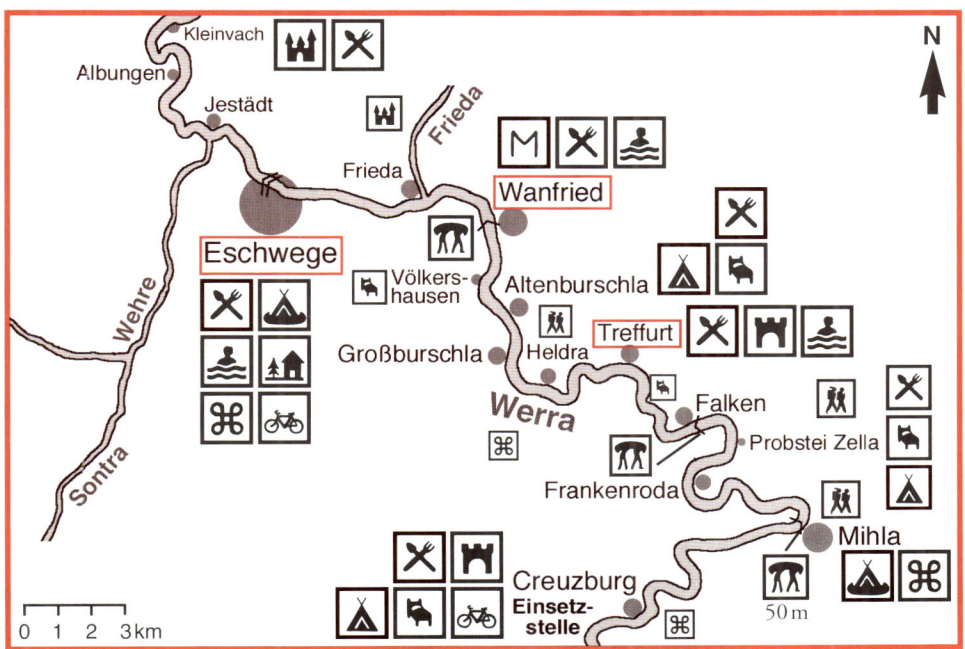

Fluss in den Bergen

Kaum vorstellen können wir uns, dass bis vor kurzem der rege Verkehr der B7 über die stille alte Werrabrücke führte, deren Bau auf das Jahr 1223 zurückgeht. Die mächtigen Strompfeiler, zwischen denen sich das Wasser hindurchzwängt, und die darüberstehenden Halbrundbastionen verleihen ihr wehrhafte Züge. Die unmittelbar danebenliegende Kapelle (Schlüssel in der Touristeninformation) mit ihren erst 1938 entdeckten schönen Fresken ist dem Hl. Liborius geweiht und wurde 1499 erbaut. Schon im Mittelalter lag Creuzburg an einer stark frequentierten Handels- und Heeresstraße, die von Köln über Kassel nach Erfurt führte. Auf der Creuzburg, einer der größeren romanischen Burganlagen Deutschlands und beliebter Aufenthaltsort der Heiligen Elisabeth, residierten bereits die Thüringer Landgrafen. Nicht zuletzt durch die strategisch günstige Lage waren Stadt und Burg immer wieder Zerstörungen und Intrigen ausgesetzt. Ludwig der IV. hatte zu einem Landtag eingeladen, auf dem die Teilnahme am Kreuzzug beschlossen wurde, von dem er nicht mehr zurückkehren sollte. Elisabeths Sohn Hermann übernahm die Regierungsgeschäfte des Vaters, wurde aber, 19-jährig, auf der Burg vergiftet. Der Ausbruch des Erbfolgekrieges brachte Creuzburg große Zerstörungen. Mit Stadt und Burg verbinden sich solch berühmte Namen wie der des berühmten deutschen Komponisten Michael Praetorius, einem Sohn der Stadt, sowie Luther, Goethe und Napoleon, die auf der Burg zu Besuch waren. Aus ihrem „Dornröschenschlaf" erwachte die Stadt, die 27 Jahre lang in der 5 km – Sperrzone lag, mit Öffnung der innerdeutschen Grenze. Nun kann sie das entfalten, was sie in

Die alte Werrabrücke überspannt den Fluss bei Creuzburg

ihrer Umgebung in großem Maße besitzt: imposante Naturschutzgebiete, schöne Mischwälder und herrliche Wanderwege.

Hinter der siebenbögigen Natursteinbrücke setzen wir am linken Ufer in die zügig strömende Werra ein. Von dem vor der Brücke liegenden Parkplatz war eben eine Gruppe mit Leihkanadiern gestartet, denen wir lieber Vortritt lassen. Der Creuzburger Talkessel verengt sich; die Werra hat hier eine Breite von 20 bis 30 Metern. Vor uns liegen die weißen schroffen Muschelkalkfelsen des Naturschutzgebietes „Ebenauer Köpfe"; nach der nächsten Flussbiegung, auf der rechten Seite, die der Nordmannssteine. Die bis zu 100 m hohen Felswände sind Lebensraum des selten gewordenen Uhu. Eindrückliche Stille umgibt uns gleich zu Beginn dieses romantisch wilden Flussabschnitts. Die Gehöfte des Weilers Ebenau liegen abgeschieden in der Talenge des Werradurchbruchs. Links begleitet uns der idyllische Werratal-Radweg. Vorbei am Bootshaus der Eisenacher Wassersportfreunde, das sich als Standort zu Wanderungen in den Nationalpark Hainich anbietet, kommen wir zum Wehr von Mihla. Bei Hochwasser landet man rechtzeitig am ersten Steg rechts an, aber jetzt, da der Wasserstand sehr niedrig ist, fahren wir bis unmittelbar vor das Wehr und tragen die wenigen Meter zur tiefer liegenden Kiesbank hinter dem Wehr um. Nach Mihla, das

Im Garten der malerischen Creuzburg

man auch das Tor zum Nationalpark Hainich nennt, wird das Tal teilweise noch enger, noch beschaulicher; der Wald reicht dicht ans Ufer heran. Immer wieder machen kleine Schwälle die Fahrt zu einem abwechslungsreichen Vergnügen. Straßenverkehr gibt es entlang des Flusses praktisch nicht. Die kleine Straße, die von Mihla über das schöne Dörfchen Frankenroda zum Forsthaus und Landgasthof Probstei Zella führt, ist für den Durchgangsverkehr gesperrt und endet dort. Der Name leitet sich ab von einem

Eremiten, der sich 777 an dieser Stelle zwischen Fels und Fluss niedergelassen und ein kleines Kloster (eine Zella) gegründet hat. Zur Zeit der Bauernkriege soll ganz in der Nähe, vom Kalkfelsen der „Falk'ner Klippen", Thomas Müntzer die Bauern zum Kampf aufgerufen haben. Die Mönche der Probstei flohen aus Angst vor Anschlägen der revolutionären Bauern nach Erfurt; das Kloster wurde während der Wirren völlig zerstört.

Seit 1998 befindet sich hier ein Landgasthof (Reiterhof) mit Zeltplatz, der bedenkenlos jedem Wasserwanderer empfohlen werden kann. Die günstigen Zimmer können in den Sommermonaten an den Wochenenden schon mal belegt sein.

Auf der Terrasse des Landgasthof Probstei Zella

Dann aber kann man sein Zelt neben dem Gebäude direkt am Werraufer aufstellen und, so wie wir, auf der Terrasse der Gaststätte bei thüringischer Küche den Sonnenuntergang hinter den Baumwipfeln genießen. Wer Lust hat, legt einfach mal eine Paddelpause ein und nutzt eine der zahlreichen Möglichkeiten, die sich hier bieten. Zu Fuß und per Fahrrad, das es hier zu leihen gibt, kann man, wie auch von Mihla, tolle Touren auf dem Naturpark-Wanderweg in die nähere Umgebung oder in den Nationalpark Hainich unternehmen. Die Nähe zur innerdeutschen Grenze ist daran schuld, dass sich dort ein Stück „Urwald" ungestört entwickeln konnte. Mächtige Baumveteranen und Totholz, mit Moosen, Pilzen und Flechten überwuchert, prägen das Bild dieses einzigartigen mitteleuropäischen Laubwaldes.

Auf der Fahrt von Probstei Zella nach Falken zwingen uns im Flussbett liegende Kiesbänke zu vorausschauendem Paddeln. Auch hier, auf dem einsamsten Abschnitt des Werratals, reichen Wald und Felsen dicht ans Ufer heran. Die Landschaft um die „Falkener Klippen" ist wegen ihrer seltenen Pflanzen- und Tierwelt besonders schützenswert. Auf den mageren und steinigen Kalkböden gedeihen sogar Enzian, Silberdistel und zahlreiche Orchideen. Von dem Falkener Wehr werden wir gestoppt. Die Umtragung ist aber leicht. Kurz nach Unterfahren der Straßenbrücke passieren wir die direkt am Ufer

Naturpark Eichsfeld-Hainich-Werratal

Selbst in Thüringen war es bis vor einiger Zeit kaum bekannt, dass am Westrand des Thüringer Beckens für Europa einmalige Waldbestände, insbesondere Rotbuchenwälder, zu finden sind. So ist es nur folgerichtig, dass seit 1997 der Südteil des Hainichs als Nationalpark ausgewiesen ist. 7600 ha umfasst Deutschlands 13. Nationalpark. Mit einer Länge von 20 km, einer Breite von 4 bis 8 Kilometern und einer Gesamtfläche von 15 000 ha zählt der gesamte Hainich zu den größten naturnahen Buchenwäldern Mitteleuropas. Die höchste Erhebung des Hainichs ist mit 494 Meter der Alte Berg. In den vergangenen Jahrzehnten wurden große Teile des südlichen Hainichs als Militärübungsgelände genutzt, wobei große Teile gerodet wurden. Nach der Vereinigung erobern sich nun Buche, Ahorn und Esche diese Offenflächen wieder zurück.

Der Hainich ist ein Eldorado für anspruchsvolle Arten wie Wildkatze, Bechsteinfledermaus, sieben Spechtarten und gefährdete Totholzkäfer. So wurden rund 400 holzbewohnende Käferarten und zahlreiche Holzpilze festgestellt.

Der „Urwald" im Herzen Deutschlands bietet sich zu individuellen Wanderungen, aber auch zu Touren mit sachkundiger Führung zu Fuß und per Rad an. Besonders interessant sind die Naturerlebniswanderungen für Schulklassen.

Wanderempfehlungen nahe des Wasserwanderweges:

- Von Mihla nach Berka v.d.H., von da auf dem Steinweg in Richtung Hainich. Über die Mallinde erreichen Sie den Rundwanderweg Sulzrieden (5 km / 2 Std), im Langen Tal.

- Von Mihla nach Lauterbach, von da geht es hinauf zum Harsberg. Hier beginnt der Bummelkuppenweg (9 km / 3,5 Std.) der über Betteleiche, Ihlefelder Kreuz und Kahlgrund nach Lauterbach zurückführt.

Information:

Nationalpark-Information, Tel. (036924) 418 96 in Berka bei Mihla; Verwaltung Naturpark Eichsfeld-Hainich-Werratal, Tel. (036924) 466-3, www.naturpark-ehw.thueringen.de, (Naturpark-Wanderkarte erhältlich).

liegende „Pension Veronika". Davor befindet sich am rechten Ufer eines Raststelle mit einer überdachten Holzsitzgruppe. Hinter Falken sind wir am Ende des Werradurchbruchs angelangt; das Tal öffnet sich wieder. Zu unserer Rechten wacht die Burg Normannstein über Treffurt und den Fluss (Foto Seite101). Links vor der Straßenbrücke, unterhalb eines idealen Rastplatzes, ziehen wir unseren Kanadier auf eine weitläufige Kiesbank und gehen über die Brücke in den Ort, der an der Deutschen Fachwerkstraße liegt. Zu einer „Perle des Werratals" geworden, lädt die „Stadt der Ritter" zu einem Gang durch die kalksteingepflasterten alten Gassen, vorbei an hübsch sanierten Fachwerkhäusern, hinauf zum

Der wildromantische Fluss bei Creuzburg

staat auf der Burg. Anfänglich ein angesehenes Rittergeschlecht, wurden sie im 14. Jahrhundert aber zu Raubrittern. Ein vereintes Heer der Landesfürsten von Hessen, Mainz und Thüringen machte ihrem Treiben ein Ende und vertrieb sie von der Burg. Danach wurde der Ort durch die drei „Siegermächte" regiert. Da die Burg für die drei Amtsleute zu klein war, wurden unterhalb von ihr drei Amtssitze gebaut. Der runde Turm wurde noch lange als Gefängnis genutzt, während die Burg selbst langsam verfiel. Heute befindet sich in der Burg, die man über einen steilen, 15-minütigen Anstieg erreicht, eine gemütliche Gaststätte. In der Touristen-Information, die im großzügigen Bürgerhaus untergebracht ist, wird man engagiert über die vielfältigen Rund-Wandermöglichkeiten und Radtouren in den Naturpark Eichsfeld-Hainich Werratal informiert.

Marktplatz. Das schmucke Rathaus mit seinem fünfgeschossigen Fachwerkturm wurde 1550 im Renaissancestil erbaut. In seinem Innern findet sich das Gasthaus „Ratskeller" auf dessen Stühlen wir vor der Tür mit Blick über den stillen Platz mit einem Treffurter ins Gespräch kommen. Er erzählt uns, dass die die Stadt überragende Burg Normannstein als Warte zum Schutz der drei Furten, die durch die Werra führten und der Stadt ihren Namen gaben, im 11. Jahrhundert erbaut wurde. Die Treffurter Ritter, im Dienst der Landgrafen von Thüringen, wohnten mit ihrem Hof-

Hinter den letzten Häusern von Treffurt verlässt die Werra Thüringen; hessische Gemeinden und Städte säumen nun den Fluss. Kurz vor Heldra genießen wir eine schöne, teils sehr flache Schwallstrecke und den Blick hinauf zum Heldrastein mit seinem „Turm der Einheit". Zu seinen Füßen liegt das Dörfchen Heldra, in dem sich das Stammhaus der Vorfahren des Generals Friedrich Wilhelm von Steuben, nach dem die Steuben Parade in New York benannt ist, befindet. Der Heldrastein, ein weißer, zerklüfteter Kalksteinfelsen, ist der uneingeschränkte „König des Werratals" und steigt auf über 500 m empor. Von seiner Aussichtsplattform oder vom Turm aus hat man einen beeindruckenden Blick

Weit reicht der Blick vom Heldrastein

ins Werratal, auf Harz, Rhön und Thüringer Wald. Mit der Teilung Deutschlands kamen Berg und Turm in das sogenannte Sperrgebiet und durften somit von der Bevölkerung nicht mehr betreten werden. Die Sowjets machten aus dem Turm einen Lausch- und Horchposten für nachrichtendienstliche Zwecke. Heute kann man sich auf Dokumentationstafeln über seine Geschichte informieren.

Auch das letzte Stück dieser Tagesetappe müssen wir auf zahlreiche Untiefen in der flotten Strömung achten, bis wir, Großburschla passierend, zum ortseigenen Anleger von Altenburschla gelangen. Die alte Fachwerkkirche mit ihrer Bauernmalerei, blumengeschmückte Fachwerkhäuser und der gemütliche Dorfanger sind die Sehenswürdigkeiten des Ortes. Ein Wanderweg, vorbei am idyllischen

Försterhäuschen, führt in etwa 1,5 Stunden hinauf zum Heldrastein. Übernachten kann man entweder auf dem Campingplatz am Werraufer oder im stilvollen Landgasthof Gemeindeschänke am Dorfanger. Umgeben von einer herrlichen Fachwerkkulisse, sitzen wir in der lauen Abendluft im Biergarten und genießen die vorzügliche, rustikale Küche.

An dem alten Fachwerkdorf Völkershausen mit seinem idyllischen Rittergut (heute Reiterhof) vorbei, kommen wir zur alten Handelsstadt Wanfried. Ein Schild zeigt uns an, dass wir 100 Meter vor dem Wehr links aussetzen und umtragen müssen. Einige hundert Meter weiter legen wir kurz vor der Brücke auf Höhe der Kirche an einer kleinen Steintreppe an und gehen über ein das Mühlenwehr überspannendes Fußgängerbrückchen in die nahe Altstadt. Einst war der über 1000 Jahre alte Ort reger Umschlagplatz für Getreide, große Tuchballen und andere Waren, die in dickbäuchigen Werraschiffen über Nordsee, Weser und Werra hierherkamen, in große Planwagen verladen und über die alten Fernhandelswege weiter transportiert wurden, zum Teil bis nach Südosteuropa. Bis 1830 war hier der Endpunkt der Weser-Werra-Schifffahrt.

Prächtige Schlagdhäuser am historischen Hafen geben Zeugnis von dieser Zeit. Besonders sehenswert ist das im Keudell'schen Schloss untergebrachte Dokumentationszentrum zur deutschen Nachkriegsgeschichte, das in anschaulicher Weise die Situation an der früheren innerdeutschen Grenze mit ihren unüberwindlichen Grenzsicherungsanlagen darstellt. Danach haben wir uns eine Stärkung im schönen Biergarten der „Tankstelle für Radfahrer" verdient, der sich neben der alten Werramühle am Mühlengraben befindet. Viele Radler und Wanderer kehren hier ein, die von ihren Touren zu den von Buchenwäldern bewachsenen Kalksteinhügeln zurückkehren, die die Stadt umgeben.

Gute Hausmannskost gibt es im Landgasthof Gemeindeschänke in Altenburschla

Eschwege

Noch etwa acht Kilometer trennen uns von unserem Tagesziel. Vor uns weitet sich der Eschweger Talkessel; zu beiden Seiten breitet sich eine ruhige Auenlandschaft aus. Ungestört von jeglichem Autoverkehr, paddeln wir gemütlich auf den im Abendlicht weit vor uns liegenden Leuchtberg zu. Von rechts mündet das kleine Flüsschen Frieda in die Werra; dahinter, über dem Dorf Schwebda, ist deutlich das Schloss Wolfsbrunnen am Berghang zu erkennen. Unmittelbar hinter dem rechten Ufer erstreckt sich der 70 ha große Werratalsee, eine Freizeitanlage mit großen Segel- und Regattaflächen. Nachdem wir den Leuchtberg hinter uns gelasssen haben, gelangen wir zum linksufrig gelegenen Gelände des Eschweger Kanuclubs. Ein günstiger Standort zur Erkundung der Stadt und der näheren Umgebung – in weniger als 15 Minuten, vorbei an der am Wasser gelegenen Jugendherberge, gelangen wir in die Altstadt von Eschwege. In den Wirren des Dreißigjährigen Krieges wurde die Stadt durch kaiserliche Kroaten besetzt und fast völlig vernichtet, doch bauten die Bewohner aus den Trümmern der alten Häuser die Stadt wieder auf. Einen guten Überblick über die Stadt bekommen wir vom hoch gelegenen Nikolaiturm. In einer hölzernen Stube hauste der Türmer, um die Bürger an die Zeit zu erinnern oder sie vor drohenden Gefahren zu warnen. Der Blick schweift hinunter zum Landgrafenschloss, das am Ufer der Werra liegt und dessen Gebäudekomplex in seiner Geschlossenheit und Wuchtigkeit wie eine Burg wirkt. Weiter rechts, kurz hinter der Brücke, erkennen wir das auf dem Schulberg gelegene älteste Gebäude der Stadt, den Cyriakusturm, ein Überbleibsel des Klosters, das hier vor mehr als 1000 Jahren stand. Daneben steht das Hochzeitshaus und die Marktkirche Sankt Dyonis;

etwas vorgerückt, ist der Giebel des alten Rathauses von 1660 zu erkennen. Das interessante Heimatmuseum befindet sich in einem früheren Tabaklagerhaus. Wegen des warmen Klimas gedieh Tabak im Werratal schon immer gut. Die Stadt, die im letzten Weltkrieg nicht zerstört wurde, vermittelt besonders auf dem Marktplatz eine eindrucksvolle Geschlossenheit alter Fachwerkbaukunst. Hier und in den angrenzenden Gassen finden wir eine Vielzahl interessanter Gaststätten. Ein besonderer Tipp ist der Gasthof „Zur Krone" mit seinen leckeren hessischen Spezialitäten und dem dunklen Bier.

Vor der Weiterfahrt am nächsten Morgen wandern wir noch auf den nahen Großen Leuchtberg hinauf, von dessen Bismarckturm man einen besonders schönen Blick über die Stadt und den sich unter uns ausbreitenden Werratalsee genießt. Vom Gelände des Kanuclubs müssen wir nur ein Stück stromauf am Werraufer entlang gehen, bis wir zu der am Wasser gelegenen Ausflugsgaststätte „Felsenkeller" gelangen. Von hier aus führt ein Wanderweg den 318 m hohen Berg hinauf.

Vorbei an schönen, dicht am Wasser stehenden Häusern, paddeln wir unter der Straßenbrücke hindurch, auf das Wehr zu. Die Schleusung führen wir im Handbetrieb selbst durch und werden bald darauf von der starken Strömung des von rechts zufließenden Kraftwerksgrabens mitgenommen. Bald paddeln wir durch eine weite Auenlandschaft auf Jestädt zu. Von links fließen die Wehre und kurz darauf die Alte Wehre in die Werra. Der schindelgedeckte Turm der Burg Fürstenstein taucht oberhalb des Weinberg vor uns auf. Beim Ort Albungen

trifft sich, aus dem Höllental preschend, die Berka mit der Werra. Dieses Tal beherbergt eine Vielzahl von seltenen Pflanzenarten, die Wärme und Trockenheit lieben. Auf Höhe eines Fußgängerbrückchens sollte man, wenn man etwas Zeit hat, trotz der schlechten Anlegemöglichkeit sein Kanu fest machen und einen Aufstieg zur Burg Fürstenstein wagen. Sie beeindruckt vor allen Dingen wegen ihres massiven, gotischen Wohnturms mit angebauter Kapelle und zweier kleiner, hervorragend restaurierter Fachwerkhäuser.

Zuerst rechts, dann aber auch links, treten die bewaldeten Höhen immer dichter ans Ufer heran. Bei Kilometer 40 sehen wir rechts eine kleine Schutzhütte für Wanderer am Ufer; hier landen wir an. Oberhalb davon liegt auf auf einem Hügel die Andreaskapelle, die früher Kirche von Kleinvach war. Sie bestand schon im frühen Mittelalter, verfiel und wurde von Andreas von Hombergk 1600 restauriert, für dessen Familie sie später als Grabeskapelle diente. Beim Blick über die Wiesen und Felder können wir in der Ferne Allendorf und weiter rechts das Schloss Rothestein erkennen. Auf der ruhig fließenden Werra geht es nun, vorbei an Kleinvach mit seinem schönen alten Dorfkern, auf Bad Sooden-Allendorf zu. Kleinvach besticht durch seine kleinen einfachen Häuser, das 1596 von Hombergk erbaute Renaissanceschlösschen und nicht zuletzt durch das Gasthaus „Zur Linde", wo man sehr günstige Hausmannskost genießen kann.

In einer weiten Schleife fahren wir am sich wuchtig erhebenden Berg Hohestein vorbei, der mit seinen 569 Meter hohen Steilwänden aus Muschelkalk fast alpinen

Charakter aufweist. Links daneben, zwischen aufsteigenden Nebelschwaden, lugt malerisch das Schloss Rothestein zwischen den Bäumen hervor. Eine Vielzahl gut ausgeschilderter Wege haben diese Region für den Wandertourismus erschlossen. Das Schloss im Rücken, erreichen wir den Sole-Ort Bad Sooden-Allendorf. Vorbei an zwei links abgehenden Wehren, legen wir gegenüber des dritten Wehrs rechts an einem Ponton an und lauen in den historischen Stadtkern des Ortsteils Allendorf. Fachwerk, soweit das Auge reicht. Die Kirchstraße, die an manchen Stellen an ein Heimatmuseum erinnert, führt geradewegs auf den Marktplatz von Allendorf, einer der schönsten Hessens. Hier lassen wir uns im bunten Marktge-

Marktplatz in Allendorf

schehen treiben und bewundern die herrlichen Blumenstände. Eine kleine Gasse führt hinunter in das gut erhaltene Gässchen Fischerstad, das einen Blick in das Leben und Wohnen der Fischer von einst gibt. Das schmale Fischerviertel, dessen kleine Häuser mit blumengeschmückten Gärten dicht an die Werra reichen, wird im Volksmund auch „Klein-Venedig" genannt.

Gegenüber am Werraufer liegt der ebenfalls idyllische Ortsteil Bad Sooden. Der Name geht zurück auf die Salzgewinnung, von der die Stadt lange Zeit lebte. Der Fluss spielte beim Transport des „weißen Goldes" eine große Rolle,

wurden die Salzblöcke doch über Werra und Weser zu ihren Abnehmern bis hoch nach Skandinavien verschifft. Später dann machte das Salz auf andere, wenig rühmliche Art von sich reden. Thüringens Kaliwerke ließen Stunde für Stunde ihr Salz gen Westen fließen. Der Fluss hatte stellenweise einen Salzgehalt, der weit höher war als der der Nordsee.

Im Jahre 1881 wurde das Bad gegründet; der Kurbetrieb löste die wenig lukrative Salzgewinnung ab. Das Salzmuseum gibt noch einen guten Einblick in die Geschichte des Ortes rund um das Salz. Im historischen Gradierwerk von 1638 wird nach seiner Restaurierung bald wieder

Das Wehr von Allendorf umtragen wir.

heilsame Sole über Bündel aus Schwarz-dorn rieseln.

Nach unserem Stadtgang ziehen wir das Kanu am gegenüberliegenden Ufer an Land und umtragen die wenigen Meter. Eine steinerne Treppe führt dabei ins Unterwasser. Wir hätten aber auch die etwas weiter hinter der Brücke liegende Schleuse benutzen können. Weiter geht es auf dem spritzigen Wasserarm, bis von rechts die starke Strömung des Schleusenkanals hinzu kommt. Nur zwei Kilometer weiter liegt unmittelbar vor dem Örtchen Wahlhausen der Campingplatz „Oase" mit seiner schönen, dicht am Wasser liegenden Rasenfläche, die sich gut für Kanuten mit Kleinzelten eignet. Er bietet sich in idealer Weise als Standort für Wanderungen und Radtouren in die Bergwelt des 750 m hohen „Hoher Meißner" oder auf den Höhenzug Gobert mit dem Schloss Rothestein an.

Am nächsten Morgen geht es in strahlendem Sonnenschein auf das Stockmacherdorf Lindewerra zu. Erlen, Weiden, Pappeln und Schilf flankieren die Ufer. Die bewaldeten Berghänge bieten ein schönes Panorama. An der neuen Brücke kann man rechts aussetzen, um sich das liebliche, 250 Einwohner zählende Dorf mit seiner wechselvollen Geschichte anzuschauen. Im Jahre 1836 siedelte sich der Stockmacher Wilhelm Wagner in Lindewerra an. In den umliegenden Eichenwäldern des Höheberges fand er das erforderliche Holz für die Ausübung seines Handwerks. Darin sahen auch viele Dorfbewohner eine Möglichkeit zur Überwindung ihrer Armut, so dass bald fast jeder Haushalt sein Geld in diesem blühenden Gewerbe verdiente. Die Entwicklung des Handwerkzweiges mit seinen 32 Arbeitsgängen kann im Stockmachermuseum nachvollzogen werden. Nach Entstehung der beiden deutschen Staaten verlief dort, wo einst die sechsbögige Werrabrücke den Fluss überspannte, die neue, streng bewachte Staatsgrenze. Die Brücke wurde, wie so viele, sinnloserweise gesprengt.

Laut einer Sage soll in einer Walpurgisnacht der Teufel persönlich gewettet haben, dass er einen schweren Felsen vom Harzer Brocken bis zum Hohen Meißner werfen könne. Das Ergebnis dieses „Weitwurfs", die „Teufelskanzel", erhebt sich hoch über dem kleinen Ort. Wer sich die Mühe macht und hinaufwandert, hat einen grandiosen Panorablick ins Werratal und das Hessische Bergland.

Der hufeisenförmigen Werraschleife folgend, gleiten wir unter dem alten Eisenbahn-viadukt hindurch. Mit einem Blick zurück auf die Teufelskanzel und die über 500 Meter hohe Junkerskuppe

geht es in der Spätnachmittagssonne auf Burg Ludwigstein zu. Es war die Kritik an der bürgerlichen Gesellschaft, die die Jugend mit Beginn der Wandervogelbewegung hinaus in die Natur trieb. Eine Gruppe von acht Schülern wanderte, von Norddeutschland kommend, am Anfang unseres Jahrhunderts durch das Weser- und Werratal. In Werleshausen drückte ihnen der Amtmann den Schlüssel der nicht mehr bewohnten Burg in die Hand, und am Abend saßen sie mit ihrer Klampfe am entfachten Feuer des steinernen Kamins – die Jugend- und Wanderbewegung war auf Burg Ludwigstein geboren. Heute befindet sich dort oben eine Jugendherberge und das sehenswerte Archiv der Deutschen Jugendbewegung. Wenden wir unseren Blick nach rechts, können wir hoch über der Kuppe des Hansteins die gleichnamige Burg Hanstein, einst die mächtigste

Die Werra beim Stockmacherdorf Lindewerra

Idyll vor der „Kirschenstadt" Witzenhausen

Burg im Werratal, erkennen. Das Örtchen Werleshausen, von dem aus man die Burg gut erreichen kann, besticht durch sein schönes Ortsbild und einem netten Gasthof mit Biergarten.

Das Paddel gleitet zäh durchs trübe Nass der Werra. Wir sind müde und haben nur ein Ziel vor Augen: die Kirschenstadt Witzenhausen mit ihrem ideal am linken Flussufer gelegenen Bootshaus des Kanuclubs und seinem großen Wiesengelände – ein wahrhaft schöner Platz. Schnell haben wir unser Zelt aufgebaut und sitzen mit Kanuten des Ortes im gemütlichen Bootshaus beim Bier. Sie erzählen uns, dass im Frühling über 150 000 Kirschbäume das Tal und die umliegenden Hänge in ein wahres Blütenmeer verwandeln. An den Berghängen gedeiht einer der größten Eibenbestände Deutschlands. Am Abend laufen wir in die nahe Altstadt mit ihren verträumten Gassen und Winkeln rund um den Marktplatz. Die kleinste Universitätsstadt Deutschlands präsentiert sich uns an diesem warmen Spätsommerabend als wahres Kleinod. Später sitzen wir noch lange am knisternden Lagerfeuer und bewundern die sternenklare Nacht.

Von Witzenhausen aus geht es immer wieder über kleine Schwälle, vorbei an Bischhausen und Ermschwerd, einem 1200 Jahre alten Hessendorf mit hübschem Fachwerk, weiter in Richtung Hedemünden. Inzwischen werden der Abstand von Fluss zu Schiene und Straße immer kleiner – beide begleiten uns nun bis Hann. Münden fast immer in Sichtweite, so dass es mit der Stille weitgehend vorbei ist. Vor Hedemünden zeigt uns ein Schild an, dass wir dort, wo sich der Fluss teilt, den linken Abzweig nehmen müssen. Das folgende Teilstück ist sehr idyllisch und ruhig. Linker Hand tritt der Wald dicht ans Ufer; die Fahrt

118

wird zunehmend flotter. Bevor von rechts der Mühlenarm zufließt, wird es geradezu spritzig. Wer keine Spritzdecke hat, sollte sich auf etwas Wasser im Kanadier einstellen. Gelegenheit sich zu trocknen hat man, wenn man hinter der Schwallstrecke rechts in den Mühlenarm einfährt,

Die fünfbogige Werrabrücke in Hann Münden

wo man nach 100 Metern gut links anlegen kann, um in das nette Städtchen mit seinem historischen Ortskern hineinzulaufen.

An Oberode und dem zwei Kilometer dahinter liegenden Campingplatz vorbei, tauchen die hoch über der Werra aufragenden Pfeiler der Autobahnbrücke der A7 vor uns auf. Hinter ihr folgt die Umtragung „Letzter Heller", die mit Hilfe einer Lore, auf der wir den vollbeladenen Kanadier ziehen, als komfortabel bezeichnet werden kann. Noch fünf Kilometer und eine Fahrt durch ein bewaldetes Wiesental trennen uns noch von unserem Ziel der „Drei-Flüsse-Stadt"

Die letzte Umtragung an der Werrabrücke in Hann Münden

Hann. Münden. Wir umtragen noch ein letztes Mal und müssen vorher unbedingt darauf achten, an der Flussgabelung rechts zu fahren. Gerät man in den linken Flussarm, treibt man bei starker Strömung leicht auf ein Nadelwehr zu. Wir kommen nun zur links hinter der alten Werrabrücke (1402) liegenden Bootsschleppe, wo wir, wie schon zuvor am „Letzten Heller", leicht umtragen können. Von links kreuzt nun, vom Wehr kommend, eine kräftige Strömung unseren Weg. Die vor uns liegende Spitze der Insel „Unterer Tanzwerder" mit dem berühmten Weserstein unter der Kastanie umrunden wir und paddeln ein Stück gegen die schwache Strömung der Fulda auf die links vor uns auftauchende Schleuse zu. Vor ihr setzen

Das Welfenschloss in Hann Münden

wir rechts an einer Rampe aus und schaffen, mit einem bereitstehenden Bootswagen, das Kanu auf den oberhalb liegenden Campingplatz. Dieser liegt ideal auf der Insel „Oberer Tanzwerder", durch ein Brückchen mit der Altstadt verbunden. Noch nie haben wir einen derart zentral liegenden Campingplatz gesehen.

Die „Tillyschanze" über Hann. Münden

Im Land der Sagen und Märchen

Die Weser

Informationen Weser

Aktivitäten	Natur	Kultur	Baden	Hindernisse

Charakter der Tour: Die Region des Weserberglandes ist für den sanften Tourismus entdeckt worden. Da industrielle Anlagen entlang der Weser fehlen und die Wasserqualität sich deutlich verbessert hat, ist sie für Paddler zu einem der beliebtesten Wanderflüsse geworden. Die Höhenzüge des Bramwaldes, des Reinhardswaldes und des Sollings zwingen den Fluss zu zahlreichen Windungen, so dass sich für den Paddler ständig neue Landschaftsbilder ergeben. Auf unserer Wanderfahrt entdecken wir die alten Städte der Weserrenaissance, die verschiedensten Klöster und Burgen, aber auch verwunschene Naturparks, Sagen- und Märchenfiguren wie Doktor Eisenbart, Baron von Münchhausen oder den Rattenfänger von Hameln.

Die schnelle Strömung macht Tagesetappen von 40 km und mehr möglich, jedoch laden zahlreiche Biergärten entlang der Strecke zu Pausen ein. Die Berufsschifffahrt spielt auf der Weser eine untergeordnete Rolle, aber man sollte sich vor den Hochseilfähren und den Fahrgastschiffen der „Oberweser Dampfschifffahrt" in Acht nehmen, da sie gehörigen Wellengang verursachen können.

Radtouren auf den beliebtesten Fernradwegen entlang Weser, Werra und Fulda sowie Wanderungen in Reinhardswald, Bramwald und Solling laden zum ausgedehnten Urlaub in der Region ein.

Anreise: A 7 Kassel – Hannover, Abfahrt 76 Hann. Münden/Lutterberg, auf der B 496 nach Hann. Münden.

Einsetzstelle: In Hann. Münden unterhalb des Weldersteins, auf der Insel „Unterer Tanzwerder".

Aussetzstelle: Gelände des Faltbootclubs Minden.

„Zurück zum Pkw": Stündlich mit der Bahn in ca. zwei Stunden von Minden nach Hann. Münden. „Stilvoll": Teilstrecken mit den Schiffen der Oberweser-Dampfschifffahrt zurücklegen.

Länge der Tour: Ca. 200 km.

Etappenvorschlag: 1. Tag: *Hann. Münden – Bad Karlshafen;* 2. Tag: *Bad Karlshafen – Höxter;* 3. Tag: *Höxter – Bodenwerder;* 4. Tag: *Bodenwerder – Hameln;* 5. Tag: *Hameln – Rinteln;* 6. Tag: *Rinteln – Minden.*

Umtragestellen: Keine, Bootsgasse in Hameln.

Sehenswürdigkeiten:
Hann. Münden: Einmalig geschlossenes mittelalterliches Stadtbild (über 700 Fachwerkhäuser aus sechs Jahrhunderten), Rathaus, Welfenschloss mit Museum, St. Blasiuskirche, Ägidienkirche, Tillyschanze.

Bursfelde: Mehr als 900 Jahre altes Benediktinerkloster.

Bad Karlshafen: Barockes Stadtensemble, Deutsches Hugenotten-Museum, Krukenburg.

Fürstenberg: Porzellanmanufaktur-Museum im ehemaligen Jagdschloss.

Höxter: Altstadt, Dechanei (altes Fachwerkhaus von 1561), Kilianskirche, Fischer- und Flö-
ßertage (April/Mai), Viehmarkt (jeden 1. Mi im Monat), Kloster Corvey.

Holzminden: Alte Fachwerkhäuser, Kaiser-Wilhelm-Turm, Tillyhaus, Stadtmuseum, Reichs-
präsidentenhaus, Lutherkirche (13. Jh.), Museumsschiff.

Bevern: Eines der schönsten Weserrenaissance-Schlösser (1588) mit Museum.

Bodenwerder: Altstadt, Münchhausen- und Heimatmuseum, Pfarrkirche (15. Jh.), romanische
Klosterkirche (11. Jh.) mit Grabmal des Freiherr von Münchhausen.

Hameln: (siehe Stadtrundgang)

Fischbeck: Über 1000 Jahre altes Stift (Nur mit Führung: Di–So 14-16, Di + Fr. 9.30-11).

Hess. Oldendorf: Die „Schillat-Höhle" ist ab 2003 zur Besichtigung freigegeben.

Rinteln: Altstadt mit historischem Marktplatz, ehem. Rathaus, ehem. Heimatmuseum mit
Glockenspiel, Museum „Die Eulenburg", St. Nikolaikirche (13./14. Jh.), St. Jacobi-Kirche,
Schlösser Schaumburg und Paschenburg.

Vlotho: Fachwerkhäuser, Amtshausberg mit Burgruine, Kirche St. Stephan (1250).

Bad Oeynhausen: Deutsches Märchen- und Wesersagenmuseum, Kurpark.

Porta Westfalica: Kaiser-Wilhelm-Denkmal, Wittekindsburg (Fluchtburg der Sachsen).

Minden: 1000-jähriger Dom mit Domschatzkammer, Rahaus, Patrizierhäuser, St. Martinikirche,
St. Marienkirche, St. Simeoniskirche, Fischerstadt mit malerischen Gassen, Schiffmühle,
Wasserstraßenkreuz mit Informationszentrum.

Sonstige Aktivitäten:

Paddeln: Wesermarathon der Kanuten im Mai sowie auf der Weser von Minden nach Bremen,
der Werra, der Fulda, der Eder, der Diemel, der Emmer.

Wandern: Zur Sababurg mit Tierpark (von Gieselwerder 7 km), im Bramwald, im Reinhardswald, im Solling-Vogler (von Bad-Karlshafen, Höxter, Holzminden), in die „Rühler Schweiz"
bei Bodenwerder, von Grohnde ins Emmertal (Hämelschenburg), im Weser- und Wiehengebirge (von Minden oder Porta Westfalica), im Naturpark Weserbergland (zw. Hameln
und Hessisch Oldendorf), auf dem Märchenlandweg, auf dem Weserberglandweg (Minden
- Hameln - Hann. Münden).

Radfahren: Auf dem Weser-Radweg (450 km), dem Diemel Radweg, der Mühlenroute
(320 km), der Fürstenroute (Minden – Steinhuder Meer).

Baden: In Badeseen mit langem Sandstrand vor Höxter, im Doktorsee bei Rinteln, Freizeitzentrum
Borlefzen bei Vlotho, Therme Bad Oeynhausen, im Wassersportzentrum „Großer Weserbogen"
kurz vor Porta Westfalica, Freibäder in Hann. Münden, Gieselwerder, Bad Karlshafen, Höxter,
Holzminden, Polle, Bodenwerder, Hameln, Hess. Oldendorf, Rinteln, Minden.

Sonstiges: Angeln; Drachenfliegen von der Wiedekindsburg im Wiehengebirge; Fahrt mit den
Schiffen der *Oberweser Dampfschiffahrt;* Fahrt mit der *Museumseisenbahn* ab Minden; *Besu-
cherbergwerk Kleinenbremen* im Wesergebirge zw. Bückeburg und Rinteln; Ausflug zum
Renaissance-Schloss Bückeburg und zum *Hubschraubermuseum.*

Kartenmaterial: Wassersport-Wanderatlas W 1+2, 1:100 000, Jübermann Verlag; „Weser-
Radweg", 1:75 000, Weserbund e.V.

Literaturhinweise: Deutsches Flusswanderbuch, DKV-Verlag; „Wandern und Radtouren im Märchenland der Brüder Grimm", Kartogr. Komunale Verlagsges.; Radwandern „Weserbergland", Stöppel Verlag; „Hannover und Südniedersachsen", DuMont Verlag; „Die Weser, begleitet von Sagen, Märchen und Legenden", Hauschild Verlag; Literatur von Wilhelm Raabe („Hungerpastor", „Abu Telfan").

Übernachtung in Wassernähe:
Hann. Münden: Campingplatz; Gelände des Kanuclubs, Tel. (05541) 49 83.
Reinhardshagen: „Hotel Peter", Tel. (05544) 1038.
Bursfelde: Gasthof „Zur Klostermühle", Tel. (05544) 910 70.
Gieselwerder: Campingplatz.
Bad Karlshafen: Campingplatz.
Höxter: Gelände und Bootshaus des Wassersportvereins, Tel. (05271) 21 64.
Holzminden: Campingplatz; Kanuclub, Tel. (05531) 7762; Jugendherberge, Tel. (05531) 44 11.
Rühle: Campingplatz; „Strandcafé", Tel. (05533) 28 27 (Ferienwohnung).
Bodenwerder: Campingplatz.
Grohnde: „Grohnder Fährhaus", Tel. (05155) 380 mit Campingplatz.
Hameln: Kanuclub, Tel. (05151) 244 47; Campingplatz; Jugendherberge, Tel. (05151) 34 25.
Hess. Oldendorf: Hotel „Weserterrasse", Tel. (05152) 94 30-0.
Großenwieden: Wiese am Fähranleger; Fam. Klostermann, Tel. (05152) 25 96.
Rinteln: Gelände des Kanuclubs, Tel. (05751) 754 00; Jugendherberge, Tel. (05751) 25 05.
Vlotho: Campingplatz Borlefzen.
Bad Oeynhausen: Campingplatz „Grosser Weserbogen", Tel. (05731) 61 88/9.
Porta Westfalica: Gelände des Wassersportvereins, Tel. (0571) 78 47
Minden: Gelände des Faltboot- und Skiclubs Minden, Tel. (05751) 631 11.

Wichtige Adressen:
Kanuverleih: in Hann. Münden, Tel. (05541) 122 57; in Höxter, Tel. (05271) 18 02 08; in
   Bodenwerder, Tel. (05533) 97 97 51; in Hameln, Tel. (05151) 92 41 07.
Fahrradverleih: in Hann. Münden, Tel. (05541) 122 57; in Bad Karlshafen, Tel. (05672) 710;
   in Höxter, Tel. (05271) 92 13 63; in Bodenwerder, Tel. (05533) 33 34; in Hameln, Tel.
   (05151) 136 70; in Rinteln (Doktorsee), Tel. (05751) 26 11; in Porta Westfalica, Tel. (05264)
   85 84; in Minden Tel. (0571) 320641, „Fahrrad-Pool Weser-Diemel", Tel. (05671) 8001254.
Angeln: Infos bei den Touristen-Informationen.
Veranstalter: In Hameln, Tel. (05151) 92 41 07; in Bad Oeynhausen, Tel. (05731) 264 10;
Kanu Schumacher, Tel. (05642) 7682, www.kanu-schumacher.de.
Sonstiges: Oberweser Dampfschiffahrt, Tel. (05151) 93 99 99 www.weserschiffahrt.de; Weserbund e.V., Tel. (0421) 598 29 40; Wanderverein Porta Westfalica-Mittelweser, e.V., Tel. (0571)
760 33; Wiehengebirgsverband, Tel. (0541) 297 71; www.weser-radweg.de; www.weser.org;
www.sababurg.de; www.reinhardswald.de.

Auskunft: Touristen-Informationen in *Hann. Münden*, Tel. (05541) 75-313, www.hann.
muenden.de; *Bad Karlshafen,* Tel. (05672) 99 99-22; www.bad-karlshafen.de; *Höxter*, Tel.
(05271) 96 34 31, www.hoexter.de; *Holzminden*, Tel. (05531) 93 64 12, www.holzminden.de;
Bodenwerder, Tel. (05533) 405 41; *Hameln*, Tel. (05151) 95 78 23, www.hameln.de;

Hess. Oldendorf: Touristen-Information, Tel. (05152) 194 33; *Rinteln:* Fremdenverkehrsbüro, Tel. (05751) 4 03-162; *Vlotho:* Tel. (05733) 924-492; *Porta Westfalica:* Touristen-Information, Tel. (0571) 79 12 80; *Minden:* Touristen-Information, Tel. (0571) 829 06 59.

Karte Weser

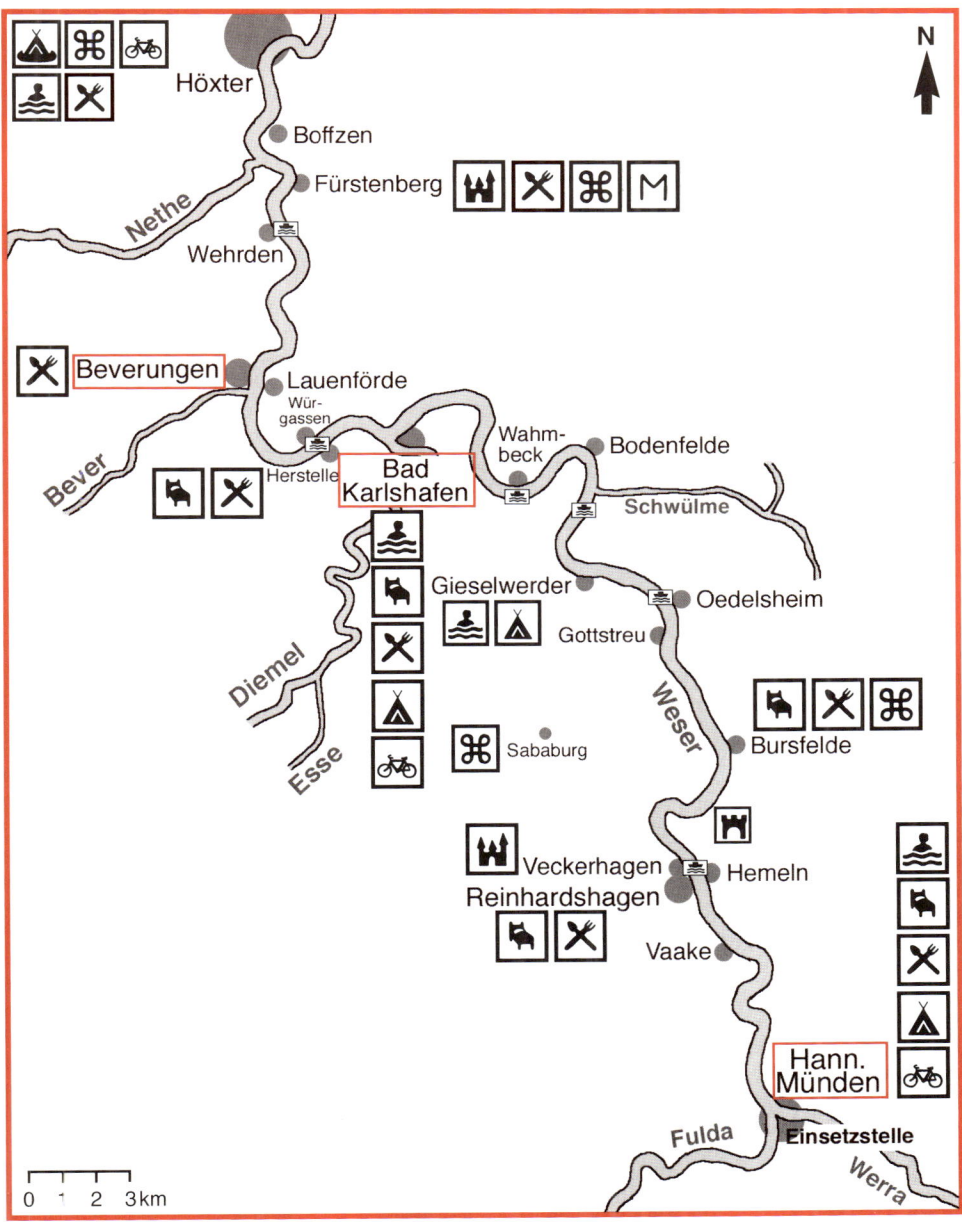

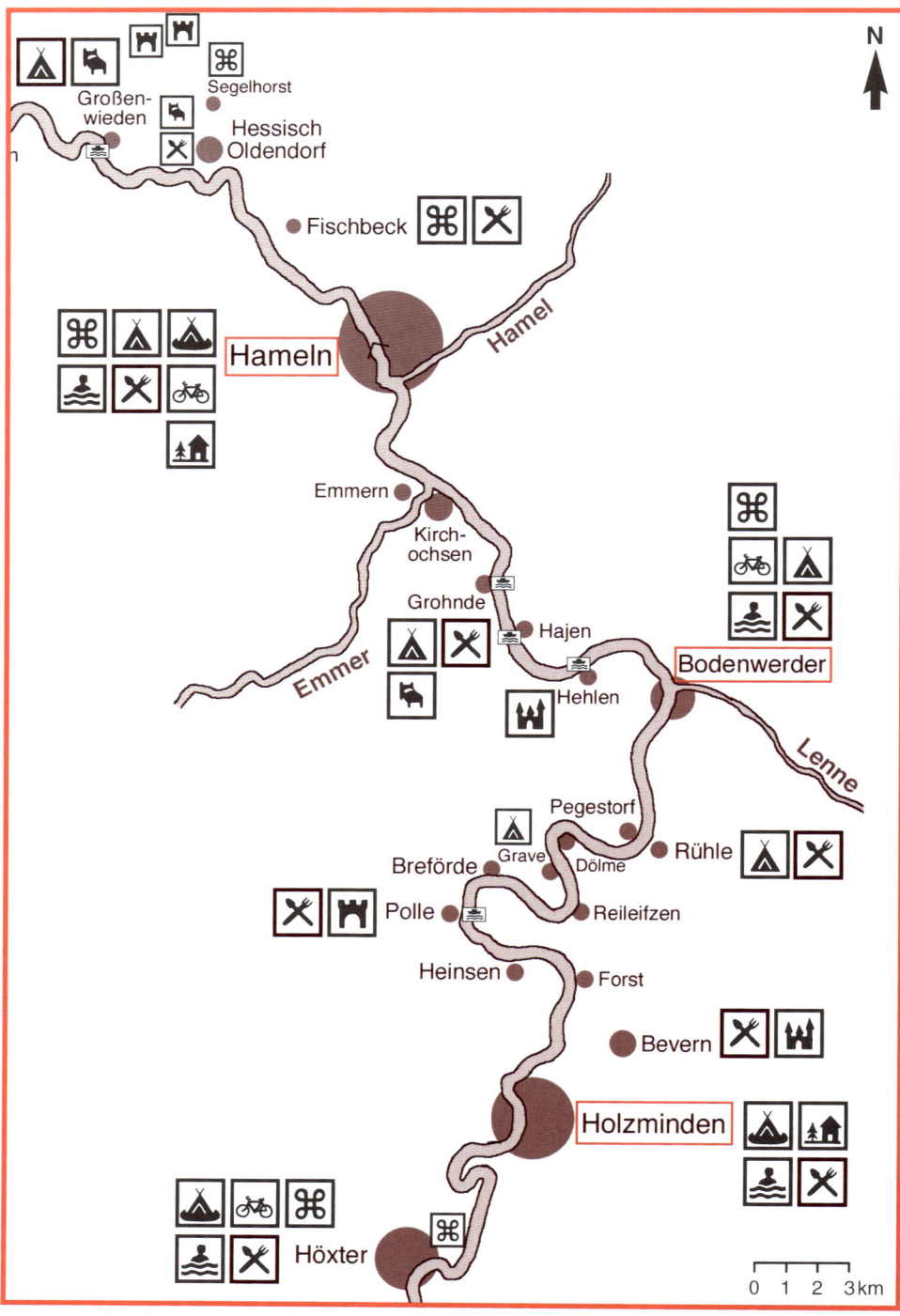

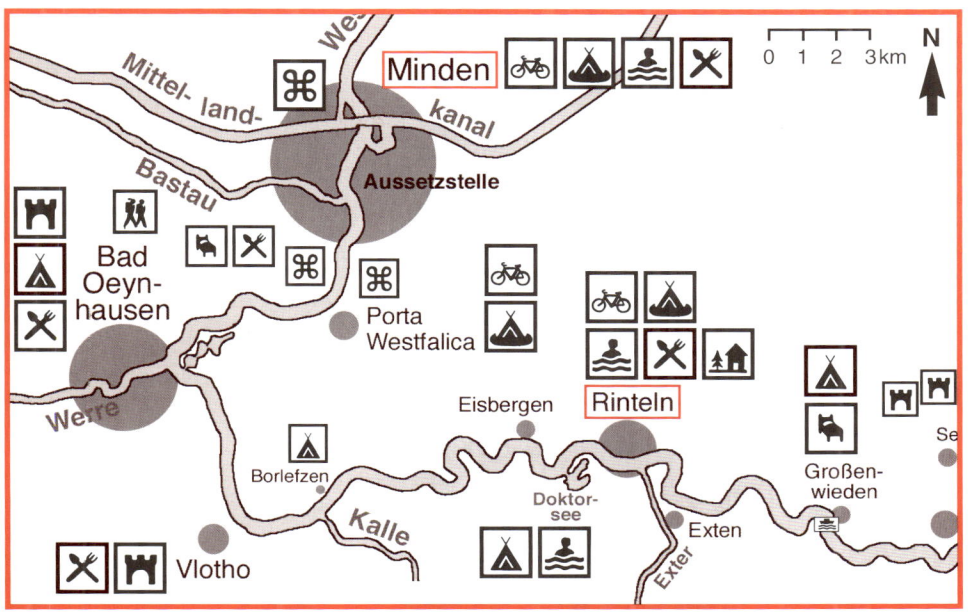

Im Land der Sagen und Märchen

Dort, „wo Werra sich und Fulda küssen, sie ihren Namen büßen müssen", wie es so schön in einem in Stein gemeißelten Gedicht heißt, entsteht die Weser, die ich bis zum Durchbruch in die Norddeutsche Tiefebene zwischen Wiehengebirge und Wesergebirge befahren will. Allerdings ist sie streng genommen nur eine Verlängerung der Werra und die Fulda somit ihr Nebenfluss. Als „eine der sieben schönst gelegenen Städte der Welt" bezeichnete schon der weitgereiste Alexander von Humboldt Hannoversch Münden. Die Stadt mit über 700 reich verzierten Fachwerkhäusern aus sechs Jahrhunderten kann auf ein einmalig geschlossenes Stadtensemble von europäischem Rang verweisen. Zahlreiche erschwingliche Gasthöfe, das Gelände des Mündener Kanuclubs oder der auf der Insel „Oberer Tanzwerder" zentral gelegene Campingplatz bieten sich als Ausgangspunkt für einen Stadtrundgang (siehe Tour 3, Seite 83) an.

Ich setze an der Spitze der Insel „Unterer Tanzwerder" unterhalb des Wersersteins in die flott strömende Weser ein. Meinen Pkw habe ich zuvor auf dem gebührenfreien Parkplatz der Insel abgestellt. Die schönen, dicht ans Wasser reichenden Fachwerkhäuser der Ortsteile Gimte und Hilwartshausen kann ich, mich treiben lassend, bewundern. Es ist heiß an diesem Vormittag, aber glücklicherweise scheint das Paddeln auf der Weser ja ein wenig anstrengendes Vergnügen zu sein. Bald schon reichen die bewaldeten, 400 Meter hohen Hänge des Reinhardswaldes bis ans Ufer. Beim Blick auf dieses Stück herrliche Natur nehme ich mir fest vor, hier nach meiner

Hannoversch Münden

von Hessen-Kassel, gleiten am linken Ufer vorüber. Das erste Hindernis, das meine zügige Fahrt nach zwölf Kilometern stoppt, ist die Hochseilfähre, die das am linken Ufer liegende Veckerhagen / Reinhardshagen mit Hemeln verbindet. Vom Biergarten neben dem Anleger aus blicken die Gäste entspannt auf das gleichförmige Hin und Her der Fähre – mehr gibt es an diesem heißen Sommertag auch nicht zu tun. Charakteristisch für die Weser sind die Buhnen, die zu beiden Seiten des Ufers rechtwinklig in den Fluss hineinragen und die ein Auswaschen der Uferbefestigung verhindern sollen, wenn die aus den umliegenden Wäldern herabschießenden Wildbäche nach der Schneeschmelze gewaltige Mengen Geröll vor sich her schieben. Eine Zeitlang begleiten mich Radfahrer auf dem neben dem Fluss entlang führenden Weserradweg, der teils auf alten Treidelpfaden geführt wird. Dank der guten Strömung kann ich mit ihnen ein Stück mithalten, bis sie dort, wo der Fluss eine scharfe Rechtskurve beschreibt, zwischen den Bäumen verschwinden, die sich hier unter der Ruine Bramburg bis dicht ans Ufer vorschieben. Das weit vor mir liegende, einst mächtige Kloster Bursfelde, zu dessen Schutz die Bramburg errichtet wurde, erkenne ich an den in der Sonne blinkenden goldenen Turmspitzen. Für einen Besuch des ehemaligen Benediktinerklosters

Rückkehr einen Wandertag einzulegen. Überhaupt ist die Fülle der Freizeitmöglichkeiten in der Drei-Flüsse-Stadt enorm. Alle drei Radwanderwege treffen, wie auch die Flüsse, hier zusammen. Die bewaldeten Höhen von Kaufunger Wald, Bramwald und Reinhardswald, die von einem solch klingenden Wanderweg wie dem „Märchenlandweg" durchschnitten werden, schließen die Stadt ein. Vaake, mit der malerisch unter alten Bäumen gelegenen spätromanischen Kirche, und wenig später das Dorf Veckerhagen, mit dem Barockschloss des Landgrafen Carl

lege ich unmittelbar auf seiner Höhe hinter dem Zufluss des Flüsschens Nieme in die Weser an der großen Wiese an. Nur die langgestreckte Kirche mit dem doppeltürmigen Westwerk, in dem sich spätgotische Wandmalereien befinden, ist von ihm erhalten geblieben. Vor mehr als 900 Jahren ist es von Mönchen der bei Höxter gelegenen Abtei Corvey gegründet worden. Seit einigen Jahrzenten befindet sich darin ein Tagungs- und Meditationszentrum. In den Sommermonaten finden für Freunde der klassischen Musik regelmäßig die „Bursfelder Sommerkonzerte" statt. Unweit des Klosters kann man vom Biergarten des Gasthofs „Klostermühle" den Blick über Wiesen, Kloster und Fluss genießen.

Nur wenig weiter, bei Oedelsheim, dehnt sich bis Bad Karlshafen die hessische Grenze über das linke Ufer. Ortsnamen wie Gottstreu und Gewissenruh zeugen von der Zuversicht und Hoffnung der hier um 1700 angesiedelten Hugenotten. Wegen ihres Glaubens waren sie in Frankreich Repression und Verfolgung ausgesetzt, weshalb Hunderttausende auswanderten. Sie kamen dem Landgraf Carl zu Hessen gerade recht, beabsichtigte er doch, das in Hann. Münden geltende Stapelrecht, das alle Händlern zwang, ihre Waren für mindestens drei Tage in der Stadt zum Verkauf anzubieten, zu umgehen. Zu diesem Zweck ließ er die Stadt Bad Karlshafen gründen und begann mit dem Bau eines Kanals von der Weser über die Diemel, der die Zölle Hannoversch Mündens umgehen und in Kassel enden sollte. Das ehrgeizige Projekt, das letztlich wegen Mangels an Wasser in der Diemel

Kloster Bursfelde

und an fehlendem Geld ins Stocken geriet, wurde nach seinem Tod eingestellt. Glücklicherweise entdeckte der hugenottische Arzt Galland 1730 die erste Solequelle, die zunächst zur Salzgewinnung und später zu Badezwecken genutzt wurde und somit das „Stadtsäckel" wieder füllte. Aber noch trennen mich, auf Höhe von Gieselwerder, etwa 16 Flusskilometer von der Hugenottenstadt. Der Campingplatz „Am beheizten Freibad" (Benutzung des Bads inbegriffen) böte sich förmlich zu einem paddelfreien Tag an. Das Dornröschenschloss Sababurg mit dem daneben liegenden Tierpark und der große Urwildpark im Herzen des Reinhardswaldes, sind beide über schattige, sieben Kilometer lange Wanderwege erreichbar. Das Schloss, 1334 zum Schutz der Pilger des ehemaligen Wallfahrtsortes Gottesbühren gegründet, liegt unmittelbar neben der wohl größten und ältesten zoologischen Anlage Europas, die sich der Arterhaltung ehemals und heute wieder heimischer Tierarten wie Luchs, Wolf, Wisent, Wildpferd oder Fischotter verschrieben hat. Nahebei kann man durch das wohl meistfotografierte Waldstück, das Naturschutzgebiet „Urwald Sababurg" wandern, mit bis zu 1 000-jährigen Eichen und meterhohem Farn.

Hinter Bodenfelde beschreibt die Weser einen starken Bogen nach Südwesten, auf Wahmbeck zu. Hier endet der mich seit Münden begleitende Bramwald, ein dicht bewaldeter Buntsandsteinrücken. Das Reiherbachtal mit seinen lichten Wäldern führt rechts geradewegs in den Solling, das größte und höchste Gebirge des Weserberglandes. Auf seinen Hoch-

plateaus haben sich Bruchwälder und Hochmoore gebildet und besonders hier, kurz vor Bad Karlshafen, streckt er seine steilen Hänge zum eng gewordenen Wesertal aus. Es ist schon spät, als vor mir die „weiße" Stadt im milden Abendlicht auftaucht. Ich steuere den Kanadier am Gradierwerk und den wenig schönen Zweckbauten des Kurbetriebes vorbei ans Ufer des direkt gegenüber der Altstadt gelegenen Campingplatzes. Ein tolles Gelände als Ziel meiner Tagesetappe, ist doch das daneben liegende Solefreibad mit dem Campingplatz verbunden, seine Benutzung in den Campinggebühren enthalten. Auch nutzen viele Paddler, die von der gegenüber des Platzes in die Weser mündenden Diemel kommen, den Campingplatz als Endpunkt ihrer Tour.

Über die nahe Brücke geht es in die denkmalgeschützte barocke Stadtanlage,

Das künstliche Hafenbecken ist Mittelpunkt des barocken Bad Karlshafen

die, obwohl am Reisbrett entstanden, besonders reizvoll ist. Alles ist um das künstliche Hafenbecken herum angeordnet. Mittelpunkt des barocken Schmuckstücks ist das am Hafenbecken liegende ehemalige Packhaus, das heute das Rathaus beherbergt. Das Hugenotten-Museum liefert interessante Einblicke in die Gründung der Stadt. Langeweile kommt für Naturbegeisterte bestimmt nicht auf – zahlreiche Wan-

Zum Weserdampfer „Holzminden" halten wir Abstand

der- und Radwege führen ins Tal der Diemel, den Solling oder den Reinhardswald.

Schon früh am Morgen treibt mich die Hitze aus dem Zelt. Willkommen ist da ein kühles Bad im noch leeren Soleschwimmbad, bevor ich das Kanu belade und weiterziehe. Der Charakter des Wesertals verändert sich nun völlig. Während die ganze Strecke über die auf beiden Seiten des Flusses hoch aufragenden geschlossenen Höhenzüge von Reinhardswald und Bramwald das Landschaftsbild bestimmten, wird das Tal nun offener, geprägt von sich isoliert in die Landschaft erhebenden Gipfeln wie denen des Mühlenbergs, Wildbergs oder Eschenbergs. Direkter Gegenwind macht mir zu schaffen, wenngleich er in der Hitze des Vormittags Kühlung bringt. Obwohl ich den schwersten Teil meines Gepäcks in die Bootsspitze gepackt habe, bietet der höherliegende Bug dem Wind eine große Angriffsfläche. Kaum wende ich meinen Blick auf die mich

umgebende herrliche Landschaft, stehe ich schon wieder quer zur Strömung und habe Probleme, den Kanadier wieder in den Wind zu stellen. Vorbei am idyllischen Örtchen Herstelle mit seinem am Fähranleger liegenden Gasthof „Zur Fähre" (Übernachtung), geht es an dem inzwischen zwar stillgelegten, aber trotzdem hässlichen Kernkraftwerk Würgassen vorbei. Das links am Ufer gelegene Beverungen ist ein lauschiges Örtchen mit einer schönen Kirche, dem ich gleich hinter der Brücke einen Besuch abstatte. Beverungen war jahrhundertelang Hafenstadt des Hochstifts Paderborn; noch heute prägen Fachwerkgiebelhäuser des 17. Jahrhunderts das hübsche Ortsbild. Zwar noch früh am Tag, lockt mich gleich am Anleger das Restaurant „Altes Fährhaus" mit seinem Biergarten zu einer Kaffeepause.

Die Besiedlung nimmt nun etwas zu; das Tal verliert seinen einsamen Charakter, obwohl sich die Bundesstraße 80, die seit Münden – wenn auch nicht immer

störend, doch fast ständig – mein Beglei-
ter war, immer weiter vom Fluss entfernt.
Kleine hübsche Dörfer ducken sich hinter sanft gewellten Hügeln; Blasmusik
vom sonntäglichen Kirchfest schallt zu
mir herüber. Eine Bisamratte schiebt,
meinen Weg kreuzend, ihr kleines grü-
nes Bündel vor sich her durchs Wasser.
Greifvögel ziehen über mir ihre Bahnen,
während weidende Schafe, Pferde, Kühe
und Ziegen die Wiesen entlang des Flusses säumen.

Zur Mittagszeit laden die durch Buhnen gebildeten kleinen, geschützten
Buchten zu einem Picknick ein. Schnell
ist die Espressokanne ausgepackt, und
bald schlürfe ich meinen belebenden
Kaffee, mit Blick auf den vorbeiziehen-
den Ausflugsdampfer „Holzminden" der
Oberweser Dampfschifffahrtsgesellschaft.
Vor ihm wie auch vor seinen Brüdern
habe ich gehörigen Respekt, ziehen sie

einem doch förmlich das Wasser unterm
Kanu weg, so dass man, wenn man sich
zu nahe am Ufer befindet, auf dem Trockenen sitzt. Daher „flüchte" ich mich
bei ihrem Auftauchen vorsichtshalber in
den Schutz der Buhnen, deren Steinschüt-
tungen oft weit in den Fluss reichen und
damit gut als „Wellenbrecher" dienen.

Ein Stück weiter hebt sich hoch oben
auf dem Berg das weiße Renaissance-
Schloss Fürstenberg gegen den tiefblau-
en Himmel ab. Unterhalb des Schlosses
kann man anlanden, um zu ihm hinauf
zu wandern. Der Oberjägermeister des
Herzog Carl I. von Braunschweig hatte
1747 die glorreiche Idee, im Jagdschloss
Fürstenberg eine Porzellanmanufaktur
einzurichten. Inspiriert wurde er durch
den holzreichen Solling, der damals ausreichend Brennholz für die nahen Glas-
hütten und Schmieden lieferte. Heute
kann in dem Museum Porzellan aus zwei

Die Weser unter dem Schloss Fürstenberg

132

Jahrhunderten bewundert werden. Überdies bietet das hochinteressante Schloss den wohl grandiosesten Ausblick ins Weserbergland.

Etwas Zeit verloren habe ich bei meinem Besuch der Porzellanmanufaktur, daher beeile ich mich nun, vor Einbruch der Dämmerung die mittelalterliche Hansestadt Höxter zu erreichen. Hinter der Einmündung der Nethe in die Weser blicke ich aber nochmal über das linke Ufer, wo eine Ansammlung von Baggerseen zum Baden einlädt. Wenig später taucht auf der rechten Flussseite das toll gelegene Gelände des Wassersportvereins Höxter auf. Ich verspüre nur wenig Lust, noch am Abend die malerische Fachwerkstadt zu besichtigen – das Gartengelände mit der kleinen Grillhütte ist so gemütlich, dass ich am Abend lieber mit den anderen Paddlern im Feuer schürfe und den Blick zum

Die Türme der Kilianskirche in Höxter

unter uns liegenden Fluss genieße. Wer keine Lust hat, sein Zelt aufzubauen, kann eines der günstigen Betten im Bootshaus beziehen. Auf der ganzen Strecke bin ich immer wieder begeistert, dass fast jeder Übernachtungsplatz, wie auch hier in Höxter, neben einem Schwimmbad liegt.

Wieder verspricht der klare Morgenhimmel einen warmen Sommertag. Unter der Straßenbrücke hindurch geht es an Höxter vorbei, auf das kurz hinter der Stadt liegende Kloster Corvey zu, das ich mir unbedingt anschauen möchte. Gut anlegen kann ich hinter der Eisenbahnbrücke an einem Steg, um dann links

um die Klostermauern herum zum Haupteingang zu gelangen. Es ist noch früh am Morgen, so dass ich das Kloster fast für mich allein habe. Wegen des starken Besucherandrangs sollte man eine Besichtigung sowieso für den frühen Morgen einplanen, bevor die zahlreichen Reisebusse aufkreuzen. Lange muss man in der Geschichte zurückblättern, genau gesagt bis ins Jahr 822, als Mönche das Kloster gründeten, das bald zu einem der bedeutendsten Klöster in Deutschland wurde. Ältester erhaltener Teil der Anlage und damit das älteste Gebäude im Weserraum ist das Westwerk, das zwischen 873 und 885 errichtet wurde.

Das 1. Obergeschoss diente dem Kaiser, der hier seine Hoftage abhielt, als Thronsaal. An den Wänden entdeckte man Malereien aus der Erbauungszeit, die teils Motive aus der griechischen Mythologie zeigen. Nach schweren Zerstörungen während des Dreißigjährigen Krieges wurde das Kloster, das heute schlossähnlichen Charkter hat, 1667 im barocken Stil wieder aufgebaut. Im Jahre 1860 wurde Hoffmann von Fallersleben, der Dichter des Deutschlandliedes, als Bibliothekar nach Corvey berufen. Er bereicherte die 74 000 Bände umfassende Bibliothek, die bis dato nur Unterhaltungsliteratur enthielt, durch zahlreiche

Kloster Corvey

Prachtbände. Auf dem Friedhof hinter der Kirche liegt er nun begraben. Im Museum erfährt man viel über Höxter, die Klostergeschichte und das Wirken von Hoffmann von Fallersleben.

Hinter Höxter verbreitert sich das Tal merklich. In der engen Weserschleife unterhalb der Thonenburg muss man zwischen Kilometer 74 und 75 auf die entgegen kommende Berufsschifffahrt achten. Der gewaltige Speicher und der grüne spitze Turm der Evangelischen Kirche kündigen Holzminden an. Vor der Straßenbrücke liegt das Museumsschiff „Stör"; am gegenüber liegenden Ufer führt ein Stichkanal zur direkt am Wasser liegenden Jugendherberge, die zum Teil in einem alten Turm untergebracht ist. Hinter der Brücke links am Ufer mache ich am Anleger des Kanuclubs Holzminden fest und gehe in die beschauliche Stadt hinein. Große Bedeutung erlangte sie als Holzumschlagplatz für die Hölzer des Solling. Bis nach dem Zweiten Weltkrieg wurden auf dem Umschlagplatz jährlich bis zu 300 Flöße für ihren achttägigen Weg nach Bremen zusammengebunden. Besonders schön ist die Grabenstraße mit ihren unverfälschten Fachwerkbauten und dem leuchtend roten Haus, in dem angeblich der kaiserliche Feldherr Tilly gewohnt haben soll. Auf dem Markt decke ich mich noch mit frischem Obst ein, das ich zum Schutz vor der stechenden Sonne ganz tief unten im Kanadier verstaue.

Die Weser bei Heinsen auf dem Weg nach Polle

Links steigt das Land zum Köterberg, dem zweithöchsten Berg des Weserberglandes, an; gleich darauf begleitet der Höhenzug des bis zu 300 m hohen Kandel meinen Weg. Bis Hameln paddle ich nun auf dem am wenigsten besiedelten und industrialisierten Abschnitt des Oberwesertals. Unterhalb des Eversteiner Burgbergs böte das Dörfchen Forst Gelegenheit, ins drei Kilometer entfernte Bevern hineinzulaufen, um einen der bedeutendsten und schönsten Schlossbauten der Weserrenaissance anzuschauen. Das ganze Jahr hindurch finden dort Ausstellungen, Konzerte und Theatergastspiele und im Sommer spektakuläre Open-Air-Veranstaltungen statt.

Der Wind bläst nun beständig von vorne, so dass ich den Eindruck gewinne, es würde stromauf leichter voran gehen als stromab. Am Ende des Kandel schwingt die Weser nach links, die steilen Buntsandsteinabbrüche des Kapenberg reichen bis dicht ans Ufer heran. In der Ferne ist schon der klobige Turm der Festung Polle auszumachen. Auf einem talbeherrschenden Kegel ließen die Grafen von

Eberstein im 13. Jahrhundert die Burg errichten, nachdem sie ihre Stammburgen auf dem Eversteiner Burgberg an die Welfen verloren hatten. Zuerst wurde die Burg 1623 vom Feldherrn Tilly, achtzehn Jahre später von den Schweden attackiert, zuletzt 1945 von den Resten der Deutschen Wehrmacht gegen die Amerikaner „verteidigt", so dass eine gründliche Restaurierung unumgänglich war. Vom Burgberg habe ich einen herrlichen Panoramablick ins Wesertal; auf der Terrasse des Restaurants neben dem Campingplatz genieße ich beim Bier das geschäftige Treiben vor der hier verkehrenden Fähre über die Weser.

Der kurze Wechsel zwischen Gleit- und Prallhängen hat verhindert, dass auf der folgenden Strecke eine Stadt gegründet wurde. Die Muschelkalkfelsen stehen zwischen Polle und Breförde, bei der Steinmühle oder bei Rühle so dicht am Wasser, dass die Straßen teilweise in ihr Gestein gesprengt werden mussten. An den Gleithängen zwischen Breförde und Grave fließt der Fluss in einer langgezogenen S-Kurve dann wieder durch

Die Ruine Polle thront über der idyllischen Weser

eine liebliche Wiesenlandschaft. Absolute Stille; nur das Zwitschern der Vögel und das Springen der Fische ist zu vernehmen. Die sanft geschwungene Landschaft mit ihren bewaldeten Hügeln wird immer wieder unterbrochen von Knicks, Wiesen und Feldern. Zwischen Grave und Pegestorf treten mit dem unerwarteten Auftauchen der eindrucksvollen Felsen von Dölme die Berge wieder näher ans Ufer. Das hübsche und ruhige Örtchen Rühle besticht schon vom Wasser aus mit seinem netten „Strandcafé" mit Biergarten, wo man auch eine Ferienwohnung mieten kann. Von hier, wie auch von den Campingplätzen Rühle und Grave, bieten sich herrliche Wanderungen in die „Rühler Schweiz" und den Vogler an.

Nicht mehr weit hab' ich's nun in der untergehenden Sonne auf Bodenwerder

zu. Der wenig attraktiv gelegene Campingplatz, der durch den dicht ans Ufer tretenden Hopfenberg schon früh im Schatten liegt, ist mein Etappenziel. Überdies führt der 20-minütige Fußweg in die Stadt durch das Gelände einer Rigipsfabrik. Dafür ist die „Münchhausenstadt" um so attraktiver. Alles dreht sich um den Lügenbaron Carl Friedrich Hieronymus von Münchhausen, der hier 1720 geboren wurde und 1797 im damaligen Herrenhaus, dem heutigen Rathaus, starb. Sein Leichnam wurde in der Klosterkirche des Benediktinerkloters (11. Jh.) im Ortsteil Kemnade beigesetzt. Selbst im Tode vermochte er 100 Jahre später noch einmal mit einer echten Spukgeschichte aufzuwarten: Beim Sanieren der Grabkammern, öffnete ein Arbeiter auch Münchhausens Grab. Er fand den Baron unversehrt, scheinbar schlafend, mit Haut und Haaren vor. Als ein Luftstoß in die Grabkammer fuhr, verfiel er unmittelbar zu Staub. Nicht glücklich war er über den Ruhm, den er zeitlebens erlangte. Er schmückte die Geschichten aus seiner Offizierszeit in russischen Diensten, übernommen von einem Vorfahren, doch nur ein wenig aus und erzählte sie im kleinsten Freundeskreis. Zu seinem Ärger wurden sie später von einem Journalisten in England veröffentlicht. Der Lyriker Gottfried Bürger gab sie auf Deutsch heraus und fügte dabei einen Großteil der Geschichten aus eigener Phantasie hinzu. Nach soviel Lügengeschichten ein echter Tipp: Im Gasthaus „Mama's Gute Stube" kann man im kleinen sonnigen Innenhof oder im gemütlichen Schankraum beeindruckende Schnitzel mit leckeren Röstkartoffeln genießen.

Am nächsten Morgen geht es an Bodenwerder vorbei auf die den Fluss überspannende Brücke der B 240 zu. Unter ihr kann man links anlanden, um der Grabstätte des Barons Münchhausen einen Besuch abzustatten. Leider ist die 200 Meter entfernt liegende Klosterkirche mit ihrer schönen Strahlenmadonna meist verschlossen (Infos vorab in der Touristen-Information).

Im fünf Kilometer entfernt liegenden Ort Hehlen, an dessen flachem Ufer man gut anlanden kann, künden zwiebelförmige Türmchen von einer weiteren Sehenswürdigkeit, dem trutzigen Wasserschloss der Schulenburgs von 1579. Umgeben wird es von einem mit barocken Gartenfiguren ausgestatteten Park. Die Landschaft wird nun immer offener, die Berghänge treten zurück,

und ich nähere mich Hameln, der in einem breiten Talkessel gelegenen größten Stadt der Oberweser. Zuvor genieße ich den Blick auf die Höhen des schönen Ruhbergs und mache in Grohnde noch einmal Rast im Gasthof „Grohnder Fährhaus". Direkt neben dem Campingplatz gelegen, ist man hier voll auf Paddler eingestellt. Auch wer nur eines der typischen Aalgerichte unter den schattenspenden Bäumen des Biergartens genießen möchte, ist willkommen. Die Idylle wäre perfekt, würden nicht die gewaltigen Kühltürme des Kernkraftwerks Grohnde aus der Ferne grüßen. Hinter dem Kraftwerk wird die Strömung allmählich schwächer – der Rückstau des Hamelner Wehrs macht sich bemerkbar. Die Schifffahrt nimmt zu. Von links mündet die Emmer in die

Münchhausen in Bodenwerder

Auch das gehört zur „Weserromantik" – das Kernkraftwerk Grohnde

Weser; sechs Kilometer weiter ist das Gelände des Kanuclub Hameln erreicht. Der einfache Platz bietet sich toll zur Erkundung der unbedingt sehenswerten Altstadt an. In 10 Minuten erreiche ich sie über eine kleine Fußgängerbrücke (Stadtrundgang Seite 140/141).

Schon um 7.30 Uhr bin ich auf dem Wasser; war es doch die vergangenen Tage so heiß, dass ich heute unbedingt die Kühle der Morgenstunden nutzen möchte. Mit zwei Kajakfahrern fahre ich auf die Bootsgasse des Hamelner Wehrs zu. Wer die spaßige Durchfahrung scheut, kann auch mit einem vorhanden Bootswagen sein kostbares Stück umtragen. Nach Betätigen des grünen Knopfes öffnet

Das Leisthaus in Hameln

sich die Bootsgasse und gleich, nachdem die Ampel grün aufleuchtet, muss man zügig (immer nur 1 Kanu) in die Gasse einfahren, das Paddel hochnehmen und sich einfach hindurch treiben lassen. Bald ziehe ich gemeinsam mit den Kajakfahrern gemächlich durch eine ruhige Wiesen- und Auenlandschaft. Ein Fischreiher stolziert zwischen den Buhnen am sandigen Ufer entlang. Die laute Bundesstraße tritt weit vom Ufer zurück; nur kleine Dorfstraßen und Radwege begleiten noch den Fluss. Leider ein Stück vom Ufer entfernt, aber abgestimmt auf die angebotenen Führungen (Di–So 14-16, Di und Fr. 9.30-11 Uhr), ist das Stift Fischbeck sehr besuchenswert. Bei Kilometer 142 legt

Bootsgasse in Hameln

Kapitularinnen zurück. Heute erklären die Damen, die den Stift bewohnen, Besuchern die Anlage. Mit ihrer dreischiffigen Basilika ist sie eine der bedeutendsten romanischen Kirchen im Weserbergland. Der schöne Bildteppich von 1583 erzählt die Gründungslegende des Stifts: Die zu Unrecht des Mordversuchs bezichtigte Stiftsgründerin wurde, an den Händen gebunden, auf einen Wagen mit galoppierenden Pferden gesetzt. Da sie dies jedoch unbeschadet überstand, gründete die Edelfrau Helmburg aus Dankbarkeit das Kloster.

Bei Hessisch Oldendorf überspannt eine Brücke den Fluss. Der Ort ist, wenn auch etwas weit vom Fluss entfernt, Ausgangspunkt zahlreicher schöner Touren in den Naturpark Weserbergland. Zur Übernachtung würde sich das direkt

man am rechten Ufer an, geht über einen landwirtschaftlichen Weg zwischen Feldern hindurch auf eine Brücke zu, die, Straße und Schiene überquerend, auf einen Friedhof zuführt. Noch wenige Meter die Straße hinauf, findet man auf der rechten Seite das Damenstift. Die Zeit scheint an diesem friedlichen Ort mit seinem wunderschönen Garten, stehengeblieben zu sein. In seiner über 1 000-jährigen Geschichte mussten die Frauen immer wieder für den Bestand ihres Stiftes kämpfen. Mehrfach versuchten der Bischof von Minden und Mönche des Klosters Corvey, Einfluss auf das Stift zu nehmen und sich dieses einzuverleiben. Die Frauen baten den Papst um Hilfe, der das Stift unter seinen Schutz nahm; Fischbeck wurde Reichsstift. Im 30-jährigen Krieg wurde es verwüstet, doch kehrten einige der

Kloster Fischbeck

Der Rattenfänger und die Stadt Hameln

Nach einer handschriftlichen Überlieferung litt Hameln im Jahre 1284 an einer großen Rattenplage. Ein in der Stadt weilender wunderlicher Mann versprach, gegen Entlohnung sie von dieser zu befreien. Mit Hilfe seines Pfeifchens lockte er die Ratten in die Weser; als ihm jedoch die Bürger den versprochenen Lohn verweigerten, verließ er verbittert die Stadt. Aber er kehrte zurück und diesmal nennt die Sage das genaue Datum: „Anno 1284 am Dage Johanni et Pauli, war der 26. Junii". Die Bürger der Stadt befanden sich großenteils im Gottesdienst, da erschien der „Piper" abermals, zog sein Pfeifchen heraus und pfiff. Diesmal folgten ihm „Knaben und Mägdlein vom vierten Jahre an in großer Zahl. Er zog mit ihnen zum Ostentore hinaus in einen Berg, wo er mit ihnen verschwand". Und weiter hieß es: „.....die Kinder seien in Siebenbürgen wieder herausgekommen. Es waren ganze 130 Kinder verloren."

Forscher glauben, dass sich die Sage von den Flötenmelodien und Reden eines Werbers abgeleitet hat. Einem Mann mit sonderlichen Kräften, dem es gelang, viele Menschen in die Fremde zu locken. Tatsächlich könnte es so gewesen sein, dass im Zuge der Ostland-Besiedlung eine Anwerbung von Hamelner Bürger durch Adlige, wie zum Beispiel des Grafen von Schaumburg, stattgefunden hat. Später könnte es zu einer Verknüpfung der Rattenplage und deren Beseitigung und des Fortzugs der als „Kinder der Stadt" bezeichneten Bürger gekommen sein.

*Sei es wie es will, in der Stadt dreht sich auf jeden Fall, wie ich auf meinem Rundgang feststellen kann, vieles um den Rattenfänger von Hameln. Startpunkt ist der **Rattenfängerbrunnen (1)** am Rathaus. Durch die Unterführung des stark befahrenen Kastanienwalls geht es über die Baustraße zur **Garnisonskirche (2)**, die 1712 im norddeutschen Barock errichtet wurde und den Mitgliedern der Garnison als Versammlungsort für besondere Anlässe diente. Gleich vis-à-vis in der Osterstraße befindet sich das **Rattenfängerhaus (3)**, das heute ein Restaurant beherbergt. Erbaut 1602 im Stil der Weserrenaissance, trägt es in seiner geschmückten Fassade die Inschrift des Kinderauszugs. Durch die Fußgängerzone mit ihren vielen Geschäften geht es zum **Leisthaus (4)**, in dem das Museum untergebracht ist, und dem im Mai 2001 neu eingeweihten Rattenfängerbrunnen. Das 1585 für den Kaufmann Gerd Leist erbaute prächtige Haus hat eine zweigeschossige Ausflucht, geschmückt mit einer Hängemuschel unter der eine vollplastische Lucretia steht. Das Speichergeschoss krönt ein aufgezackter Volutengiebel. Neben dem Museum bewundere ich das historische Museumscafé. Hinter dem Stiftsherrenhaus von 1556 mit seinen schönen Schnitzereien, biege ich vor dem **Hochzeitshaus (5)** rechts in die Emmernstraße ab. Unter den reichverzierten Giebeln des 1610 -1617 errichteten Renaissancebaus befanden sich die Pforten zu einer Weinschenke und einer Apotheke, in der auch der Morphium-Entdecker Friedrich-Wilhelm Sertürner wirkte. Die dahinter liegende Marktkirche lasse ich links liegen, gehe über den Pferdemarkt und kreuze die Baustraße, bis ich wieder am Kastanienwall angekommen bin, wo sich auf der Ecke der **Haspelmathturm (6)** befindet. Napoleon hatte 1806 die Schleifung Hamelns befohlen, nach der nur drei Stadttürme stehen bleiben durften, von denen bis heute nur noch dieser erhalten blieb. Hinter dem Pulverturm, in dem sich heute die Glashütte (Glasbläserei, Glasschleiferei und Verkauf) befindet, biege ich links in die Neuetorstraße ein und komme abermals zur Marktkirche. Ihr gegenüber steht das wunderschöne*

Dempterhaus (7). Es wurde 1607/08 für den Bürgermeister Tobias von Deventer errichtet, ist von reich geschnitztem Fachwerk geziert und hat mit seiner zweistöckigen, bekrönten Ausflucht und der Sandsteinfassade vielleicht sein Vorbild im Schloss Bevern. Daneben ist das Rattenfänger-Figurenkunstlauf- und Glockenspiel auf der Stirnseite des Hochzeitshauses zu bewundern. Ein Stück weiter geht es rechts in die Fischpfortenstraße mit wunderschönen alten Bürgerhäusern. Im Haus Fischpfortenstraße 11 weilte manchmal Wilhelm Busch, er besuchte hier seine Verwandten. An ihrem Ende biege ich links in die Kupferschmiedestraße ein. Ecke Wendenstraße befindet sich auf der linken Seite ein besonders schönes Fachwerkhaus von 1560 mit reichen Variationen des Rosettenmotives, einer typischen Ausschmückung der Füllhölzer zwischen den Balkenköpfen. Hier biege ich links ab in die Wendenstraße, ebenfalls eine Straße mit wunderschönen Fachwerkhäusern. Gleich rechts das *Lückingsches Haus (8).* Erbaut während des 30-jährigen Krieges, ist das Fachwerk mit seinen Inschriften, seinem reichen ornamentalen Schmuck und dem hohen Portal ein besonders charakteristisches Baudenkmal des 17. Jahrhundert in Hameln. Am Ende geht es rechts in die Bäckerstraße. Gegenüber liegt die *Löwenapotheke (9),* eines der mittelalterlichen Steinhäuser der Stadt. Der im Giebel zu erkennende Judenstern mag ein Hinweis darauf sein, dass das Haus seit dem 14. Jahrhundert Domizil der Hamelner Schutzjuden war. Durch die quirlige Fußgängerzone gelange ich zur *Ratsschänke „Rattenkrug" (10).* Schon 1250 aus Wesersandstein errichtet, der aus den Steinbrüchen bei Obernkirchen kommt, wurde es 1568 mit einer Renaissancefassade versehen. Nur wenig weiter geht es an einem schönen alten Haus mit rotem Fachwerk („Stadtcafé") links ab in die Alte Marktstraße. An der Ecke zur Straße Kopmanshof befindet sich die *Kurie Jerusalem (11),* ein Speichergebäude (um 1500) einer ehemaligen Stiftskurie, das heute Kinderspielhaus und Jugendmusikschule beherbergt. Weit vor mir am Ende der Alten Marktstraße sehe ich

den schlichten Bau des 1568 errichteten *Redenhofs (12).* Besonders schön auf der rechten Seite sind die letzten beiden Fachwerkhäuser aus den 50 er Jahren des 16. Jh. mit schönen Hausinschriften. Rechts führt die mit holprigem Kopfsteinpflaster ausgestattete Großehofstraße an der alten Stadtmauer entlang. Über die Bäckerstraße geht es links in den Münsterkirchhof geradewegs auf das *Münster St. Bonifazius (13)* zu. Mitte des 9. Jahrhunderts von Fulda aus gegründet, wurde es im 13. Jh. mehrfach umgebaut, erhielt allmählich die Gestalt einer Hallenkirche und ist heute evangelische Pfarrkirche.

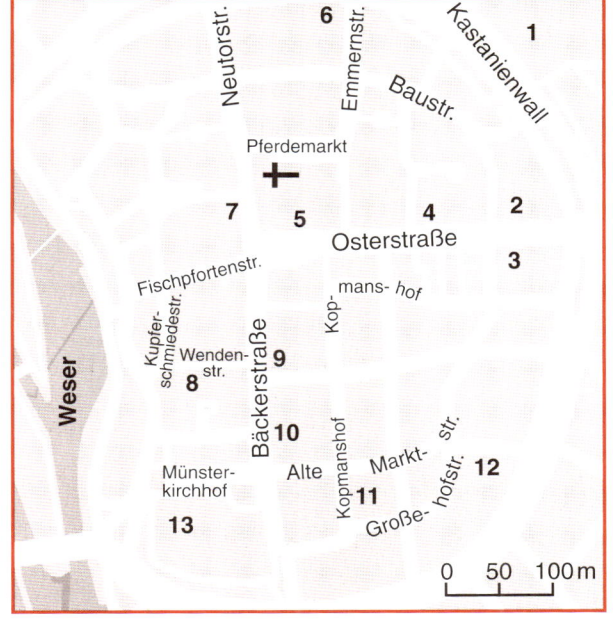

hinter der Brücke liegende Hotel „Weserterrasse" oder der fünf Kilometer weiter entfernte Fähranleger von Großenwieden eignen. Nach Rücksprache mit dem netten Fährmann kann man neben der Grillhütte auf der Wiese sein Zelt aufstellen oder bei ihm sein Kanu unterstellen und sich im Ort ein Zimmer mieten. Nur sieben Kilometer entfernt liegen hoch oben zwischen Möncheberg und Oberberg die Paschenburg und die Schaumburg. Ab 2003 ist die wohl schönste Tropfsteinhöhle Niedersachsens, oberhalb von Segelhorst, zur Besichtigung freigegeben. Von dort ist es nicht mehr weit zu den weithin leuchtenden Klippen des Hohensteins. Diese Felsengruppe war Opferstätte der Germanen. Von dort oben genießt der Wanderer eine großartige Aussicht über das Wesertal.

Kurz vor Rinteln verursachen gegen den Strom fahrende Kiesschlepper, die hier am Kieswerk ihre Ladung aufnehmen, gehörigen Wellengang. Kurz darauf lege ich gegenüber der Jugendherberge am schönen Gelände des Rintelner Kanuclubs an. Vor der Hitze flüchte ich mich in den Schankraum des Vereinsgebäudes und lasse mich von dem freundlichen Pächterehepaar bewirten. Unmittelbar daneben liegt das Rintelner Freibad, das jetzt bei dieser Hitze eine gute Wahl wäre. Über die Brücke, die gewissermaßen Gründungspunkt Rintelns ist, gehe ich in die 750 Jahre alte ehemalige Universitäts- und Festungsstadt mit ihrem wahrhaft schönen Marktplatz und den ihn umgebenden Fachwerkhäusern. Sicherlich das hübscheste Gebäude Rintelns ist der Ratskeller, das frühere Rathaus,

Marktplatz von ...

dessen Anfänge in das 13. Jahrhundert zurückreichen. Aber auch das wenige Schritte entfernt liegende Wahrzeichen der Stadt, die dreischiffige Hallenkirche St. Nikolai mit ihrem markanten Turm ist sehenswert. In den Wirren des 30-jährigen Krieges kam die Universität von Stadthagen nach Rinteln. Ihr Name ist mit grausamen Hexenprozessen verbunden, die noch zu Beginn des 17. Jahrhunderts zahlreiche Opfer unter der Bevölkerung forderten. Ein Rintelner Jurist gab ein Standardwerk zu den Hexenprozessen heraus, das durch eine anonyme kritische Gegenschrift beantwortet wurde. Der Verfasser, ein Jesuit aus Würzburg, musste viele Jahre Männer, Frauen, ja gar Kinder von nicht einmal neun Jahren, zum Scheiterhaufen begleiten. Sein Werk läutete das Ende der Rintelner Hexen-prozesse ein.

Abermals öffnet sich das Wesertal weit, die Berge treten zurück und die Landschaft wirkt etwas abgeschieden und verträumt. Es ist immer noch sehr heiß und die Luft wird zunehmend schwüler. Um so erfreuter bin ich über die Zufahrt von der Weser in den unmittelbar daneben liegenden Doktorsee, entstanden durch Kiesablagerungen aus dem früheren Flussbett. Heute gibt es hier auf über einem Quadratkilometer Fläche eine riesige Freizeitanlage mit Bade-strand, Campingplatz und Bootshafen. Nach wenigen Metern, als nach einem Blick ins Wasser mein Vertrauen in dessen Qualität hergestellt ist, nehme ich ein erfrischendes Bad. Eine Stunde später blicke ich besorgt zum Himmel. Fernes Donnergrollen lässt mich nach einer Zeltmöglichkeit Ausschau halten, und als ich merke, dass jetzt höchste Eile geboten ist, erreiche ich den Campingplatz der Freizeitanlage Borlefzen. Gerade als mein Zelt steht, geht ein Gewitter über mir nieder, wie ich es kaum zuvor erlebt habe. Aufatmend strecke ich mich aus und warte, bis alles vorüber ist. Beim abendlichen Gang über den riesigen Camping-platz bereue ich, den Paddeltag nicht im schönen Rinteln beendet zu haben.

Die Fahrt am nächsten Morgen bietet dann wieder neue Höhepunkte auf der Weser. Etwas zu groß geraten wirkt die den Fluss überspannende Straßenbrücke bei Vlotho. Vor ihr, am ehemaligen Weserhafen, kann man an einem Anleger für Kanuten und Ruderer festmachen, um unter einer Unterführung hindurch in das kleine Städtchen zu gehen. Kaum zu glauben, dass vor dem sich den Hang des Forellenbachtals hinaufziehenden Städtchen einmal ein bedeutender Weserhafen war. Im Jahre 1665 sind 48 Schiffer registriert, die weserauf ihre Schiffe von 50 bis 150 Männern oder 15 Pferden treideln ließen. Für die Strecke von Bremen nach Hannoversch Münden benötigte man damals rund 30 Tage. Durch den kleinen Altstadtkern geht es in wenigen Minuten hinauf zur Burgruine auf dem Vlothoer Amtsberg. Zur Kontrolle des Wesertals sowie der in Vlotho zusammenlaufenden Handelswege wurde sie von Heinrich von Oldenburg 1250 erbaut. Von dort oben hat man einen schönen Blick hinunter ins Wesertal.

Der Weserdurchbruch bei Porta Westfalica

Die Brücke der Autobahn bei Bad Oeynhausen führt dicht an einem Campingplatz für Dauercamper vorbei. Schwer vorstellbar, seinen Urlaub in so einer Geräuschkulisse zu verbringen. Zwischendurch verliert die Weser immer mal wieder an Strömung, um dann aber bald wieder an Fahrt zuzulegen. Am „Weserbogen Südlicher See" bei Kilometer 190 befindet sich eine Anlegestelle. Hinter der rechten Uferböschung verbirgt sich die Freizeitanlage „Grosser Weserbogen" mit Natursseen, großem Sandstrand und Campingplatz. Nach telefonischer Anmeldung (Tel. (05731) 61 88/89) könnte man sein Kanu überheben, um hier Station zu machen. Im Morgendunst sind in der Ferne die Höhenzüge des Weser- und Wiehengebirges auszumachen. An der Westfälischen Pforte, bei Porta Westfalica, schneidet sich die Weser ihr schmales Tal zwischen

beide Gebirgszüge um dahinter, an Minden vorbei, in die Norddeutsche Tiefebene zu fließen. Linker Hand, zu Füßen des Wiehengebirges, erstreckt sich bis zum Teutoburger Wald das Wittekindsland. Auf dem Kamm des Wiehengebirges verläuft, vom 88 Meter hohen Kaiser-Wilhelm-Denkmal bis nach Osnabrück, der 90 Kilometer lange „Wittekindsweg". Auf den ersten Blick wirkt das Gebirge wie ein langgestreckter Höhenzug, löst sich aber bei genauerem Hinsehen in unterschiedlich gestaltete Berge und Kuppen auf. Namenspatron ist der Sachsenherzog Wittekind, einst größter Widersacher Karls des Großen. Von den einst kriegerischen Auseinandersetzungen im 8. Jahrhundert zeugen heute noch an 16 Orten des Gebirgszuges Reste der Befestigungsanlagen, die sog. Wittekindsburgen. Nach meiner Ankunft im nicht mehr fernen Minden,

Blick vom Wiehengebirge ins Wittekindsland

Porta, am sandigen Ufer an. Hier, wo sich ehemals der städtische Campingplatz befand, kann man gut rasten und zum nahen Kaiser-Wilhelm-Denkmal hinauflaufen. Dort bietet sich, ebenso wie von der gegenüberliegenden Portakanzel auf dem Jacobsberg, ein imposanter Rundblick über das Weserbergland und die Norddeutsche Tiefebene.

möchte ich dort gerne eine kleine Wanderung unternehmen. Dabei ist der zwei Kilometer vom Kaiser-Wilhelm-Denkmal gelegene idyllische Gasthof „Wittekindsburg" (Tel. (0571) 716 67) mit seinen spitzen Türmen und der sonnigen Aussichtsterrasse ein guter Standort auf diesem schönen Höhenzug. Im näheren Umkreis stößt man auf die Grundmauern einer erst kürzlich entdeckten Kreuzkirche, auf die einstige Wittekindsquelle mit der danebenliegenden romanischen Kirche Margarethenklus und den Moltke-Aussichtsturm. Auf der sonnigen Aussichtsterrasse des Gasthofs sitzend, kann man den Drachenfliegern beim Sprung von der Startrampe zuschauen.

Fünfhundert Meter hinter der zweiten Straßenbrücke lege ich neben dem Schiffsanleger, vis-à-vis des Wassersportvereins

Nur noch etwa vier Kilometer sind es bis zum Endpunkt dieser spannenden Kanuwanderung. Am Gelände des Faltboot- und Skiclubs Minden lege ich am linken Ufer an und baue mein Zelt auf. Hinter dem Vereinsgelände verläuft der Weserradweg und so ist es naheliegend, von hier aus zu Radtouren ins Weser- und Wiehengebirge oder entlang der „Mühlenroute" zu starten. Die Deutsche Mühlenstraße mit ihrer außerordentlichen Vielfalt der Mühlentypen verläuft weitgehend parallel zur Weser.

Schiffmühle in Minden

Das Mindener Wasserstraßenkreuz ist das größte der Welt

An der am Weserufer vertäuten Schiffmühle vorbei geht es rechts über die den Fluss in weitem Bogen überspannende Fußgängerbrücke zum riesigen gebührenfreien Parkplatz „Kanzlers Weide" und zum Hauptbahnhof. Links sind es nur wenige Minuten in die sehr sehenswerte Altstadt. Obligatorisch sind der Dom mit seinem schweren romanischen Westwerk, der 799 von Karl dem Großen gegründet und im 13. Jahrhundert weitgehend neu errichtet wurde und einer der schönsten Deutschlands sein soll. Nur wenige Meter weiter reihen sich neben dem ältesten Rathaus Westfalens mit seiner gotischen Laube einige repräsentative Bürgerhäuser um den Markt. Später bummle ich durch die Gassen der oberen Altstadt, vorbei an der St. Martinikirche (1029) und dem Mindener Museum, zurück ans Weserufer. Bevor ich am nächsten Tag mit der Bahn das Auto aus Hann. Münden zurückhole, stehen natürlich noch zwei Besonderheiten auf meinem Besichtigungsprogramm: das historische Viertel der Fischereistadt und das Mindener Wasserstraßenkreuz von Weser und Mittellandkanal. Wie bei einer zweistöckigen Autobahn fließen hier die „Verkehrsströme" in 13 Metern Höhe auf übereinander liegenden Wasserstraßen.

146

Toskanischer Charme

Die Diemel

Informationen Diemel

Aktivitäten   Natur   Kultur   Baden   Hindernisse

Charakter der Tour: Eine Tour auf dem „Kleinod der Wanderflüsse" ist ein ganz besonderes Vergnügen, erfordert aber etwas Bootsbeherrschung. Unsere Tour startet im malerischen Warburg mit seinem mittelalterlichen Stadtbild. Über viele kleine spritzige Schnellen geht es vorbei an im Fluss liegenden Baumresten und tief über dem Wasser hängenden Zweigen durch eine Landschaft, die mit ihrem mediterranem Flair eher an den Mittelmeerraum als an das hessisch-westfälische Grenzland erinnert. Das hübsche Fachwerkstädtchen Trendelburg bietet sich an als Ausgangspunkt zu ausgedehnten Wanderungen in eine waldreiche Umgebung. Der Reiz der Diemel-Landschaft liegt im Wechsel zwischen Wald und Feld, hoch aufsteigenden Bergen und tief eingeschnittenen Tälern.

Aber die Diemel ist ein ökologisch sensibles Gewässer und aufgrund ihrer Beliebtheit ein stark frequentiertes obendrein. Laut Erlass der Hessischen Landesregierung ist es in die „Natur-Vorrang-Zone" eingestuft. Daher darf das Flüsschen nur vom 16.6. bis 15.10. zwischen 9 und 18 Uhr, nur mit Einzelbooten und nicht in Gruppen befahren werden!

Anreise: A 44 Kassel – Dortmund, Abfahrt 65 Warburg. Auf der B 252/7 nach Warburg.

Einsetzstelle: Steg des Kanuclubs Warburg.

Aussetzstelle: Campingplatz Bad Karlshafen.

„Zurück zum Pkw": Mit Bahn und Bus stündlich in ca. eineinhalb Stunden von Bad Karlshafen nach Warburg.

Länge der Tour: Ca. 47 km.

Etappenvorschlag: 1. Tag: *Warburg – Trendelburg;* 2. Tag: *Trendelburg – Bad Karlshafen.*

Umtragestellen: Kuhlenmühle 50 m; Diemelmühle 20 m; Diemel-Haueda 300 m; Diemel-Liebenau 50 m; Eberschütz 20 m; Sielen 400 m; Trendelburg; Kraftwerk Wülmersen 50 m; Helmarshausen 10 m; Bad Karlshafen 10/100 m. Bootswagen erforderlich.

Sehenswürdigkeiten:
Warburg: Mittelalterliches Stadtbild, Neustadtkirche (13./14. Jh.), Ev. Kirche (12. Jh.), Altstadtkirche (1290), Altstädter Rathaus (14. Jh.), Rathaus der vereinigten Alt- und Neustadt (1568), ehem. Dominikanerkloster (1281), Museum „Im Stern", „Eisenhoithaus", Stadtmauer mit Wehrtürmen, Burgkapelle (11. Jh.), Judenfriedhof mit Grabsteinen aus dem 18./19. Jh., „Kälkenfest" im August (historische Bürgerspiele), Burgruine Desenberg.

Haueda: Alte Wehrkirche.

Liebenau: Fachwerkhäuser aus dem 17.-19. Jh., Kirche mit Wandmalereien (15. Jh.).

Trendelburg: Burg (13. Jh.) mit Rapunzelturm, Rathaus (1582), Kirche (15. Jh.) mit mittelalterlichen Fresken, Künstlercafé „Diemelblick" im Ortsteil Sielen.

Wülmersen: Wasserschloss (1108), Agrarhistorisches Museum, Wasserkraftwerk.

Helmarshausen: Burgruine Krukenburg (12./13. Jh.), Reste der Benediktinerabtei, Bergzoo.

Bad Karlshafen: barockes Stadtensemble, Deutsches Hugenotten-Museum.

Sonstige Aktivitäten:

Paddeln: Auf der Weser von Bad Karlshafen nach Minden.

Wandern: Im Naturschutzgebiet „Warmberg-Osterberg" bei Liebenau; zur Sababurg mit Tierpark (von Trendelburg): auf dem „Eco Pfad Diemel" (25 km von Sielen bis Bad Karlshafen mit 12 Informationstafeln); im Reinhardswald; im Solling.

Radfahren: Auf dem Diemel Radweg (110 km); dem Weser-Radweg (450 km); rund um Warburg (R 4 zum nahen Desenberg, R 2 zum Twistesee 38 km), Trendelburg und Bad Karlshafen.

Baden: Freibad in Warburg, Trendelburg; Solefreibad Bad Karlshafen,

Sonstiges: Angeln; Wanderreiten; Fischlehrpfad Trendelburg, Besuch des *Diemelsees.*

Kartenmaterial: Wassersport-Wanderkarte WW 2, 1:100 000, Jübermann Verlag; Radwanderkarte „Diemelradweg", ISBN: 3-87073-215-6

Literaturhinweise: Deutsches Flusswanderbuch, DKV-Verlag; „Wandern und Radtouren im Märchenland der Brüder Grimm", Kartogr. Komunale Verlagsges.; Radwandern „Weserbergland", Stöppel Verlag; „Hannover und Südniedersachsen", DuMont Verlag; „Die Weser, begleitet von Sagen, Märchen und Legenden", Hauschild Verlag; Landgraf Carl und die Gründung von Karlshafen, ISBN: 3-925272-41-0; Literatur von Wilhelm Raabe.

Übernachtung in Wassernähe:

Warburg: Gelände des Kanuclubs Warburg, Tel. (05641) 63 70 od. 31 63 od. 74 05 33; Campingplatz Eversburg oder zahlreiche Hotels.

Liebenau/Lamerden: Kanuscheune mit Zeltwiese.

Stammen: Hofgut Stammen (Camping, „Heuhotel", Ferienwohnung), Tel. (05675) 72 50 94.

Trendelburg: Campingplatz oder Ferienwohnung mit gemütlicher Gaststätte, Tel. (05675) 301; Gasthof Baumann, Tel. (05675) 426.

Bad Karlshafen: Campingplatz.

Wichtige Adressen:

Kanuverleih: Schumacher, Tel.(05642) 76 82 www.kanu-schumacher.de ; in Liebenau/Lamerden, Tel. (05255) 93 00 89; in Stammen, Tel. (05675) 72 50 94, www.hofgut.de.

Fahrradverleih: in Stammen, Tel. (05675) 72 50 94; „Fahrrad-Pool Weser-Diemel", Tel. (05671) 800 12 54; in Bad Karlshafen, Tel. (05672) 710.

Angeln: in Stammen, Tel. (05675) 72 50 94.

Wanderreiten: in Stammen, Tel. (05675) 72 50 94; in Trendelburg, Tel. (05675) 309.

Veranstalter: KombiNaTour (Outdoor), Tel. (05632) 96 68 55, www.kombinatour.de;

Sonstiges: www.flussinfo.de; Wasserlaufkraftwerk Wülmersen, Tel. (0561) 933 10 56.

Auskunft:
Warburg: Tel. (05641) 925 55, www.warburg-touristik.de,
Liebenau: Tel. (05676) 98 98 10, www.stadt-liebenau.de,
Trendelburg: Tel. (05675) 74 99 18, www.trendelburg.de,
*Bad Karlshafen:*Tel. (05672) 99 99-22, www.bad-karlshafen.de,
Touristikregion Kassel-Land: Tel. (05671) 800 12 54.

Karte Diemel

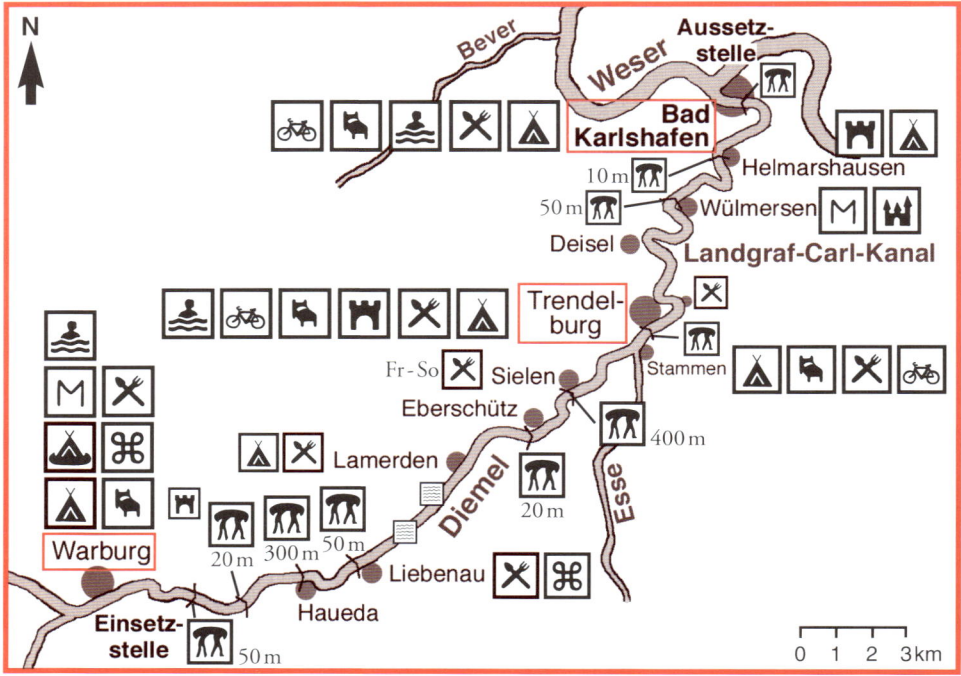

Toskanischer Charme

Welch schöner Blick! Wir sitzen in der Abendsonne auf der Terrasse der Gaststätte „Zur Alm", die zweifellos den besten Blick über die Dächer der Warburger Altstadt hinüber zur Altstadtkirche bietet. Am Nachmittag waren wir über das Pflaster der schmalen Gassen und Plätze geschlendert, hatten einen Blick in die drei Kirchen Warburgs geworfen und bewunderten anschließend die teils aus dem 18. Jahrhundert stammenden Grabsteine auf dem Judenfriedhof. Ursprünglich entwickelten sich zwei Städte: Warburg-Altstadt im Flusstal der Diemel und Warburg-Neustadt auf dem Bergrücken gelegen. Mit Beitritt zum Hansebund im Jahre 1364 erlebte die Stadt ihre wirtschaftliche Blütezeit, wovon noch heute das geschlossene Stadtbild mit den gut erhaltenen Wehrmauern und Türmen der aus dem 13./14. Jahrhundert stammenden Stadtbefestigungsanlagen zeugt.

150

Wer ein wenig über die Stadtgeschichte erfahren möchte, besucht das Museum im „Stern". Zu den interessanten Ausstellungsstücken gehören eine „Grüninger-Bibel" aus dem Jahre 1485 sowie Stücke aus dem Leben und Schaffen der beiden Söhne der Stadt: des Silberschmieds Antonius Eisenhoit (1553-1603) und des Architekten Johann Conrad Schlaun, einem der bedeutendsten Baumeister des Barock in Westfa-

len. Wer im August eine Fahrt auf der Diemel plant, sollte seinen Aufenthalt in der Stadt auf die Zeit des „Kälkenfestes" legen, das in historischen Bürgerspielen rund um den idyllischen Altstadtmarktplatz die Geschichte der Stadt aufleben lässt. Der Name des Festes leitet sich von den Kalkgruben der Gerber ab, die früher vor den Altstadtmauern an der Diemel angelegt waren.

Nun gehen wir zurück zum schönen Gelände des Kanuclubs Warburg. Auf der großen Wiese am Wasser steht unser Zelt, das wir morgen ganz früh in den Tiefen unseres Kanadiers verstauen wollen.

Der wildromantische Fluss begeistert uns sofort. Dichter Wald säumt das Ufer zu beiden Seiten. Die Strömung ist flott, und im Licht der morgendlichen Sonne blitzt vor uns das strahlend blaue Gefieder eines Eisvogels. Neben uns her, meist dicht am Ufer, führt der Radweg R8, der die Weser mit dem Sauerland verbindet. Bald können wir in der Ferne den Desenberg erkennen. Inmitten der Warburger Börde erhebt sich der Basaltkegel des Berges auf 343 Meter Höhe. Seine spitzkegelige Form resultiert aus vulkanischen Aktivitäten vor rund 20 Millionen Jahren. Mit seiner Burgruine aus dem 8. Jahrhundert gilt er als das Wahrzeichen des Warburger Landes. Nach zahlreichen Scharmützeln und Belagerungen fiel die Festung im Jahre 1275 in den Besitz derer von Spiegel, die noch heute Eigentümer sind. Vom begehbaren Turm aus hat man einen herrlichen Blick über die gesamte Region.

Über den Dächern von Warburg

Der Desenberg

Kurz vor dem Wehr der Kuhlenmühle setzen wir rechts aus und ziehen das Kanu 50 Meter über eine Wiese. Nun paddeln wir auf dem mäandernden Fluss die folgenden Kilometer durch eine liebliche Wiesenlandschaft. Im flachen Wasser haben wir immer mal wieder Grundberührung. Am Wehr von „Diemel Mühle" ersparen wir uns die Umtragung und treideln das beladene Kanu ganz rechts die Wehrstufe hinunter. Dann folgt eine Stufe, die bei Mittelwasser fahrbar ist, bei Niedrigwasser aber übergehoben werden muss. Kurz darauf fließt von links der Mühlengraben wieder zu. Mehrere kleine Schwälle machen die Fahrt bis zum Wehr von Haueda, unter dem großen Eisenbahnviadukt hindurch, sehr kurzweilig. Bei dieser Umtragung sind wir erstmals wirklich froh, unseren Kanuwagen mitgenommen zu haben. Rund 300 Meter geht es links über eine Wiese und einen Parkplatz, bis wir hinter diesem wieder in die Diemel einsetzen.

Wacholder zieht sich die Muschelkalkhänge hinauf, auf deren Magerrasen zahlreiche Orchideenarten gedeihen. Die Sonne treibt uns, trotz des gemächlichen Paddelns, den Schweiß aus den Poren, so dass wir uns zeitweise in südlichen Gefilden wähnen. Vor Liebenau halten wir uns links und fahren am Schwimmbalken vorbei in den Kraftwerksarm ein. Am kurz vor dem Kraftwerk befindlichen Schwimmsteg legen wir rechts an, umtragen das Kanu und setzen hinter dem Kraftwerk wieder in das Flüsschen ein. Hinter der Straßenbrücke befindet sich auf der rechten Seite an einem öffentlichen Rastplatz eine gute Ein- und Aussetzstelle. Dies ist ein idealer Ausgangspunkt für jene Paddler, die mit nur einer leichten Umtragung auf etwa 12 Kilometern ein wunderschönes Stück Diemel erkunden wollen. Hier lassen wir unser Kanu liegen und gehen die 200 Meter in das kleine Örtchen hinein. Wie geschaffen ist es für eine Mittagsrast im Schatten des lauschigen Biergartens der schönen Gaststätte „Ratskeller". Liebenau besticht durch ein Ensemble aus Fachwerkhäusern, Kirchturm und barockem Fachwerkrathaus; in der Kirche können Wandmalereien aus dem 15. Jahrhundert besichtigt werden.

Im weiteren Verlauf unserer sommerlichen Tour erwarten uns auf acht Kilometern Fluss viele spritzige Schwälle. Am liebsten würden wir dieses Stück Diemel niemals enden lassen wollen. In flotter Strömung und mit vielen Windungen bahnt sich das Flüsschen seinen Weg durch das Tal. Steile Felsabbrüche säumen das Ufer, von denen sich herrliche

Blicke über das Diemeltal eröffnen. Leider hat der schöne Biergarten des Vereinshaus der Angler in Lamerden geschlossen, so dass wir durstig weiterfahren müssen. In einer weiten Schleife geht es an dem 392 Meter hoch aufragenden Heuberg vorbei über kleine Schnellen auf das Wehr von Eberschütz zu, das bei gutem Wasserstand fahrbar ist. Andernfalls müssten nur wenige Meter

Dichter Wald umgibt den wildromantischen Fluss

umtragen werden. Hier, wo die Eisenbahnlinie den Flusslauf verlässt, wird es zunehmend einsamer. Am Dorf Eberschütz vorbei erreichen wir Sielen. Kurz vor dem Wehr erwartet leider nur von freitags bis sonntags das paddlerfreundliche Künstlercafé „Diemelblick" des Bildhauers Hofeditz den erschöpften Kanuwanderer. Dann aber kann man sich mit Blick auf den Fluss bei einem Imbiss stärken. In der Tenne des Bauernhofs finden in den Sommermonaten verschiedene Kulturveranstaltungen und Ausstellungen statt.

Vor dem Wehr setzen wir, von einem ärgerlichen Schwan begleitet, rechts aus, karren das Kanu den Sportplatz entlang bis zu einem asphaltierten Weg und biegen am Sportvereinshaus links in die Straße, auf der wir bis zur Brücke in die Ortschaft hineinlaufen. Hinter der Brücke geht es zum Wasser hinunter, wo wir wieder einsetzen. Auch hinter Sielen hüpfen wir über kleine Schwälle durch eine urwaldähnliche Landschaft. Dabei bilden umgestürzte, im Fluss liegende Baumstämme und die Zweige dicht über der Wasseroberfläche hängender Weiden und Erlen Hindernisse, die wir geschickt umfahren müssen. Als wir um eine Biegung kommen, spielen zwei Kinder in der Abendsonne im Fluss. Auf der ganzen Strecke bieten kleine Sandbänke in den Innenkurven Gelegenheit zum

Ein erfrischendes Bad in der kalten Diemel

Baden. Nicht weit entfernt hüpfen Kinder ausgelassen vom Steg ins Wasser und schaffen es, uns noch vor Ende unserer ersten Tagesetappe nass zu machen. Hier befindet sich das Hofgut Stammen – ein wunderbarer Platz, der jegliche Infrastruktur für Aktive bietet. Auf dem alten Rittergut kann man auf einer Zeltwiese mit Lagerfeuermöglichkeit oder preiswert und stilvoll im „Heuhotel" übernachten. Im Biergarten direkt am Fluss genießt man beim hofeigenen Bier Gerichte aus dem alten Steinbackofen. Wer sich ein Kanu leiht, hat die Transfers zu den Ausgangs- oder Zielpunkten im Preis inbegriffen. Wanderer und Radfahrer werden mit Kartenmaterial und Leihrädern ausgestattet; der Hof ist auch noch offizielle Wanderreitstation.

Schon von hier aus sehen wir hoch oben auf dem Berg die eindrucksvolle Silhouette der malerischen Trendelburg. Wer den 38 Meter hohen Bergfried sieht, kann verstehen, dass das Märchen „Rapunzel" der Gebrüder Grimm hier seinen Ursprung hat.

Am Wehr links vorbei unterfahren wir in der Einfahrt des gesperrten Mühlengrabens ein Steinbrückchen, hinter dem wir an einem kleinen Steg des Campingplatzes anlegen und das Kanu entladen, um es dann auf die Wiese hinauf zu wuchten. Auch dieser Platz unterhalb der an den Burgberg geschmiegten Fachwerkhäuser bietet sich, wie das Hofgut Stammen, für einen längeren Aufenthalt an. In der gemütlichen Gaststätte findet man bei schlechtem Wetter viel Lesestoff und Informationsmaterial zu Unternehmungen in der waldreichen Umgebung. Die Landschaft um Trendelburg ist besonders reizvoll, denn zwischen Langenthal und Eberschütz haben sich die unterschiedlichsten Lebensräume entwickelt. Neben dem Diemellauf mit seiner Talaue dominieren im westlichen Teil Muschelkalkhänge, die entweder mit Kalkbuchenwäldern oder Kalkmagerrasen bewachsen sind. Hier findet man ein reiches Vorkommen an Orchideen und Enzianen. Im östlichen Teil bietet der Reinhardswald ein weitläufiges Wandergebiet, während Trendelburg für seine Streuobstwiesen bekannt ist.

Am Abend steigen wir zum hoch über dem Fluss liegenden stillen Ort hinauf, dessen Bild von der Burg beherrscht wird. In einer Urkunde aus dem Jahre 1303 werden Burg und Stadt erstmals erwähnt, aber sicherlich ist die auf einem Felsen erbaute seltene fünfeckige Burganlage

Faltbootfahrer auf der Diemel

viel älter. Man vermutet, dass sie kelti-
schen Ursprungs ist. Heute beherbergt
sie ein Hotel und ein Restaurant, von
dem aus sich ein herrlicher Blick über
bewaldete Hügel, Felder und obstbaum-
bestandene Wiesen bietet. Verbunden ist
sie mit dem Ort durch eine Zugbrücke.
Die Wehrbereitschaft der Anlage beweisen die im Turm eingelassenen Erker,
„Pechnasen" genannt, von wo aus heißes
Pech und Schwefel auf die Angreifer ge-
schüttet wurde. Im Innern des Turms
befindet sich das nur von oben zugängli-
che 7,50 Meter tiefe, stockdunkle Burg-
verlies. Je nachdem, ob man sich von
den Gefangenen ein Lösegeld erhoffte,
wurden sie an Stricken hinabgelassen
oder kurzerhand hineingeworfen. Nachdem wir uns noch die im 15. Jahrhundert erbaute Kirche mit ihren vollständig
erhaltenen Fresken aus dem Mittelalter
und das spätgotische Fachwerkrathaus
angeschaut haben, geht es hinunter zum
Fluss. Unweit der Brücke, wo Deutsche
Märchen- und Fachwerkstraße gemeinsam verlaufen, verbergen sich hinter
dem „Landgasthof Baumann" und dem
Hotel-Restaurant „Textor" mit seinem
handgebrauten „Textor's Landbier" zwei
kulinarische Tipps.

Am nächsten Morgen setzen wir mit
dem Kanu hinter dem Wehr ein. Anfangs ist es noch sehr steinig, aber schon
bald erwartet uns nach einer starken
Linkskurve der erste Schwall des Tages.
Zuvor passierten wir den Landgasthof
Baumann mit seinem schönen Biergarten. Wenn wir uns umwenden, haben
wir noch eine zeitlang einen schönen Blick
auf die romantische Trendelburg. Bus-
sarde kreisen über uns, eine Bisamratte

Die Kirche von Trendelburg

schiebt ein Grasbüschel vor sich her,
friedlich grasen Kühe und Pferde am
Ufer; wir lassen uns einfach nur treiben.
Auf den folgenden zwei Kilometern
besteht ein Uferbetretungsverbot. Bis
kurz vor Wülmersen der dichte Wald ans
rechte Ufer rückt, wechseln immer wieder kleine Schwälle mit ruhigen Ab-
schnitten. Trotz der frühen Morgenstun-
de freuen wir uns über die erfrischende
Kühle des Waldes. Ein rechts abzwei-
gender schmaler Wasserlauf, der zum
Wasserschloss Wülmersen führt, wird
energisch von einem Schwan bewacht,
so dass wir etwa einen Kilometer weiter
paddeln, wo wir am Wasserlaufkraftwerk
Wülmersen rechts aussetzen. Nach telefonischer Voranmeldung kann man in

dem 1924 erbauten Kraftwerk an einer Führung mit Multivisionsschau teilnehmen. Dabei erfährt man, wie aus Wasserkraft auf besonders umweltfreundliche Weise Strom erzeugt wird.

Über eine Wiese gehen wir zum nahen, liebevoll restaurierten Wasserschloss Wülmersen. Der Bischof von Paderborn schenkte das ehemalige Rittergut „Wilmeressen" 1108 dem Kloster Helmarshausen, das bis zur Klosterauflösung im Jahre 1538 vom Gut mit landwirtschaftlichen Erzeugnissen versorgt wurde. Nach Plünderungen im 30-jährigen Krieg sicherte man es mit Torhaus, Mauern und Wassergräben, was ihm die Bezeichnung Wasserschloss einbrachte. Im Jahre 1987 erwarb der Verein Aus- und Fortbildungsverbund für den symbolischen Kaufpreis von einer Mark das gesamte Anwesen und verpflichtete sich,

die historischen Gebäude zu erhalten. Am zweiten Sonntag im September öffnet er im Rahmen des Denkmaltages Türen und Tore. Heute befinden sich in der sehenswerten Anlage die Unterkunft einer europäischen Jugendbegegnungsstätte sowie ein agrarhistorisches Museum mit alten Ackergeräten, Schleppern und Kleintraktoren.

Hinter dem Kraftwerk führt eine steile Treppe zum Wasser hinab. Wir haben keine Lust, den Kanadier zu entladen, daher verwandeln wir das steinige Hindernis mit Hilfe einiger Bretter und Äste in eine „Bootsrutsche". Seit Trendelburg paddeln wir nun auf dem Landgraf-Carl-Kanal. Das unvollendete Bauwerk sollte nach dem Willen seines Erbauers Landgraf Carl, der von 1677 bis 1730 in Kassel regierte, einen Schifffahrtsweg von der Nordsee zum Rhein schaffen.

Das Wasserschloss Wülmersen ist ein ehemaliges Rittergut

Die wehrhafte Krukenburg

Wahrscheinlich träumte er sogar von einer Verbindung über die Rhône bis zum Mittelmeer. Noch heute kann man den Kanal an der mit Steinen befestigten Uferböschung sowie an den Resten der historischen Schleuse Trendelburg erkennen. Vorbei an bewaldeten Hängen, geht es auf die kleine Fachwerkstadt Helmarshausen zu. Schon von weitem ist die Ruine der Krukenburg zu sehen. Der Helmarshäuser Abt Wigo wurde im Jahre 1033 von seinem Bischof nach Jerusalem gesandt, um die Pläne der dortigen Heilig-Grab-Kirche zu holen. Nach ihnen wurde die 1107 errichtete Kirche auf dem Krukenberg erbaut. Hundert Jahre nach ihrer Erbauung entstand um sie herum die mächtige Burganlage, die das Kloster Helmarshausen und die Bergkirche schützen sollte. In der im 10. Jahrhundert gegründeten Reichsabtei entstanden

viele Goldschmiedearbeiten; so auch das von Mönch Heriman hergestellte berühmte Evangeliar Heinrichs des Löwen, das 1983 bei Sotheby's für 32,5 Mio. DM versteigert wurde.

Am dortigen Wehr wartet eine leichte, nur zehn Meter lange Umtragung. Wenige Meter weiter müssen wir schon wieder aussteigen und das Kanu im flachen Wasser durch eine Steinbarriere hindurchtreideln. Im Anschluss daran folgen vier kleine Schwälle, die großen Spaß bereiten. Nach einer großen Linksschleife können wir die Krukenburg noch einmal bewundern, bevor wir am Wehr von Bad Karlshafen in den Flutgraben einfahren. Nur bei Hochwasser muss man auf die kräftige Strömung achten und rechtzeitig links anlegen. Am stillgelegten Telegrafenmast ziehen wir den Kanadier über eine Wiese und finden unter

Aus Helmarshausen stammt das berühmte Evangeliar Heinrichs des Löwen

einer Weide eine Stelle am sonst steilen Ufer, wo wir das Kanu wieder zu Wasser lassen. Die folgenden 200 Meter ist das Wasser sehr flach, bis von rechts der kräftige Schwall des Obergrabens hinzufließt. Unmittelbar darauf werden wir in starker Strömung über eine Untiefe hinweg förmlich in die Weser „gespült". Aus der Mündung heraus überqueren wir den Strom, um am gegenüber liegenden Campingplatz die Tour zu beenden. Er bietet sich mit seinem beheizten Solefreibad gut für einen längeren Aufenthalt an.

Das über die Weserbrücke zu erreichende Bad Karlshafen, auch als „Barockstadt im Grünen" bezeichnet, wurde als repräsentative Portalstadt entworfen. Der Stadtplanung wurde ein mathematisches Prinzip zugrunde gelegt: Höhe, Breite und Tiefe aller Gebäude, Straßen und Plätze stehen im Verhältnis 2:3. Das ganze städtische Leben spielte sich um das Hafenbecken herum ab. Hier sollten alle einlaufenden Schiffe nach dem französischen Vorbild wie in einem „Cour d'honneur" empfangen werden. Mittelpunkt des barocken, unter Denkmalschutz stehenden Schmuckstücks, ist das am Hafenbecken liegende ehemalige Packhaus, das heute das Rathaus beherbergt sowie das Invalidenhaus. Das Hugenotten-Museum liefert interessante Einblicke in die Gründung der Stadt. Am Abend sitzen wir in einem Biergarten an der Weser, beobachten das geschäftige Treiben und sind uns einig: Zwei Tage auf der schönen Diemel sind entschieden zu kurz.

Ein wildromantisches Flüsschen

Die Emmer

Informationen Emmer

Aktivitäten   Natur   Kultur   Baden   Hindernisse

Charakter der Tour: Die wildromantische Emmer fließt auf ihrem Lauf vom Emmerstausee zügig durch eines der reizvollsten Seitentäler der Weser. Die Tagestour kann wegen der lohnenden Sehenwürdigkeiten (Lügde, Bad Pyrmont, Hämelschenburg) und zahlreicher Umtragestellen gut als Zwei-Tagestour gefahren werden. Da weite Teile des Tales zum Naturschutzgebiet Emmerthal gehören, besteht für einige Bereiche der Ufer Betretungsverbot (Schieder – Lügde). Hier sollte nur an Wehren und Brücken gerastet und ein- bzw. ausgesetzt werden. Für eine Befahrung des Flüsschens ist ein Pegelstand am Emmerstausee von mindestens 80 cm erforderlich.

Anreise: A 2 Hannover – Osnabrück, Abfahrt 35 (Bad Eilsen). Auf der B 83 über Hess. Oldendorf und Hameln nach Emmern. Von dort durchs Tal der Emmer über Lügde nach Schieder.

Einsetzstelle: Schiffsanlegestelle Schieder (Bahnhofsnähe) in den Emmer-Stausee.

Aussetzstelle: Vor der „Rischmühle" in Emmern.

„Zurück zum Pkw": Stündlich in ca. 70 Minuten von Emmern-Kirchhosen mit der Bahn nach Schieder.

Länge der Tour: Ca. 30 km.

Etappenvorschlag: Tagestour oder 1. Tag: *Schieder – Bad Pyrmont*; 2. Tag: *Bad Pyrmont – Emmern.*

Umtragestellen: Emmerstaumauer 250 m; Lügde 50 m; Bad Pyrmont 30 m; Thalmühle 150 m; Welsede 50 m; Hämelschenburg 150 m; Emmern 10 m. Kanuwagen erforderlich.

Sehenswürdigkeiten:
Schieder: Barock-Schloss (1700) mit Kurpark, Papiermühle (Technikmuseum); Biologische Station (Ausstellungen zum Naturschutz).
Lügde: Kilianskirche von 1135, St. Marienkirche, Brückentorturm (ehem. Stadtgefängnis), ehem. Franziskanerkloster (1749/56) mit Barockportal und Laboriusfigur, Stadtmauer mit Türmen, Heimat- und Dechenmuseum, Zigarrenfabrik, „Osterräderlauf" am Ostersonntag.
Bad Pyrmont: Kurpark mit Palmengarten, Quelle „Der Hyllige Born", „Dunsthöhle", Theater, Spielbank, Wandelhalle, Festungsanlage mit Schloss und Museum, Christuskirche, herrschaftliche Villen, 30 000 qm großer Tierpark.
Hämelschenburg: Schloss der Weserrenaissance (16./17. Jh.), Kirche (1563), historische Wassermühle, Maleratelier, Ateliergarten.

Sonstige Aktivitäten:
Paddeln: Auf der Weser bis Minden.
Wandern: Im Emmertal; zur Herlingsburg bei Schieder; im Teutoburger Wald.
Radfahren: Im Tal der Emmer; auf der „Wellness-Radroute" durch den Teutoburger Wald; auf dem Weserradweg nach Minden.
Baden: Im Emmerstausee; Freibad in Schieder, Bad Pyrmont; im Solewasser der „Hufeland Therme" in Bad Pyrmont.
Sonstiges: Angeln; Segeln auf dem Stausee; Besuch des *Familienpark „Funtastico"* am Stausee, der historischen Stadtkerne von *Schwalenberg, Blomberg und Hameln,* des *Museums für Landtechnik und Landarbeit* im *Museumsdorf Börry,* Besuch des *Ohrbergparks* mit seinen exotischen Baumriesen.

Kartenmaterial:
Wassersport-Wanderkarte WW 2, 1:100 000, Jübermann Verlag; „Der Emmer-Radweg", Fremdenverkehrsverband Weserbergland-Mittelweser.

Literaturhinweise:
Deutsches Flusswanderbuch, DKV-Verlag; „Wersagen", Verlag W.C. Niemeyer.

Übernachtung in Wassernähe:
Schieder: Gasthof „Fischanger" (viele Fischgerichte, eigene Forellenzucht), Tel. (05282) 237
Welsede: Gasthof „Welseder Hof" (günstig), Tel. (05155) 13 81
Ab Lügde nach eingeholter Erlaubnis zelten auf Wiesen am Ufer.

Wichtige Adressen:
Kanuverleih: in Schieder, Tel. (05282) 411.
Fahrradverleih: in Schieder, Tel. (05282) 237; in Thal, Tel. (05281) 89 17; in Bad Pyrmont, Tel. (05281) 179 90 und 188 25.
Angeln: Forstamt Schieder, Tel. (05282) 342.
Veranstalter: „Erlebnis Pur", Tel. (05533) 97 97 51.
Sonstiges: Funk-Taxi Emmerthal, Tel. (05155) 98 37 01; Biologische Station in Schieder, Tel. (05282) 462; www.haemelschenburg.de; Fremdenverkehrsverband Weserbergland-Mittelweser, Tel. (05151) 930 00; Pegelstand, Tel. (0203) 738 16 51.

Auskunft:
Schieder: Tel. (05282) 601 71, www.schieder-schwalenberg.de
Lügde: Tel. (05281) 780 29, www.touristinformationluegde.de
Bad Pyrmont: Touristen-Information, Tel. (05281) 94 05 11, www.badpyrmont.de
Emmerthal: Tel. (05155) 690

Karte Emmer

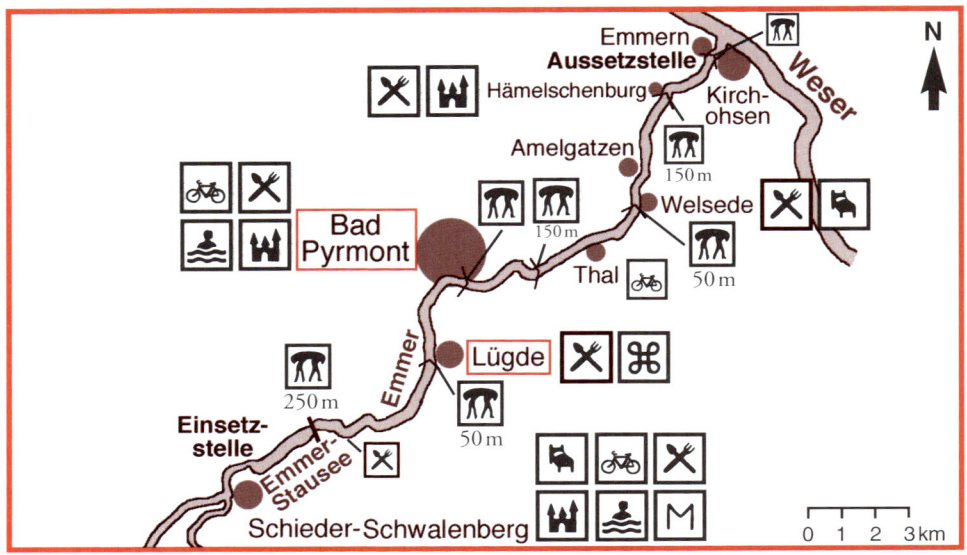

Ein wildromantisches Flüsschen

Dichter Nebel, der alles in ein schemenhaftes Licht taucht, liegt über dem See. Es ist noch sehr früh am Morgen, aber ich möchte die Tour auf der schönen Emmer an einem Tag paddeln und mir daneben auch noch einige Sehenswürdigkeiten anschauen. Da muss man schon früh los.

Inmitten von bewaldeten Hügeln und Wiesen wurde der 90 ha große Emmerstausee aus Gründen des Hochwasserschutzes und als Ort für Freizeit und Erholung angelegt. Und die kann man hier wahrhaftig ausleben. Schon der kleine und unscheinbare Ort Schieder mit seinem Kurpark, einer Mischung aus englischem Landschafts- und Barockgarten, der sich bis zum See erstreckt, verspricht Beschaulichkeit und Ruhe. Nun seh' ich

rechts den verwaisten Sandstrand des schön gelegenen Freibads liegen und halte am linken Ufer entlang auf die Sperrmauer des Sees zu. Die direkte Durchfahrung des Sees ist erlaubt, während ein Hin-und Herfahren gebührenpflichtig ist. Ein Stück weiter passiere ich das am rechten Ufer liegende Freizeitzentrum „Kronenbruch" mit dem Spielpark und dem See-Restaurant. Hier können u.a. auch Kanus gemietet werden.

Kurz vor der Staumauer, auf Höhe des Pyrmonter Segel- und Wassersportclubs, lege ich links an einer Steinrampe an. Mit dem Kanadier auf dem Kanuwagen geht es am Café „Moseshütte" vorbei, unter der Straße hindurch, die über den Staudamm führt, und dahinter rechts an einem Parkplatz vorbei. Immer an der Böschung der Staumauer entlang, komme ich ans Ufer der Emmer, wo ich in das Flüsschen einsetze. Wenige hundert

Meter weiter liegt, zwischen Bäumen versteckt, der Gasthof „Fischanger" am Emmerufer. Im Jahre 1814 als Waldhaus gebaut, dann als Zollhaus des Fürstentums Lippe genutzt, bietet er sich heute auch als Startpunkt für eine Emmerfahrt oder doch wenigstens für eine Pause im schönen Biergarten an.

Ab hier tauche ich in eine herrliche Flusslandschaft ein. Der spritzige Fluss schlängelt sich, gesäumt von Erlen und Weiden, durch eine liebliche Auenlandschaft. Kaum biegt man um eine der zahlreichen Windungen, wartet schon wieder ein Schwall auf den Paddler. Dabei halten einen die dicht über der Wasseroberfläche hängenden und bis zur Flussmitte reichenden Äste auf dem hier nur vier bis fünf Meter breiten Gewässer in Atem. Beachten sollte man, dass aus Naturschutzgründen zwischen dem Gasthof und Lügde ein Uferbetretungsverbot herrscht. Nach etwas mehr als einer Stunde – leider viel zu schnell – ist das historische Lügde, die „Stadt der Osterräder", erreicht. Von weitem grüßt der Kirchturm der 400 Meter vor der Stadt liegenden Kilianskirche. Schon Karl der Große hinterließ hier geschichtliche Spuren, indem er sein erstes Weihnachtsfest im Sachsenland im Dorf Lügde feierte. Da entstand dann auch eine der ersten Kirchen des Sachsenlandes, an deren Stelle wiederum die heutige Kilianskirche im 12. Jahrhundert erbaut wurde. Sie zählt zu den ältesten Baudenkmälern Westfalens.

Am Wehr kurz vor der Straßenbrücke setze ich am rechten Ufer an einer großen Wiese aus. Im Schatten eines Baumes neben dem Brückentorturm und

Lügde – Stadt des „Osterräderlaufs"

dem Dechenmuseum, die Teil der ursprünglichen Stadtbefestigung und des Stadtgefängnises waren, mache ich Rast. Von hier aus erreicht man schnell alle interessanten Punkte der liebevoll restaurierten Fachwerkstadt. Eine besondere Attraktion ist der alljährlich zum Ostersonntag stattfindende „Osterräderlauf", der Tausende von Besuchern anlockt und älter als die 784 schriftlichen Erwähnungen Lügdes sein dürfte. Sechs mannshohe Eichenholz-Räder werden mit Stroh gestopft und nach Einbruch der Dunkelheit unter dem Beifall der Zuschauer vom gegenüber der Stadt liegenden Osterberg ins Tal der Emmer gerollt.

Hinter dem Sägewerk beginnt ein sehr ruhiger Flussabschnitt; Straße und Bahnlinie treten weit vom Ufer zurück. Stille umgibt mich. Nur das leise Plätschern des Wassers unter dem Stechpaddel und das der kleineren Schwälle ist zu hören. An einer Brücke folgt ein etwas kräftigerer Schwall und danach eine starke Linkskurve. Hier oder an der bald darauf erreichten Fußgängerbrücke könnte man anlegen, um in das nur wenige hundert Meter entfernte Zentrum Bad Pyrmonts zu gehen. Seine Heilquellen sind laut

Der „Hyllige Born"

archäologischen Funden schon seit der römischen Kaiserzeit bekannt. Der im 18. Jahrhundert entstandene historische Kurpark mit seinem streng barocken Alleensystem ist eine der schönsten Kurparkanlagen Europas. Hier schuf der fürstlich-waldeckische Hofgartendirek-

In der schönen Kurpark

tor Dirks Anfang des letzten Jahrhunderts auch die nördlichste Palmenanlage des Kontinents. Über 330 Palmen verschiedenster Arten, teils 11 Meter hoch, und über 400 tropische und subtropische Gewächse machen den Besuch zu einem wirklichen Erlebnis. Der „Hyllige Born", ein zwölfsäuliger Brunnentempel mit verglaster Wandelhalle, wurde in den zwanziger Jahren des 19. Jahrhunderts errichtet und erhebt sich über der modern gefassten Hauptquelle.

Das von einem breiten Wassergraben umgebene Schloss wurde 1556-62 erbaut, während des 30-jährigen Krieges schwer beschädigt und 1706 umgebaut. In ihm befindet sich das sehenswerte Museum der Stadt.

Wieder auf dem Fluss, macht sich schon bald der Rückstau des Wehrs von Pyrmont bemerkbar. Nach Unterfahren der Straßenbrücke rauscht es kräftig, und wenige Meter vor dem Wehr lege ich am linken Ufer an. Unter den Augen verdutzt dreinblickender Gänse ziehe ich den Kanadier über eine Wiese und sezte gleich hinter dem Wehr wieder ein. Nur zwei Kilometer weiter erreiche ich das Wehr Thalmühle. In einer Linkskurve macht mich ein im Baum hängendes Schild darauf aufmerksam. Ich wuchte den Kanadier die steile Böschung hinauf, ziehe ihn etwa 150 Meter über eine Weide weiträumig um die Mühle herum und setze unter der Leitung eines Hochspannungsmastes am linken Ufer wieder in die Emmer ein. Die Eisenbahnlinie führt nun dicht am Fluss entlang. Linker Hand rücken die Ausläufer der 326 Meter hohen „Hohe Stolle" dicht ans Ufer und zu meiner Freude würzen einige Schwälle diesen Flussabschnitt. An Thal vorbei, das am rechten Ufer liegt, paddle ich auf das Wehr von Welsede zu, lege 25 Meter davor an einem Weidezaun an und trage links etwa 50 Meter zum Unterwasser um. Bei hohem Wasserstand ist an diesem Wehr äußerste Vorsicht geboten! Kurz hinter der Straßenbrücke bietet der am Ufer liegende Gasthof „Welseder Hof" für jene, die sich für die Besichtigung der Hämelschenburg viel Zeit nehmen möchten, eine Übernachtungsmöglichkeit.

In der Sonne tauchen ihre blinkenden Giebel vor mir auf. Eine nur 60 cm hohe Brücke erfordert etwas akrobatisches Geschick. Mühsam bugsiere ich mich

Das Schloss von Bad Pyrmont

Entspannung im Solebad

darunter hindurch, muss daher glücklicherweise nicht umtragen. Mit Umtragestellen ist diese kurze Tour sowieso ausreichend bestückt! Aber bisher wurde ich durch die Schönheit der Landschaft und die flotte Strömung mit den spritzigen Schwällen entschädigt.

Rechts geht es zum Wehr ab, an dem ich links einen Schwimmbalken passierend in den Mühlengraben einfahre. Am kleinen Holzsteg setze ich aus. Ein idyllischer Spaziergang führt mich vorbei an einem Maleratelier, der historischen Wassermühle und durch den Minnegarten hinauf zur 1563 errichteten Schlosskapelle, einer der frühesten protestantischen Kirchenbauten Niederdeutschlands. Die dahinter liegende Hämelschenburg gilt als Hauptwerk der Weserrenaissance

Die Hämelschenburg gilt als Hauptwerk der Weserrenaissance

und bildet mit ihren Kunstsammlungen, den Gartenanlagen und den Wirtschaftsgebäuden ein beeindruckendes Bild gesamtkonzeptioneller Schönheit. Besonders im Licht der Vormittagsstunden bietet die mit Neidköpfen, Tierfratzen, Treppentürmen, Zwerchgiebeln und Schornsteinen geschmückte Fassade schöne Fotomotive. Im Jahre 1588 wurde Hämelschenburg als Teil eines Rittergutes erbaut. Es wäre schade, eine der individuellen Führungen zu versäumen, die Einblick in die verschiedensten Epochen und Stilrichtungen gibt. Die Räume sind angefüllt mit wertvollen Gemälden, Möbeln, Öfen, Porzellan-, Glas- und Waffensammlungen aus 550 Jahren Familiengeschichte. Lohnend ist auch ein Spaziergang hinauf in den Wald zum Grabmal der Erbauer, das 1855 in ägyptischen Formen als Pyramide errichtet wurde. Im Biergarten unterhalb des dreiflügeligen Schlosses genieße ich noch den Blick auf die prunkvollste der Fassaden, der zur Straße hin gelegenen, bevor ich zum Kanu zurückgehe.

Nach etwa 150 Metern setze ich hinter der Wassermühle wieder in die Emmer ein. Hinter den Ausläufern des Scharfenbergs sind die Kühltürme des Atomkraftwerks Grohnde zu erkennen. Unter der Umgehungsstraße von Emmern-Kirchohsen hindurch geht es auf die letzte Umtragung dieser Tour zu. Vor dem Wehr geht es links schon nach 10 Metern wieder ins Unterwasser. An dem Gebäude der Rischmühle setze ich am linken Ufer aus und beende hier die Wanderfahrt.

Entlang
der
Sieben Berge

Die Leine

Informationen Leine

Aktivitäten	Natur	Kultur	Baden	Hindernisse

Charakter der Tour: Diese Drei- bis Viertagestour auf der Leine verläuft durch eine sanfte Mittelgebirgslandschaft, die im Westen in den bewaldeten Bergrücken des Solling übergeht und im Osten durch die Höhenzüge des Harzes begrenzt wird. Vorbei am schönen Fachwerkstädtchen Alfeld, paddelt man durch viel Natur und einsame Auenlandschaft, bis man Hannover, die „Stadt im Grünen", erreicht. Auf der gesamten Strecke ist die Infrastruktur für Kanuwanderer nicht so gut, Übernachtungsmöglichkeiten in Wassernähe sind eher Mangelware.

Wegen der zahlreichen Wehre, der teils lebensgefährlichen Steilstufen und der Befahrungsverbote vor Salzderhelden wird eine Befahrung erst ab dort empfohlen.

Anreise: A7 Kassel – Hannover, Abfahrt 69 Northeim-Nord, auf der B3 Richtung Einbeck, kurz davor ab nach Salzderhelden.

Einsetzstelle: Links hinter dem Rückhaltewehr von Salzderhelden.

Aussetzstelle: Gelände des Paddel-Klubs Hannover.

„Zurück zum Pkw": Mit der Bahn von Hannover nach Salzderhelden.

Länge der Tour: Ca. 95 km.

Etappenvorschlag: 1. Tag: *Salzderhelden – Freden;* 2. Tag: *Freden – Gronau;* 3. Tag: *Gronau – Burgstemmen;* 4. Tag: *Burgstemmen – Hannover.*

Umtragestellen: Greene 100 m; Freden 40 m; Alfeld; Limmer; Brüggen 30 m; Banteln 50 m, Gronau 80 m, Schulenburg 80 m, Hannover-Döhren.

Sehenswürdigkeiten:

Einbeck: Geschlossenes Stadtbild mit über 400 Fachwerkhäusern, Rathaus (1550), Eulenspiegelbrunnen, Brodhaus (1552), Rats-Apotheke (1590), Marktkirche St. Jacobi (13./14. Jh.), Eickesche Haus, Fahrradmuseum.

Salzderhelden: Heldenburg (13. Jh.).

Greene/Freden: Greener Burg, Eisenbahnviadukt von 1865, Pumpspeicherwerk Erzhausen.

Alfeld: Altstadt mit schönen Fachwerkhäusern, Rathaus im Stil der Weserrenaissance, St. Nicolai-Kirche (13. Jh.), ehem. Lateinschule/Museum (1612), Fagus-Werke (von Walter Gropius).

Brüggen: Barockschloss (17. Jh.).

Gronau: Fachwerkhäuser, Kirche St. Matthäi, barocke St.-Josephs-Kirche und Dominikanerkloster (1680/1715), „Engelbrechtscher Hof" (Museum), Feldberger Kirche.

Burgstemmen: Poppenburg.
Nordstemmen: Schloss Marienburg.
Schulenburg: Ruine Alt-Calenberg.
Hannover: Marktkirche (1349-59), Altes Rathaus, Kreuzkirche (1333), Leineschloss, Leibnizhaus mit Renaissancefassade, Aegidienkirche, Neues Rathaus, Opernhaus, Börse, St. Clemens-Kirche, Welfenschloss, königliche Gärten Herrenhausen, Historisches Museum, Sprengelmuseum, Niedersächsisches Landesmuseum, Wilhelm Busch Museum, Regenwaldhaus, Erlebniszoo u.v.m.

Sonstige Aktivitäten:
Paddeln: Auf der Leine von Hannover zur Aller, der Aller, der Rhume, der Innerste (von Hildesheim nach Hannover) und der Ilme.
Wandern: Zur Lippoldshöhle bei Alfeld (7 km); in den „Sieben Bergen"; auf den Höhenzügen von Külf, Ith und Hills; im Hildesheimer Wald.
Radfahren: Auf dem Leine-Radfernweg; Schneewittchen-Tour „Rund um die sieben Berge"; Räuber-Lippold-Radwanderweg; Mountainbiking in den „Sieben Bergen".
Baden: Freibad in Einbeck, Alfeld, Gronau, Nordstemmen; Strandbad Maschsee; Kiesseen in Leinenähe in Hannover.
Sonstiges: Angeln; Besuch der *Bischofstadt Hildesheim* und *Bad Gandersheim* (Domfestspiele).

Kartenmaterial: ADFC-Regionalkarte, 1:75 000; Wander- und Freizeitkarte Leinebergland 1:50 000.

Literaturhinweise: Deutsches Flusswanderbuch, DKV-Verlag; „Hannover und Südniedersachsen", DuMont Verlag.

Übernachtung in Wassernähe:
Kreiensen: Campingplatz des Kanuclubs Kreiensen; Gasthof „Zur Linde", Tel. (05563) 243.
Freden: Campingmöglichkeit beim Gasthaus „An der Leine", Tel. (05184) 87 83.
Alfeld: Gasthof „Zum braunen Hirsch"(300 m vom Ufer), Tel. (05181) 90 00 95.
Gronau: Einfache Zeltmöglichkeit beim Boots-Club, Tel. (05182)15 09.
Burgstemmen: Gasthof „Zum Hammer", Tel. (05069) 20 73 (günstig).
Hannover: Paddelclub Hannover, Tel. (0511) 84 23 12.

Wichtige Adressen:
Kanuverleih: in Alfeld Tel. (05181) 80 64 22.
Fahrradverleih: in Einbeck, Tel. (05561) 937 70; in Bad Gandersheim, Tel. (05382) 68 15; in Hannover, Tel. (0511) 51 48 20 oder 59 22 59.
Angeln: Infos bei den Touristen-Informationen (Jahresfischereischein erforderlich).
Veranstalter: Gössel Tours, Tel. (05181) 80 64 22.

Auskunft: Touristen-Information in *Einbeck*: Tel. (05561) 91 61 21, www.einbeck.de,
Bad Gandersheim: Tel. (05382) 734 79, www.bad-gandersheim.de
Alfeld: Tel. (05181) 194 33, www.alfeld.de
Gronau: Tel. (05182) 902-0
Hannover: Hannover Tourismus Service, Tel. (0511) 16 84 97 00, www.hannover-tourism.de.

Karte Leine

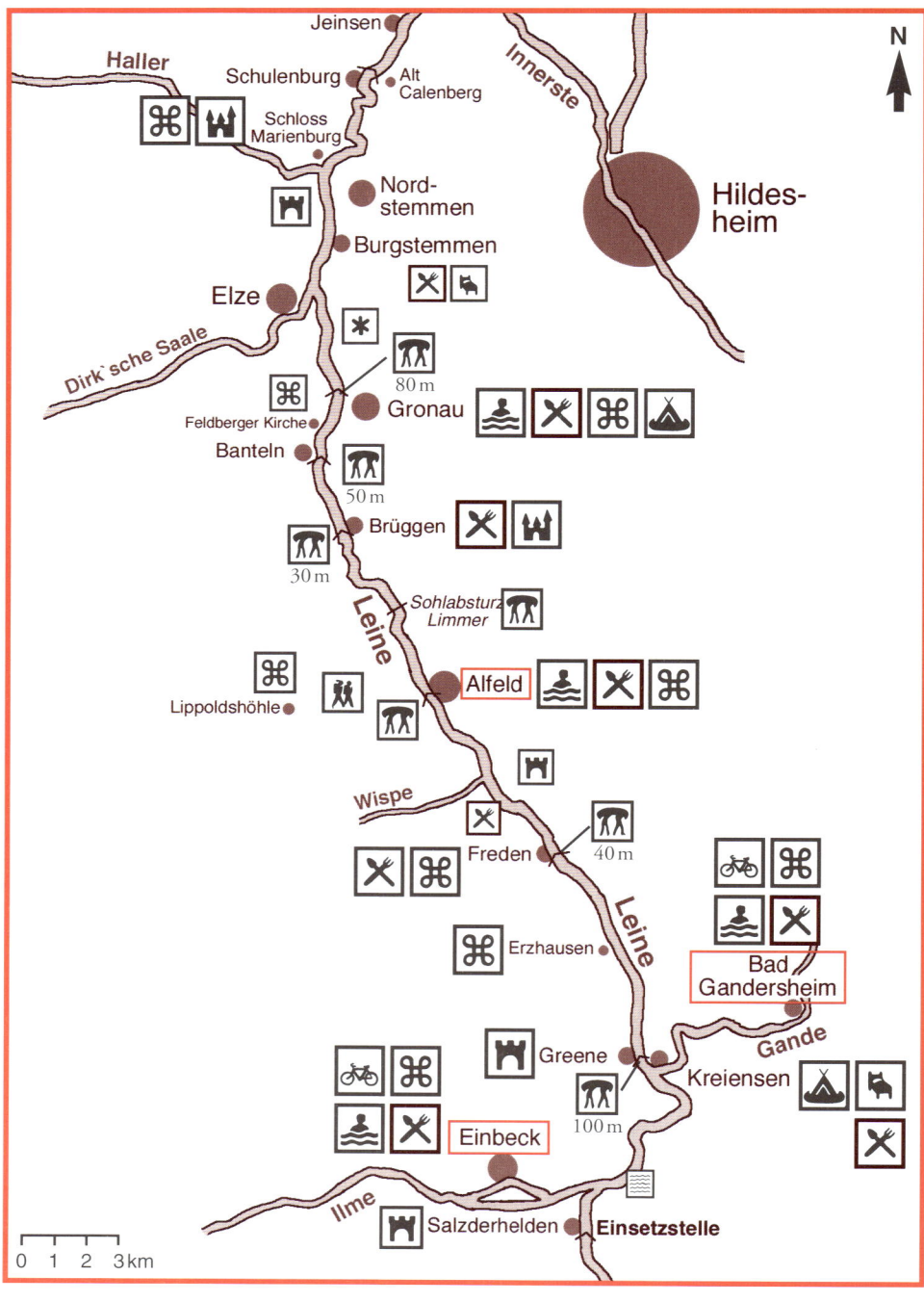

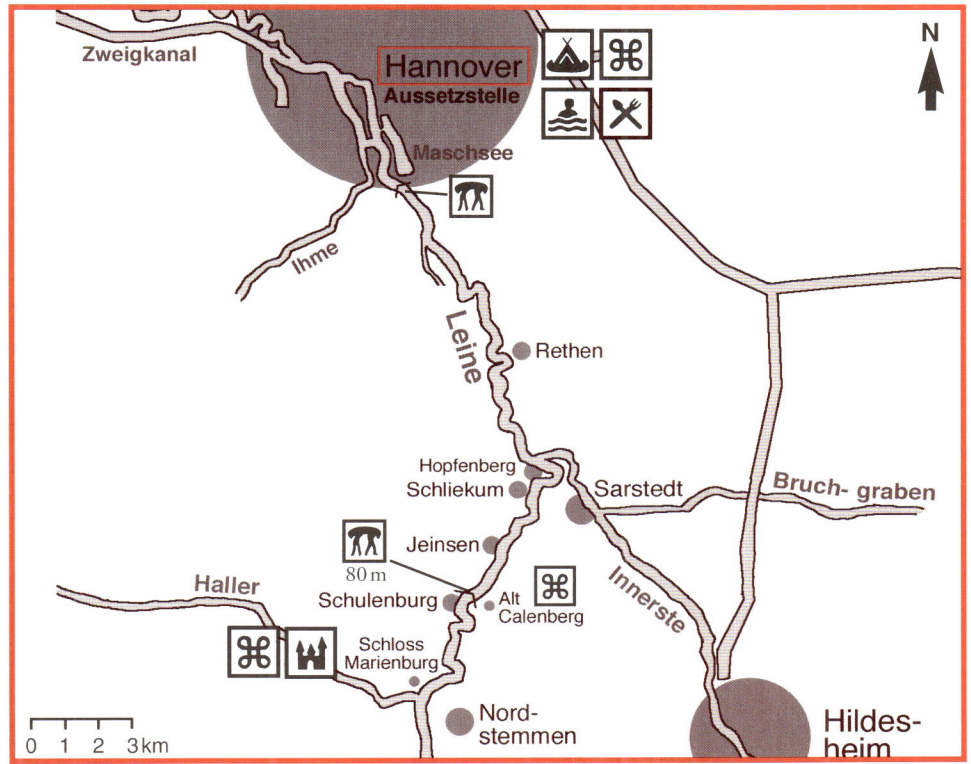

Entlang der Sieben Berge

Es ist heiß, als wir unseren Kanadier samt Gepäck hinter dem Rückhaltewehr über eine Wiese ans Ufer der Leine schleppen. Das Auto haben wir zuvor auf dem Parkplatz des Bahnhofs abgestellt, der nur wenige hundert Meter entfernt jenseits der Leine liegt. Beim Blick von der Brücke auf das hinter uns liegende Hochwasser-Rückhaltebecken schauen wir in eine Polderlandschaft, in der sich inzwischen eine artenreiche Flora und Fauna entwickelt hat. Das 10 ha große Naturschutzgebiet ist ein einmaliger Lebensraum als Zug-, Rast- und Überwinterungsplatz für bedrohte Vogelarten, zumal das Leinetal eine uralte Zugstrecke für Kraniche und Störche ist. Auf mehreren Kilometern Länge ist die Leine für eine Befahrung gesperrt; nur zu Fuß oder per Fahrrad ist die Idylle dieses Naturschutzgebietes zu entdecken. Auch wenn wir in erster Linie zum Paddeln hierher gekommen sind, ließen wir es uns am Tag zuvor nicht nehmen, Einbeck, der malerischen „Fachwerk- und Bierstadt" zwischen Harz und Weser am Rande des Solling, einen Besuch abzustatten. Nur drei Kilometer von Salzderhelden entfernt, ist sie mit über 400 Fachwerkhäusern, davon rund 120 farbenprächtige und reichverzierte

Das Einbecker Rathaus

durch die hohen Toreinfahrten in die Diele der brauberechtigten Häuser gezogen. Kaum zu glauben, dass es um das Jahr 1600 mehr als 700 Häuser mit Braurecht gab, die ihren edlen Saft bis nach München, ins Baltikum und nach Skandinavien vertrieben. Aber auch heute noch kann man in den zahlreichen Gasthäusern der Stadt neben der herzhaften Küche das süffige Bockbier genießen. Ein schöner Standort für Ausflüge in den Harz, an die Weser und ins Leinebergland!

Zuerst fließt die Leine in einem tief eingeschnittenen Flussbett, das uns mit einer fast drei Meter hohen Böschung nur wenige Ausblicke auf die umliegende Wiesen- und Auenlandschaft gönnt. Nur die aus dem 13. Jahrhundert stammende Heldenburg, auf einem Fels oberhalb Salzderheldens thronend, können wir erkennen. Von links fließt das Einbeck streifende sportliche Flüsschen Ilme zur Leine hinzu. Bald folgt die Naturstufe Rittierode, die man am besten im rechten Bereich durchfährt und

spätgotische Bürgerhäuser, ein wahrer Augenschmaus. Übrigens hat Bier brauen in Einbeck eine 600 Jahre alte Tradition. Die öffentliche Braupfanne wurde

Fachwerkschnitzereien

Naturstufe Rittierode

darauf achtet, nicht von der Strömung gegen die Böschung gedrückt zu werden. Wer unsicher ist, kann vor ihr gut links oder rechts anlanden, um die beste Durchfahrt zu finden. In dem darauf folgenden kleinen Schwall freuen wir uns über das recht klare Wasser.

Von beiden Seiten rücken nun dicht bewaldete Hügel nah ans Ufer. Nach Unterfahren einer Straßen- und Eisenbahnbrücke mündet von rechts die Gande in den Fluss. Nur 500 Meter flussaufwärts könnte man sein Zelt auf dem Gelände des Kanuclubs Kreiensen aufstellen, um einen Ausflug in das Solbad Bad Gandersheim zu unternehmen. Berühmt wurde die Stadt durch die Nonne Roswitha von Gandersheim, Verfasserin zahlreicher Epen und Dramen, die als erste deutsche Dichterin des Mittelalters gilt. Die vom Fachwerk geprägte sehenswerte Altstadt wird überragt vom

„Dom", der aus dem 9. Jahrhundert stammenden romanischen Stiftskirche. Sehenswert sind auch das Rathaus im Stil der Weserrenaissance, die Gandersheimer Abtei und das Kloster Brunshausen mit mehr als 1000 Jahren bewegter Geschichte. Die weltberühmten Gandersheimer Domfestspiele, die während sechs Wochen im Sommer stattfinden, bilden sicherlich den kulturellen Höhepunkt des Jahres.

Die flotte Strömung nimmt nun ab; das Wehr von Greene kündigt sich durch Rauschen an. Unmittelbar rechts vor der Wehrkrone legen wir an und tragen etwa 100 Meter um. Im Schatten der Bäume bietet sich eine herrliche Rastmöglichkeit. Wer sich schon hier die Füße vertreten will, wandert hinauf zur nahen Greener Burg aus dem 14. Jahrhundert, die hoch über dem Ort liegt und bis 1694 bewohnt war. Die Festung wurde

Das Rathaus von Alfeld

Unter einer Eisenbrücke hindurch kommen wir mit flotter Strömung zu einer links am Ufer auf der Höhe einer Hochspannungsleitung liegenden Steintreppe. Oberhalb dieser befindet sich das Gasthaus „An der Leine", neben dem man nach Anfrage sein Zelt aufstellen kann. Der Ort ist Ausgangspunkt zweier lohnender Wanderungen zu den Selterklippen über dem Leinetal und, jenseits des Flusses, zur sagenumwobenen Burgruine Winzenburg. Im Jahre 1552 flog auf unerklärliche Weise ihr Pulverturm in die Luft, so dass sie fast ganz zerstört wurde.

Nach Freden halten wir uns bei einem starken Schwall unter der Eisenbahnbrücke links und haben bald Alfeld erreicht, schon von weitem erkennbar durch die Doppeltürme der Kirche und, im Kontrast dazu, die Schornsteine der Papierfabrik. „Perle des Leinebergrandes" wird das am Fuße der „Sieben Berge" liegende Städtchen genannt. An der Brücke kündigt ein Schild „Achtung Wasserfall" an, dass unmittelbar dahinter links umtragen werden muss. Kurz vor der Brücke kann rechts auf Höhe einer großen Wiese an einer Eisentreppe angelegt werden, um der Stadt einen Besuch abzustatten.

Ähnlich alt wie das schöne Einbeck, war die Stadt Alfeld Mitglied im Hansebund und stand zeitweise unter dem Einfluss der Bischöfe von Hildesheim. Rund um den großzügigen Marktplatz ist die Altstadt vor allem geprägt durch

zur Kontrolle des an dieser Stelle möglichen Leineüberganges („Furt") errichtet. Der weite Blick über das Leinetal lohnt sich. Herrliche Wanderwege führen von hier durch den Wald bis hinüber nach Einbeck.

Die Uferböschung wird nun niedriger; rundum breitet sich eine sanft hügelige, grüne Landschaft aus. Immer wieder beobachten wir vor uns her fliegende Eisvögel und Blesshühner, die unseren Weg kreuzen. Vorbei an dem sehenswerten Pumpspeicherwerk von Erzhausen, erreichen wir das Steilwehr von Freden, an dem wir rechts aussetzen und etwa 40 Meter umtragen.

die schönen Fachwerkhäuser. Besondes sehenswert sind das Rathaus von 1584, erbaut im Stil der Weserrenaissance, mit seinen schräg gestellten Fenstern im markanten Treppenturm, die gotische Hallenkirche St. Nicolai und die ehemalige Lateinschule. Mit seinen figürlichen und ornamentalen Schnitzereien aus der biblischen und humanistischen Welt ist der doppelgeschossige Fachwerkbau von 1610, in dem heute das Stadtmuseum untergebracht ist, ein richtiger Blickfang. Vom Zentrum aus sind es nur wenige Gehminuten zum Industriedenkmal des Fagus-Werks, das auf der anderen Seite der Leine liegt. Die vom Begründer des Weimarer Bauhauses, Walter Gropius, von 1911-18 geschaffene Industriearchitektur mit ihrer ständigen Ausstellung gilt heute als Beispiel zeitgenössischer Architektur.

Hinter der zweiten Straßenbrücke passieren wir die Papierfabrik und den durch das Fabrikgelände führenden Wassergraben, der hier hässliche Schaumflocken in die Leine spült. Es ist spät, und wir vermissen auf diesem Teilstück eine Übernachtungsmöglichkeit. Daher wuchten wir kurzerhand unser Kanu die Böschung hinauf und stellen das Zelt in den Schutz einiger Weiden, so dass wir von der Straßenbrücke aus nicht zu sehen sind. Bald sitzen wir in der warmen Abendluft auf dem Marktplatz beim Bier und lassen uns, als wir nach der Bedeutung des blauen Steins im Wappen der Stadt fragen, die Geschichte des Räubers Lippold erzählen, von dem die Sage berichtet, er habe einst in einer Höhle auf dem nahen Reuberg gelebt.

Die Geschichte vom Räuber Lippold

Lippold war ein dreister Raubritter und ließ sich vor vielen hundert Jahren von örtlichen Steinmetzen neben dem „Lügenstein" unweit von Alfeld eine Höhle erbauen. Sie sollte eine Befestigungsanlage zur Sperrung des Glene-Passes und Ausgangspunkt für räuberische Überfälle sein. Damit niemand von dem Bauvorhaben erfuhr, mussten die Steinhauer während der ganzen Bauzeit im Wald bleiben. Als das Felsverließ fertig gestellt war, wurden sie einzeln in die Höhle gerufen, wo sie glaubten, ihren Lohn zu empfangen, aber stattdessen grausam ermordet wurden.

Sein Versteck und die Wege sicherte er mit gespannten Drähten, die bei Berührung in der Höhle eine Glocke läuten ließen. Dann stürmte er heraus und überfiel Kaufleute und Pilger. Dem Versuch mutiger Alfelder Bürger, seiner habhaft zu werden und seine Höhle aufzuspüren, konnte Lippold durch so manche List entgehen. So befestigte er die Hufeisen verkehrt herum auf den Hufen seines Pferdes. Als seine Knechte eines Tages wieder auf Raubzug waren, beschloss er, nicht mehr einsam sein zu wollen. Er wollte eine Frau haben. Als die Tochter des Bürgermeisters heiratete, ging sie mit ihren Gästen in den Weinbergen spazieren. Sie gefiel dem Räuber so sehr, dass er mit einigen Knechten aus dem nahen Wald galoppierte, sie raubte und in sein nahes Felsverließ brachte. Dort musste sie ihm willig sein und alle Arbeit für ihn verrichten. Verließ er die Höhle, kettete er sie an einen Pfeiler, hielt er seinen Mittagsschlaf, so legte er seinen Kopf in ihren Schoß. An Flucht war daher nicht zu denken. Seine besondere Grausamkeit bewies er dadurch, dass er ihre Kinder sofort nach der Geburt aus der Höhle trug und in der Nähe erhängte. Blies der Wind nun in die schaukelnden Skelette und brachte sie zum Klappern, dann lachte er und rief: „Hör einmal, wie unsere Kinder singen". Als Lippold eines Tages schwer erkrankte, war es nötig geworden, im nahen Alfeld lebensrettende Medikamente zu besorgen. Seine Knechte waren unterwegs, so dass ihm keiner diesen Dienst erweisen konnte. Beim Leben ihres einzigen noch unversehrten Kindes musste die Tochter des Bürgermeisters versprechen, beim Gang in die Stadt mit niemandem zu sprechen und sein Versteck nicht zu verraten.

Es war Jahrmarkt, als sie in Alfeld ankam. Obgleich sie viele erkannte und auch erkannt wurde, ging sie wortlos an allen vorüber und setzte sich traurig und erschöpft auf den Stein neben dem Rathaus. Sie weinte, und der Stein, auf dem sie saß und der eben noch grau war, färbte sich durch ihre Tränen leuchtend blau. Plötzlich kam der Bürgermeister, ihr Vater, die Rathaustreppe hinunter. Er blieb vor ihr stehen und dachte sich, da sie auf seine Fragen nicht antwortete, dass sie möglicherweise ein Schweigegelübde abgelegt hätte. So bat er sie, doch dem Stein, auf dem sie saß, ihr ganzes Unglück zu erzählen. Der Stein, aber auch die umstehenden Alfelder erfuhren von ihrem Leiden und sofort versprachen sie, ihr zu helfen.

Schon bald ging es Lippold besser, und wie gewohnt, schlief er seinen Rausch in ihrem Schoße aus. Die Alfelder wussten inzwischen von dieser Angewohnheit. Einige der kräftigsten kletterten auf die Höhle und ließen einen Strick durch den Kamin herab. Die Tochter des Bürgermeisters legte dem Räuber die Schlinge um den Hals und gab durch kurzes Ziehen am Seil das Signal. Sogleich zogen die Burschen kräftig an, und obwohl Lippold erschrocken und laut schimpfend ausrief, dass er sich noch schnell von seiner Frau verabschieden wollte, fielen sie auf diese List nicht herein. Sie erhängten ihn an Ort und Stelle.

Der nächste Morgen weckt uns mit Regen. Missmutig verstauen wir das nasse Zelt und den Rest des Gepäcks im Kanu. Nur vier Kilometer hinter Alfeld folgt der lebensgefährliche Sohlabsturz von Limmer, der unbedingt umtragen werden muss. Am Schild „Achtung Sohlabsturz – Lebensgefahr" legen wir rechts an der unwegsamen und rutschigen Böschung an. Nach kurzer Besichtigung beschließen wir, den rechten Graben, der um den Sohlabsturz herumführt, zu befahren. Das erspart uns das lästige, an dieser Stelle eh schwierige, aber bei Hochwasser wohl notwendige Umtragen. Rechts begleitet uns ab jetzt das schöne Panorama der „Sieben Berge", sieben hintereinanderliegender Hügel, von deren höchster Erhebung, dem 395 Meter hohen Berg „Hohe Tafel", der Blick von einem Aussichtsturm weit ins Leinetal schweift. Einige windungsreiche Kilometer weiter erreichen wir das Dörfchen Brüggen, von dem aus sich ein Aufstieg zum besagten Berg anbietet. Zuvor umtragen wir links das Brüggener Wehr und legen hinter der Straßenbrücke am Ufer an, um dem nahegelegenen Barockschloss der Herren von Steinberg/v. Cramm einen Besuch abzustatten. Während der sich bis zum Leineufer ausdehnende englische Landschaftspark nicht betreten werden

darf, gilt dies nicht für die Hofanlage. Der im 17. Jahrhundert angelegte Gutshof birgt reich stuckierte Innenräume mit hochbarockem Blattwerk von Giacomo Perinetti. In den Räumen seitlich der Durchfahrt befanden sich einst Gericht und Gefängnis. Jeweils Anfang September findet hier ein historischer Markt mit Gauklern und mittelalterlicher Musik statt.

Schon zwei Kilometer weiter müssen wir am Wehr von Banteln wieder, diesmal rechts, umtragen. Kurz vor Gronau liegt links, versteckt zwischen Bäumen, die sehenswerte Feldberger Kirche mit einem kleinen jüdischen Friedhof. Das Tal öffnet sich nun weit. Wir erreichen das Wehr von Gronau, das wir rechts umtragen. Geradeaus führt der Wehrarm zum Gelände des Boots-Club Gronau, der eine einfache Zeltmöglichkeit bietet. Wir paddeln aber, vorbei am Schwimmbad und am Sportplatz, durch Gronau hindurch. Wo rechts der Wehrarm wieder zufließt, warnt ein Schild vor Steinen im Wasser. Die dadurch entstehende Stromzunge kann aber problemlos befahren werden. Kurz darauf kann man in Höhe der Straßenbrücke gut anlegen, um der Stadt einen Besuch abzustatten. Wegen

ihrer Insellage zwischen den Flussarmen der Leine wurde sie „Gronowe" (Grüne Aue) genannt. Neben den Herrenhäusern dreier Adelsgeschlechter und den typisch niedersächsischen Fachwerkhäusern ist insbesondere die neugotische St. Matthäi-Kirche (Schlüssel beim Küster, Kirchplatz 1) mit ihrem bedeutenden Flügelaltar von 1415 sehenswert. Freitags findet hier vor ihrer Tür auf dem Platz der beliebte Wochenmarkt statt.

Immer wieder unterbrechen kleine Schwälle unsere geruhsame Fahrt. Am rechten Ufer liegt nun das Naturschutzgebiet „Leinaue unter dem Rammelsberg", in dessen Bereich wir nicht anlegen dürfen. In Richtung Burgstemmen wird der Uferbewuchs immer dichter. Es ist spät

Rast am Ufer der Leine

und wir halten Ausschau nach einer Übernachtungsmöglichkeit. Die Kühle des Abends kriecht uns in die Glieder. Um so erfreuter sind wir, als wir dort, wo die Leine eine Linkskurve beschreibt und wir auf die Poppenburg zu treiben, rechts oberhalb einer starken Ausbuchtung den Gasthof „Zum Hammer" entdecken. Nach einiger Wuchterei die steile Böschung hinauf dürfen wir das Kanu im Hof des Gasthofs abstellen. Bald sitzen wir im Gasthaus auf der gegenüber liegenden Straßenseite, Anlaufstelle zahlreicher Fernfahrer, bei einem sowohl von der Größe als auch vom Geschmack her beeindruckenden Zwiebelschnitzel mit Bratkartoffeln.

An der die Leinebrücke sichernden Poppenburg, die ehemals eine Grenzfestung der Hildesheimer gegenüber dem Bistum Minden war und heute ein Wohnprojekt für geistig Behinderte beherbergt, geht es vorbei auf Burgstemmen zu. Der Nebel lichtet sich langsam, und wir blicken plötzlich begeistert auf die Konturen der vor uns auf dem Schulenburger Berg liegenden Marienburg. Mächtig thront sie auf dem dicht bewaldeten 173 Meter hohen Kamm. Das romantische Schloss steht dem berühmten Schloss Neuschwanstein in nichts nach. König Georg V. ließ die Marienburg zwischen 1857 und 1866 als Geschenk für seine Gemahlin Königin Marie erbauen. Schon ein Jahr später musste die Königin im Zuge der preußischen Okkupation außer Landes gehen. Das großartig in die Landschaft eingefügte Schloss ging in den Besitz ihrer Nachkommen über, der königlich hannoverschen Familie. Während die Welfenfamilie heute das nahe Hausgut Calenberg

bewohnt, wurde die Marienburg mit großem Aufwand zu einem Schlossmuseum ausgebaut, das zu den bedeutendsten Sehenswürdigkeiten im Raum Hannover zählt. Mit Gegenständen der Kunst, des Kunstgewerbes – Möbel, Waffen, Gemälde usw. aus sieben Jahrhunderten, birgt es geschichtliche und kunstgeschichtliche Kostbarkeiten hohen Ranges.

Unter der Brücke legen wir am linken Ufer an, um zur Marienburg hinauf zu steigen. Ihre Besichtigung ist sehr lohnend.

Die Leine zieht sich durch ein sich weit öffnendes Becken; die Landschaft wird flacher und etwas eintöniger. Bei Schulenburg müssen wir dort, wo der Leinearm zum Kraftwerk abzweigt, links anlanden und noch einmal vor dem Wehr um-

tragen. Eine gute Gelegenheit, um die nahe Feste Calenberg aufzusuchen, die unweit der Brücke hinter einem hohen, mit alten Bäumen bewachsenen Wall liegt. Der acht Meter hohe Wall, ein ramponierter Batterieturm und ein überwachsenes Gewölbe lassen kaum vermuten, dass die gegen 1300 erbaute Festung das Wiedererstarken der welfischen Macht

...burg braucht sich hinter dem berühmten Neuschwanstein nicht zu verstecken

Hannovers Neues Rathaus spiegelt sich im Maschteich

Von nun an geht es flott weiter, vorbei an Jeinsen, Schliekum und in einer großen Schleife um Hopfenberg herum auf Hannover zu. Parkähnlich mutet der Bewuchs zu beiden Seiten des Ufers an. Dicht gedrängt stehen Weiden, Erlen und Ebereschen, als wir nach Hannover einfahren. Vorbei am Kanuclub Laatzen und dem Vereinshaus der Kanuwanderer Hannover, erreichen wir die Umtragestelle von Hannover-Döhren. Ein über den Fluß gespanntes Drahtseil mit einem Warnschild, zeigt uns an, dass wir ein letztes Mal auf dieser Tour umtragen müssen. Den Steg des Paddelclubs Hannover sehen wir nach 500 Metern am rechten Flussufer. Das Gelände mit der netten Gaststätte, den Dusch- und Saunaräumen ist schön angelegt und bietet sich hervorragend als Standort zur Erkundung der Landeshauptstadt an. Nachdem unser Zelt steht,

sichern und ausbauen sollte. Auf einem kaum 10 Meter hohen „Berg" inmitten der feuchten Talaue errichtet, galt das von Wällen mit kleinen Bastionen umgebene Schloss für die Welfen als ausgezeichneter Stützpunkt – lagen Hildesheim und die wichtigen Handelsstraßen doch nur wenige Kilometer entfernt.

überqueren wir auf einer Fußgängerbrücke die Leine, um abends ein erfrischendes Bad in den Kiesseen jenseits der Leine zu nehmen. Die Straßenbahnlinien 1, 2 und 8 oder ein vier Kilometer langer, am Maschsee entlang führender Fußweg bringen den Besucher in die sehenswerte Innenstadt und zum Bahnhof.

Dem Mittelalter auf der Spur

Die Oker

Informationen Oker

Aktivitäten	Natur	Kultur	Baden	Hindernisse

Charakter der Tour: Eine Kanutour auf der Oker ist ein spritziges Vergnügen. Das Flüsschen entspringt aus den Hochmooren des 928 Meter hohen Bruchberges im Harz und fließt mit flotter Strömung der Aller entgegen. Auf ihrem Weg schlängelt sie sich, vorbei am Oderwald, durch das leicht hügelige Braunschweiger Land. Kulturelle Höhepunkte sind die ehemalige Residenzstadt Wolfenbüttel sowie die ehemalige Welfenmetropole Braunschweig.

Der nahe Harz mit seinen dichten Bergwäldern und bizarren Felsenschluchten bietet vielfältige Möglichkeiten zu einem aktiven Wochenende oder gar einem ganzen Urlaub.

Wegen einiger Strauch- und Baumhindernisse auf dem stark mäandernden Fluss ist eine gute Bootsbeherrschung erforderlich.

Anreise: A 395 Braunschweig - Bad Harzburg, Abfahrt 9 (Schladen). Auf der B 82 nach Schladen.

Einsetzstelle: Straßenbrücke der B 82 in Schladen.

Aussetzstelle: Am Anleger des Kanuclubs Braunschweig.

„Zurück zum Pkw": Mit der Bahn stündlich in 25 Minuten von Braunschweig nach Schladen.

Länge der Tour: Ca. 33 km.

Etappenvorschlag: 1. Tag: *Schladen – Wolfenbüttel*; 2. Tag: *Wolfenbüttel – Braunschweig.*

Umtragestellen: Zuckerfabrik Hedwigsburg 30 m; Wallstraße 20 m; Heinrichshafen 15 m. Kanuwagen hilfreich.

Sehenswürdigkeiten:
Schladen: Heimatmuseum (Besichtigung am 1. So im Monat von 15 -17 Uhr) und ehemalige Wassermühle, größte Schlangenfarm Europas auf 3.000 qm, Hügel der ehem. Kaiserpfalz Werla.
Heiningen: Stiftskirche St. Peter und Paul (altes Klostergut).
Dorstadt: Herrenhaus, Museum.
Wolfenbüttel: Altstadtensemble mit über 600 denkmalgeschützten Fachwerkhäusern aus Renaissance und Barock, Fachwerkrathaus (um 1600), „Klein Venedig" (Rest der erhaltenen Grachten), Niedersächsisches Staatsarchiv, Herzog August Bibliothek, Lessinghaus, Hauptkirche Beatae Mariae Virginis (1608), barocke Trinitatiskirche (ehem. Kaisertor), St. Johanniskirche, historisches Altstadtfest.

Braunschweig: Fachwerkhäuser (16. Jh.), romanischer Dom St. Blasii (12. Jh.) u.a. mit dem Grabmal Heinrichs des Löwen, gotisches Rathaus (13. Jh.), Schloss Richmond, Martinikirche, St.-Magni-Kirche, Klosterkirche St. Aegidien (13.-15. Jh.), „Alte Waage" (schönes Fachwerkhaus von 1534), Lessing-Denkmal (1853), Städt. Museum, Herzog Anton Ulrich-Museum, Braunschweigisches Landesmuseum, Eisenbahnmuseum, Mittelalterlicher Markt an Pfingsten, Magnifest (1. Sept.-Wochenende), Burg Dankwarderode mit dem bronzenen Burglöwen, Klosterkirche Riddagshausen (1261).

Sonstige Aktivitäten:
Paddeln: Auf der Oker von Braunschweig zur Aller; auf der Aller; auf der Ise von Gifhorn nach Alt Isenhagen.
Wandern: Im Naturschutzgebiet „Okeraue" und im Landschaftsschutzgebiet „Sudholz" nahe Schladen; im Landschaftsschutzgebiet „Kleiner Fallstein" bei Hornburg; durchs Okertal zu den „Kästeklippen" zwischen Goslar und Altenau; durch den Oderwald zwischen Schladen und Wolfenbüttel; durchs Waldgebiet „Lechlumer Holz" bei Wolfenbüttel; im Europa-Reservat Riddagshausen (Rastplatz von Kranichen und Gänsen) bei Braunschweig; auf dem Höhenzug Elm (schöner Buchenwald) bei Braunschweig; auf dem „Goetheweg" von Altenau-Torfhaus durch die Nationalparks „Harz" und „Hochharz" zum Brocken (Museum); Themenwanderungen durch den Harz.
Radfahren: durchs Tal der Oker; um den Okerstausee.
Baden: Im Okerstausee; Freibäder in Schladen, Wolfenbüttel, Braunschweig; Freizeitzentrum Südsee in Braunschweig.
Sonstiges: Angeln; Klettern an den Granitklippen im Okertal; *Rafting* im Okertal; *Mountainbiking; Schiffsfahrten* auf dem Okerstausee; Besuch des *Nationalparkhauses Altenau-Torfhaus* (Naturerlebnisprogramme, Ausstellungen, Multimedia- und Tonbildschau); Besuch von *Goslar* (Kaiserpfalz, UNESCO-Weltkulturerbe, Besucherbergwerk Rammelsberg), *Hornburg* (malerisches Fachwerkstädtchen), *Bad Harzburg, Vienenburg* (ältestes erhaltenes Bahnhofsgebäude Deutschlands), *Königslutter* (Kaiserdom), *Helmstedt* (ehem. Universitäts- und Hansestadt), *Schöppenstedt* (Till Eulenspiegel-Stadt), *Wernigerode* (Fachwerkstadt), *Quedlinburg* (Königspfalz, Domschatz, UNESCO-Weltkulturerbe), *Gifhorn* (Mühlenstadt).

Kartenmaterial: Wassersport-Wanderkarte 2, 1:550 000, Jübermann-Verlag; Radwanderkarte Niedersachsen Nr. 24, 1:75 000, ISBN 3-89435-650-2.

Literaturhinweise: Deutsches Flusswanderbuch, DKV-Verlag; „Hannover und Südniedersachsen", DuMont Verlag; „Deutsche Nationalparks – Harz und Hochharz", VEBU Verlag; Radwanderkarten „Harz" und „Harzrundweg", Bielefelder Verlagsanstalt; „Radwandern Braunschweiger Land", Stöppel Verlag; „Freizeit gestalten – Natur erhalten" (Wandern und Radwandern in und um Braunschweig), Braunschweiger Verkehrs AG; „Spaziergänge durch Lessings Wolfenbüttel", Arche Verlag.

Übernachtung in Wassernähe:
Wolfenbüttel: SKSG Wolfenbüttel, Tel. (05331) 622 28 und 731 45.
Braunschweig: Kanuclub, Tel. (0531) 734 19.

Wichtige Adressen:

Kanuverleih: Rasensportverein Braunschweig, Tel. (05372) 67 80 sowie in Braunschweig, Tel. (0531) 529 25.

Fahrradverleih: in Braunschweig, Tel. (0531) 57 66 36; „Harz-Bike"in Goslar, Tel. (05321) 820 11.

Angeln: Infos bei den Touristeninformationen.

Klettern: Deutscher Alpenverein Sektion Goslar, Tel. (05326) 83 29.

Sonstiges: www.landkreis-goslar.de; www.goslarinfo.de; www.harzinfo.de; www.harzpoint.de; www.harz klub.de; Nationalparkhaus Altenau-Torfhaus Tel. (05320) 263, www.nationalpark haus-altenau-torfhaus.de.

Auskunft:

Schladen: Tel. (05335) 801-0.

Wolfenbüttel: Tel. (05331) 862 80, www.wolfenbuettel.de.

Braunschweig: Tel. (0531) 27 35 50, www.braunschweig.de.

Karte Oker

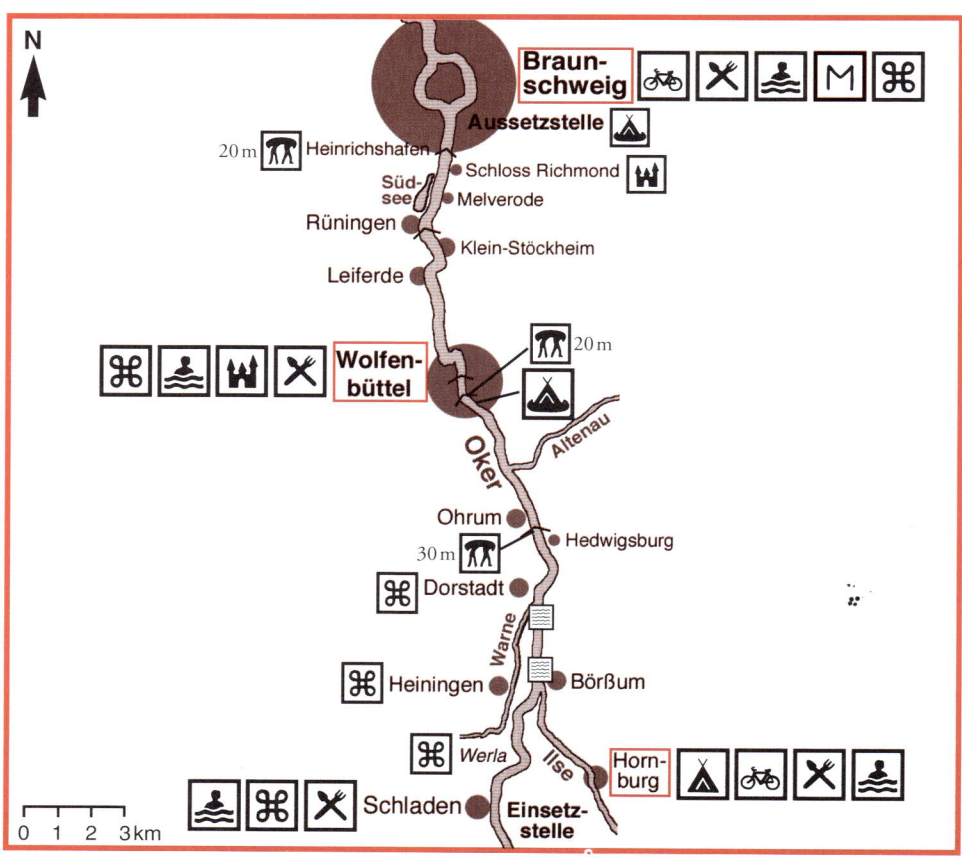

Dem Mittelalter auf der Spur

Mit einem leichten Gruselgefühl ist unser Besuch in Europas größter Schlangenfarm in Schladen schon verbunden. Ungefähr 1.300 Riesen- und Giftschlangen, darunter allein 4 Klapperschlangenarten, Spinnen, Skorpione, Krokodile, Alligatoren und andere Tiere sind hier zu beobachten. Eine besondere Attraktion ist die Fütterung der Tiere.

Nun aber geht's hinunter zum Ufer der Oker, wo wir hinter der Straßenbrücke der B 82 in das flott strömende Flüsschen einsetzen. Das Flussbett ist anfangs an einigen Stellen flach und steinig. Rechter Hand entschwindet die Zuckerfabrik schnell unseren Blicken. Bei unserer Einfahrt nach Schladen hatten wir noch über die lange Schlange der mit Zuckerrüben beladenen Lastwagen gestaunt, die hier ihre Fracht abliefern. Noch viele Zuckerrübenberge werden uns am Rande der Felder auf dieser Fahrt ins Auge stechen.

Ein junger Fuchs liegt faul in der Sonne am Uferrand und schaut uns verwundert hinterher. Schnell sind wir, über kleine Schwälle hüpfend, an ihm vorbei. Bis Ohrum müssen wir aufpassen, dass uns die Strömung in den Kurven nicht in so manches Strauchhindernis hineindrückt. Oft müssen wir uns unter tief über dem Wasser hängenden Zweigen hindurch ducken. Manövrieren sollte man auf diesem Streckenabschnitt daher schon können.

Dicht am linken Ufer taucht vor uns der 18 Meter hohe Hügel der einstigen Kaiserpfalz Werla auf. In den Kämpfen zwischen Heinrich I. und den Ungarn erlangte die imposante Wehranlage, die auch Ort königlicher Hoftage und Versammlungsplatz des sächsischen Adels war, überragende Bedeutung. Im Jahre 926 waren die Ungarn wieder einmal in Sachsen eingefallen, und Heinrich hatte sich nach Werla zurückgezogen. Als Gegenleistung für die Freilassung eines gefangengenommenen ungarischen Fürsten waren die Ungarn bereit, Frieden zu schließen. Nach Verlegung der Pfalz nach Goslar im 13. Jahrhundert verfiel Werla. Heute sind oberirdisch leider keine Spuren des einst freigelegten Fundaments mehr zu erkennen.

Hinter der Straßenbrücke von Börßum erwartet uns eine Steinwurfstufe. Lautes Rauschen lässt unseren Puls höher schlagen, und ehe wir uns versehen, zieht die Strömung uns in die Mitte des Flusslaufs. Mit viel Spaß geht es durch das aufspritzende Wasser des kräftigen, aber gut fahrbaren Schwalls hindurch. Man kann hier auch aussetzen, um zur nahegelegenen Klosterkirche St. Peter und Paul mit dem zum Klosterkomplex gehörenden Landschaftsgarten in Heiningen zu spazieren. Vor dem Jahre 1000 gegründet, wurde das Kloster schon früh für seine Stickereien berühmt.

Fassade in Goslar

Erst 1810 wurde es aufgelöst und noch heute kann man die Kirche, eine kreuzförmige Basilika aus dem 12. Jahrhundert, bewundern. Neben den Wandmalereien, der Kanzel, dem achteckigen Taufstein und den alten Kirchenbänken bestechen besonders die zahlreichen Schnitzfiguren.

Links begleiten uns nun die Höhen des Oderwaldes; die zahlreichen kleinen Schwälle, die allesamt mittig gut zu befahren sind, machen großen Spaß. Ein Schild „Vorsicht Sohlabsturz" irritiert uns etwas, entpuppt sich jedoch ebenfalls als gut fahrbare Steinwurfstufe. Kurz darauf erreichen wir die Straßenbrücke von Dorstadt. Links an der Brücke legen wir

Die Trinitatiskirche in Wolfenbüttel

an und laufen, vorbei an den Ländereien eines alten Herrenhauses und den Ruinen der alten Klosterkapelle, die wenigen hundert Meter ins Dorf. Auf dem schönen Gelände des einst als Augustinerinnenkloster gegründeten Anwesens befinden sich heute ein Gestüt und ein privates Museum.

Hinter Dorstadt suchen wir stromabwärts am Ufer ein schönes Plätzchen in der Sonne. Genüsslich essen wir unseren mitgebrachten Pflaumenkuchen, lassen die Wolken über uns hinwegziehen und beobachten einen am Himmel kreisenden Rotmilan. Mit seinem langen, rostroten, tief gegabelten Schwanz und einer Spannweite von bis zu 180 Zentimetern ist der Greifvogel im Wolfenbüttler Raum weit verbreitet. Die Oker wird nun etwas breiter und träger, bis rechter Hand die Zuckerfabrik Hedwigsburg vor uns auftaucht. Am links liegenden Wehr vorbei zu fahren ist nicht ratsam, da dort kein Umtragen mehr möglich ist. Daher setzen wir kurz vor dem Wehr am linken Ufer an einer kleinen Metalltreppe aus und tragen das Boot etwa 30 Meter zum Unterwasser der Oker. Glücklicherweise nimmt die Strömung auf dem Weg nach Ohrum wieder zu. Um das Dorf ranken sich viele Sagen. Die alte Heerstraße vom Rhein zur Elbe führte bei dem Dorf durch eine seichte Stelle im Fluss. Eine Sage berichtet, dass der Untergang des Thüringenreiches im Jahre 531 bei einer Schlacht an der Furt bei Ohrum besiegelt worden sein soll. In den folgenden Jahrhunderten gab es zahlreiche Anläufe zur Errichtung einer Brücke über den Fluss, zu deren Bau die Zustimmung des Bischofs erforderlich war. Da damit eine stärkere Beanspruchung der Heerstraße verbunden war, verweigerte er erstmals 1652 die Einwilligung. Bei einem zweiten Anlauf kam Herzog Rudolf August auf den früheren Plan zurück und versuchte ihn dem Bischof schmackhaft zu machen mit dem Vorschlag, dass nur er und der Bischof die Brücke benutzen dürften. Nun willigte dieser ein, aber schon wenige Jahre später wurde sie allgemein befahren, was den Bischof dazu bewog, ihren sofortigen Abriss zu fordern.

In vielen kleinen Windungen erreichen wir die alte Residenzstadt Wolfenbüttel. Nach Unterfahren zweier Eisenbahn- und einer Straßenbrücke biegen wir am Wolfenbütteler Landschaftspark rechts in einen Wasserarm ein und erreichen nach 800 Metern das Ge-

Wochenmarkt vor dem Wolfenbütteler Rathaus

lände des SKSG Wolfenbüttel. Da der Wolfenbütteler Campingplatz nicht mehr existiert, sind wir froh, nach Rücksprache hier unser Zelt aufstellen zu dürfen. Nur 10 Minuten Fußweg trennen uns von der im planmäßigen Renaissance-Stil angelegten Altstadt. Über 600 malerische Fachwerkhäuser umgeben die großen, nach italienischem Vorbild angelegten Plätze.

Die Sage erzählt, dass ein gewisser Wulferus sich in der Okerniederung ein „butle" – ein Gehöft – baute. Als aus dem Gehöft bald eine Wasserburg geworden

war und ihre Herren einen gegen die Welfen gerichteten Herrschaftsbereich aufzubauen versuchten, war der Ärger vorprogrammiert. Heinrich der Löwe zerschlug die Burg; später kam sie in den Herrschaftsbereich der Braunschweiger. Noch im 13. Jahrhundert entstand an ihrer Stelle eine Welfenburg, die 1432 zur festen Residenz wurde. In dieser Zeit machte Paul Franke aus dem trutzigen Bergfried ein schmuckes Schlösschen; Hofbaudirektor Hermann Korb gab ihr die barocke Fassade.

„Klein-Venedig" in Wolfenbüttel

Auch kulturell vollzog sich eine beeindruckende Entwicklung. Herzog August der Jüngere trug in ständiger Konkurrenz mit dem französischen König die zur damaligen Zeit größte Bibliothek des Abendlandes zusammen, auch als „achtes Weltwunder" bezeichnet. Heute umfasst sie 800.000 Bände, 12.000 wertvolle Handschriften und 5.000 Drucke aus der Frühzeit der Buchdruckkunst. Hier ist auch das 1983 in London ersteigerte „teuerste Buch der Welt" zu bestaunen. Für 32,5 Millionen Mark wechselte das Evangeliar Heinrichs des Löwen, die 1188 im Kloster Helmarshausen an der Diemel entstandene bebilderte Handschrift,

seinen Besitzer. Sie ist das kostbarste Zeugnis mittelalterlicher Buchmalerei in Deutschland. Kein Wunder, dass Gotthold Ephraim Lessing, der hier als Bibliothekar in herzoglichen Diensten stand und nach Herzenslust forschen und lesen durfte, hellauf begeistert war. In solch einer beflügelnden Atmosphäre entstand sein berühmtes Werk „Nathan der Weise". Neben dem Dichter und Vorkämpfer aufgeklärter Toleranz wirkten oder weilten in der Stadt zum Beispiel der aus Creuzburg an der Werra stammende Musiker Michael Praetorius, Wilhelm Busch, der Maler Lucas Cranach, der „Lügenbaron" Freiherr von Münchhausen und sogar Giacomo Casanova verbrachte, wie er sagte, die glücklichsten acht Tage seines Lebens, zurückgezogen in der Bibliothek.

Nur wenige Schritte sind es zum Marktplatz der Stadt, der umgeben ist von Bürger- und Hofbeamtenhäusern des 17. und 18. Jahrhunderts. Im letzten Rest einer der wenigen erhaltenen Grachten „Klein Venedigs" – von holländischen Städtebauern im späten 16. Jahrhundert angelegt – spiegelt sich die Abendsonne.

Am nächsten Morgen versperrt uns nach wenigen hundert Metern das Wehr an der Wallstraße den Weg. Unter der Brücke umtragen wir am rechten Ufer das Hindernis. Von hier aus bietet sich der kürzeste Weg in die Altstadt.

Entlang schöner Häuser führt unser Wasserweg auf die Kenoshabrücke zu. Wenn der Wasserstand es erlaubt, ist die

Rutsche im mittleren Joch fahrbar. Vorher sollte man links am Ufer anhalten und den Wasserstand begutachten. Wie wir erkennen können, ist dieser knapp ausreichend, aber rechts liegen größere Steine im Joch. In der Rutsche halten wir uns daher links und rutschen mit Ach und Krach über einige schwer auszumachende Steine hinweg. Zum Glück ist uns das beschwerliche Treideln erspart geblieben. Eine Umtragung hätte sich noch schwieriger gestaltet.

Hinter der Stadt entpuppt sich die Oker mit ihrer sanften Strömung und den zahlreichen Windungen bald als liebenswerter kleiner Wiesenfluss. Auf einem flachen Stein sonnt sich eine Schildkröte, die bei unserem Auftauchen schnell ins Wasser gleitet. Vor der Brücke von Leiferde legen wir an einem Holzsteg an und statten der kleinen alten Kirche einen Besuch ab. Einen Kilometer hinter Leiferde, bei Klein Stöckheim, beginnt die Okerbegradigung. Auf dem nun breit und träge gewordenen Fluss geht es auf das Wehr von Rüningen zu. Falls die Bootsgasse links mangels Wasser nicht fahrbar sein sollte, kann auch auf dieser Seite umtragen werden. Wir haben Glück, rutschen rasch ins Unterwasser und paddeln am Ortsteil Rüningen vorbei, dem mittelalterlichen Braunschweig entgegen. Vor der Autobahnbrücke der A 39 befindet sich hinter der linken Uferböschung der große Südsee, ein Paradies für Wasserfreunde, mit vielen Freizeitanlagen. Auf Höhe des Ortsteils Melverode zeigt sich die Oker noch einmal von ihrer idyllischen Seite. Vorbei an Vereinshäusern der Braunschweiger Wassersportler, gelangen wir zum englischen Landschaftspark mit dem oberhalb liegenden Schloss Richmond. Wir schlendern durch den Park und genießen die letzten Sonnenstrahlen an diesem herrlichen Spätsommertag. Nach einigen weiteren Brücken erreichen wir das Wehr Heinrichshafen.

Mit der Stadt Braunschweig verbindet sich der Name Heinrich des Löwen aus

Schloss Richmond am Ufer der Oker

dem sächsischen Fürstengeschlecht der Welfen. Der 1195 Gestorbene war einer der ganz Großen in der Geschichte des Mittelalters. Schon mit 13 Jahren wurde er Herzog von Sachsen, bald auch von Bayern und damit einer der mächtigsten Fürsten im Reich. Große Probleme bekam er erst, als Kaiser Friedrich Barbarossa ihn um Waffenhilfe im Kampf gegen die rebellierenden oberitalienischen Städte bat. Er hatte die Stirn ihm diese zu versagen, woraufhin der Kaiser die Schlacht verlor. Nach einem spektakulären Prozess musste er nach England fliehen und verlor fast seine ganzen Besitzungen. Nach seiner Rückkehr verblieben ihm nur noch seine Ländereien um Lüneburg und Braunschweig. Einst baute sich der wie ein „Nebenkaiser" auftretende Heinrich als Residenz einen romanischen Palast im Stil der großen Kaiserpfalzen sowie einen Dom, der dem Kaiserdom in Speyer um nichts nachstand. Sein und seiner Gemahlin im Dom befindliches Grabmal ist eine Meisterleistung mittelalterlicher Steinmetzkunst.

Hinter einer Brücke legen wir links an der ausgewiesenen Umtragestelle an. Eine Bootsrolle erleichtert das Herausziehen des Kanus, aber unser Kanuwagen ist trotzdem für die 15 Meter kurze Umtragung über den betonierten Boden hilfreich, da wir dieses nun nicht mehr entladen müssen. Etwa 700 Meter hinter einem rechts abzweigenden Wasserarm erreichen wir das Gelände des Braunschweiger Kanuclubs. Da auch in Braunschweig der Campingplatz nicht mehr existiert, dürfte es schwer fallen, eine andere geeignete Unterkunft am Wasser zu finden, um die sehr sehenswerte Stadt zu besichtigen.

Von ihrer Schönheit können wir uns am nächsten Tag bei einem kleinen Rundgang überzeugen. Der Altstadtmarkt ist einer der schönsten alten Stadtplätze in Deutschland; das nahe gotische Rathaus aus dem 13. Jahrhundert besticht mit den zweistöckigen Lauben und den 17 gearbeiteten Sandsteinfiguren, die welfische Herrscher darstellen. Ebenso wie in Wolfenbüttel verbinden sich berühmte Namen mit der Welfenmetropole. Neben dem Schelm Till Eulenspiegel, der seinem Bäckermeister Eulen und Meerkatzen buk, sind der hier gestorbene Dichter Lessing, Wilhelm Raabe sowie der Fototechniker Ritter von Voigtländer zu erwähnen. Heute ist Braunschweig eine Stadt der Museen. Das Herzog Anton Ulrich-Museum, mit seiner Gemäldesammlung von hohem Rang, gilt als ältestes europäisches Museum. Seine Sammlung umfasst Werke von Georgione, Holbein, Rembrandt, Rubens, Vermeer, van Delft und anderen berühmten Malern.

Reizvolles Tal zu Füßen des Harzes

Die Rhume

Informationen Rhume

Aktivitäten   Natur   Kultur   Baden   Hindernisse

Charakter der Tour: Die Rhume entspringt im südwestlichen Karstgebiet des Harzes. Mit einem Wasserausstoß von über 4000 Liter pro Sekunde zählt ihre Quelle zu den größten Europas. Auf ihrem Weg zur Leine durchfließt sie ein reizvolles Tal mit bewachsenen Ufern, die nur an Wehren und Brücken betreten werden sollten. Ab Gieboldehausen ist die Rhume ganzjährig mit allen Kanutypen und in kleinen Gruppen befahrbar. Einige teils kräftige Schwälle machen die Fahrt sehr abwechslungsreich.

Anreise: A 7 Hannover – Kassel, Abfahrt 69 (Northeim-Nord). Auf der B 241/247 über Northeim und Katlenburg nach Gieboldehausen.

Einsetzstelle: An der Straßenbrücke der B 27 in Gieboldehausen.

Aussetzstelle: Unter der Autobrücke vor dem Bootsverleih von Northeim.

„Zurück zum Pkw": Mit dem Bus ca. stündlich in etwa einer Stunde von Northeim nach Gieboldehausen.

Länge der Tour: Ca. 31 km.

Etappenvorschlag: Tagestour oder 1. Tag: *Gieboldehausen – Katlenburg*; 2. Tag: *Katlenburg – Northeim.*

Umtragestellen: Bilshausen; Lindau; Katlenburg; Elvershausen. Kanuwagen erforderlich.

Sehenswürdigkeiten:
Gieboldehausen: Fachwerkschloss (1510), St. Laurentius-Kirche (15. Jh.).
Bilshausen: 1000 Jahre alte Dorfkirche.
Lindau: Mittelalterlicher Marktplatz.
Katlenburg: Burg mit Schlosskirche, spätgotisches Magazingebäude.
Berka: Alte Fachwerkkirche.
Elvershausen: Schöne Fachwerkhäuser, Kirche (1519).
Northeim: Fachwerkhäuser, ehem. Benediktinerkloster St. Blasien (1100), spätgotische Hallenkirche St. Sixti mit Flügelaltar von 1420/30 und bronzenem Taufbecken von 1510, „Alte Wache", St. Fabian- und Sebastiankapelle (1350), Heimatmuseum, Reste der Stadtmauer, mittelalterlicher Klostermarkt (3. Septemberwochenende), „Wieterturm" (toller Blick über das Rhumetal), Schloss Imbshausen mit Park.

Sonstige Aktivitäten:

Wandern: Im Naturschutzgebiet „Northeimer Mittelwald" im Wieter (Schautafeln zur Heimatgeschichte säumen die Pfade); von Northeim nach Katlenburg (12,5 km); im Harz und Solling.

Radfahren: Durchs Tal der Rhume; von Gieboldehausen zur Rhumequelle; auf dem Leine-Radfernweg.

Baden: In den Seen der „Northeimer Seenplatte" und im Seeburger See (südlich von Gieboldehausen).

Sonstiges: Angeln in der Rhume*; Angeln, Segeln, Surfen, Tauchen* und *Vogelbeobachtung* auf den Seen der „Northeimer Seenplatte"; Besuch von *Rhumspringe* (Quelltopf der Ruhme), *Duderstadt* (malerische Fachwerkhäuser, schönes Rathaus), *Göttingen, Einbeck, Osterode.*

Kartenmaterial: Wassersport-Wanderkarte 2, 1:550 000, Jübermann-Verlag; Rad- und Wanderkarte Landkreis Northeim, 1:75 000, Tourist-Information Northeim.

Literaturhinweise: Deutsches Flusswanderbuch, DKV-Verlag; „Hannover und Südniedersachsen", DuMont Verlag.

Übernachtung in Wassernähe:

Gieboldehausen: Wassersportclub (tolles Gelände!), Tel. (05528) 87 39; Gasthof „Zum weißen Roß" (nicht in Wassernähe, aber günstig und gute Küche), Tel. (05528) 778.

Lindau: „Hotel Rosenhof" (300 m vom Ufer, aber eigene Anlegestelle), Tel. (05556) 866.

Northeim: Campingplatz (nicht am Fluss).

Wichtige Adressen:

Kanuverleih: Bootsverleih Northeim, Tel. (05551) 43 80.

Fahrradverleih: am Jugendgästehaus in Northeim.

Angeln: in Katlenburg-Lindau, Tel. (05552) 10 51.

Auskunft:

Gieboldehausen: (05528) 20 21 81.

Katlenburg-Lindau: Tel. (05552) 993 70.

Northeim: Tel. (05551) 91 30 66, www.northeim.de.

Karte Rhume

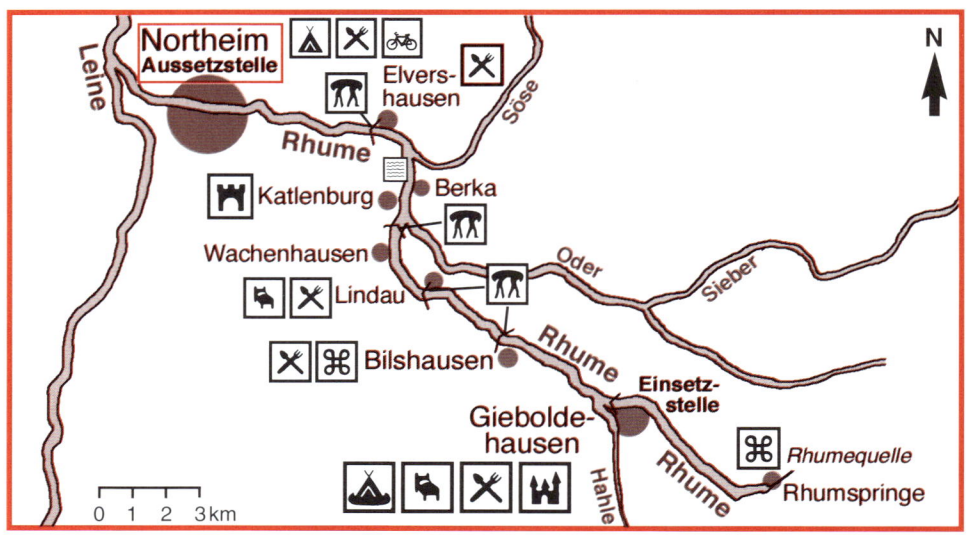

Reizvolles Tal
zu Füßen des Harzes

Wir stehen in der Nähe des Dörfchens Rhumspringe am Ufer des türkisfarbenen Quelltopfes der Rhume, einer der größten Quellen des Kontinents. Bis zu mehr als 4 000 Liter Wasser pro Sekunde strömen stetig aus der Erde. Zu allen Zeiten haben Quellen die Phantasie der Menschen angeregt. Beim faszinierten Blick in die Tiefe des Sees nimmt die geheimnisvolle Sage zur Namensgebung der Rhumequelle Gestalt an. Rhuma, die jüngste Tochter eines bei Bad Sachsa lebenden Zwergenkönigs, verheiratete sich mit Romar, einem Abkömmling eines Riesenvolkes. Da-

rüber war ihr Vater so erzürnt, dass er sie in den Tiefen einer Harzhöhle gefangen hielt. In dem sie sich aber in einen Bach verwandelte und auf unterirdischen Pfaden aus dem Reich ihres Vaters floh, konnte sie sich befreien. Unweit von Duderstadt kam sie wieder zu Tage und war mit Romar vereint. Zum Gedenken daran wurde die Quelle Rhumaquelle, heute Rhumequelle, genannt. Tatsächlich tritt das am Harzrand versickernde und sich in Spalten und unterirdischen Hohlräumen über lange Zeit sammelnde Regenwasser nach mehreren Tagen unter erhöhtem Druck aus der Quelle. Ein Wanderweg führt rings um die Quelle zu weiter entfernt liegenden Ausflugszielen.

An Deutschlands ergiebigster Quelle

Die Nacht vor unserer Tour verbringen wir auf dem großzügigen Vereinsgelände des Wassersportclubs Gieboldehausen. Wir sind die einzigen Gäste und bekommen nach telefonischer Anmeldung den Schlüssel zum stimmungsvollen Haus mit seinem offenen Kamin in die Hand gedrückt. Der Platz ist so liebevoll gestaltet, dass es uns gelüstet, hier einfach noch einen Tag länger zu verbringen. Neben der Feuerstelle auf der großen Zeltwiese sind wir angetan von den vielen Sitzgelegenheiten, dem Außengrill, der bepflanzten Terrasse und den Kinderspielgeräten.

Schon früh sind wir mit dem Auto zur Einsetzstelle in Gieboldehausen unterwegs. Die beschwerliche, 800 Meter lange Umtragung im Ort wollen wir uns sparen und fahren daher an der Brücke der B 27 in die Straße zum Schulzentrum. Gleich biegen wir wieder rechts auf einen großen Parkplatz, wo wir das Auto bis zum Ende der Tour stehen lassen. Mit dem Kanuwagen schieben wir den Kanadier über eine Fußgängerbrücke auf die Wehrinsel, an deren Spitze wir in die Rhume einsetzen. Unter der Eisenbahnbrücke hindurch erreichen wir auf dem noch flachen und schmalen Flüsschen den Zusammenfluss von Hahle und Rhume. Anfangs verwehrt uns die hohe, dicht mit Brennesseln bewachsene Uferböschung den Blick auf die

Höhen des Rotenbergs, der sich rechter Hand zwischen Rhume und Oder schiebt. Tief hängen die Weiden über der Wasseroberfläche; kurz vor Bilshausen rückt von links dichter Wald ans steil aufragende Ufer. Kurz vor dem Wehr lockt vor dem Minigolf- und Kinderspielplatz ein Anleger zu Kaffee und Kuchen. Von hier aus machen wir einen Abstecher zur 1 000-jährigen Dorfkirche. Später bugsieren wir das Kanu am rechten Ufer entlang über die Straßenbrücke zum linken Flussufer. Hinter der alten Mühle führt ein kleiner Pfad hinunter zum Unterwasser.

Gieboldehausen

195

Die Katlenburg wird heute als Freizeitstätte genutzt

Das in ihrem Oberlauf noch so klare Wasser der Rhume ist leider schon reichlich trübe geworden. Dies tut dem Spaß an unserer sommerlichen Tour jedoch keinen Abbruch. Türkis schimmernde Eisvögel schießen vor uns her. Wolken jagen über den sonst blauen Himmel und verdecken immer wieder kurz die Sonne. Das nächste Wehr in Lindau ist unfahrbar und muss rechts etwa 30 Meter umtragen werden. An Wachenhausen vorbei taucht bald vor uns, auf einer schmalen Bergzunge über dem Rhumetal gelegen, die Katlenburg auf. Ihr zu Füßen münden Oder, Söse und Katlenbach in die Rhume. Das Wehr von Katlenburg umtragen wir rechts und müssen die folgenden 20 Meter mangels Wasser treideln. Nun bereuen wir doch, nicht den Schwimmbalken abgespreizt und in den Mühlengraben eingefahren zu sein. Vor der Brücke am Mühlenwehr müsste man dann vor den Häusern

rechts zur Straßenbrücke der B 247 umtragen. An der Straßenbrücke der B 241 befindet sich am rechten Ufer eine gute Aussetzstelle mit einem dahinter liegenden Parkplatz. Auf der anderen Flussseite geht es über exakt 142 Stufen hinauf zur Katlenburg.

Die Burg wurde um 1000 von den Grafen von Catlenburg gegen die heidnischen Elbslawen errichtet. Die Umwandlung in ein Kloster erfolgte im Jahre 1104. Das Volkslied vom „Frevler Horlemann", der im Jahre 1346 das Kloster in Brand gesteckt haben soll, gilt als ältestes deutsches Lied in plattdeutscher Sprache. Zahlreiche weitere Brände und Belagerungen in den folgenden Jahrhunderten, aber auch das Geheimnis um einen in einem Gewölbe verborgenen und nie gefundenen Schatz, lassen die Katlenburg zu einem Ort mit bewegter Geschichte werden. Auf dem Burgberg direkt daneben steht die nach Beschädigungen im

Dreißigjährigen Krieg neu aufgebaute Kirche von 1650. Wer sich die Mühe macht und den Schlüssel beim Nachbarn abholt, kann die Kirchenfenster und den Kanzelaltar mit Holzschnitzwerk (1654) aus der Riemenschneiderschule bewundern. Heute werden die Burg und die umliegenden Wirtschaftsgebäude teils als Freizeit- und Bildungsstätte genutzt.

Hinter der Straßenbrücke folgt ein kräftiger Schwall, den man besser mit aufgezogener Spritzdecke fährt. Auf den folgenden 1000 Metern können wir uns über zwei weitere Schwälle freuen, bis wir das Wehr von Elvershausen erreichen, vor dem wir unmittelbar links aussetzen. Nach einem Blick auf die Fachwerkhäuser des ruhig gelegenen Dörfchens kehren wir im Gasthaus „Jägerhof" ein.

Die folgenden Kilometer lassen wir uns treiben und pflücken die bis dicht über die Wasseroberfläche wachsenden Himbeeren und Johannisbeeren. Dann wieder bedecken imposante und riesige Schaublätter das ganze Ufer. Die Rhumeaue, durch die wir paddeln, zählt zu den elf im Landkreis Northeim ausgewiesenen Naturschutzgebieten. Zum Antrieb einer Mühle wurde im 14. Jahrhundert der Rhumekanal angelegt. Später hat er sich aufgrund von Wassermangel zu einem fast stehenden Gewässer entwickelt. Jetzt, auf den letzten Kilometern, nimmt die Strömung aber wieder zu. Immer wieder durchfahren wir kleine Schnellen, bis vor dem Wehr der am linken Ufer liegende Bootsverleih auftaucht. Davor,

unter der Autobrücke, beenden wir am linken Ufer unsere Wanderfahrt. Nur wenige Minuten Fußweg sind es bis in die sehenswerte Altstadt von Northeim und zum Bahnhof. Dort gibt es gute Busverbindungen nach Gieboldehausen.

Wer die Tour mit einem Aufenthalt an den durch Kiesabbau und spätere Renaturierung entstandenen Seen der „Northeimer Seenplatte" verbinden möchte, den erwarten zahlreiche Wassersportmöglichkeiten. Andere Seen erfreuen sich großer Beliebtheit bei Anglern und Vogelfreunden. Neben Seidenreiher und Kormoran begegnet man hier sogar dem Fischadler.

Marktidyll in Northeim

197

Literaturhinweise

Kanu & Outdoor
Jürgen Gerlach, **Richtig Kanufahren**, BLV Verlag
Gary & Joannie Mc Guffin: **Faszination Kanusport**, Heel Verlag
Bill Mason: **Die Kunst des Kanufahrens**, Gatz Verlag
Stritzky/de Pree: **Paddelhandbuch**, BLV Verlag
Franz Riegel/Dieter Raffler, **Stechpaddel Fahrschule**, Pollner Verlag
Solo im Kanu, Conrad Stein Verlag
Kanumagazin (Zeitschrift, zweimonatl.), Rotpunkt Verlag

Rainer-Höh: **Outdoorpraxis**, Reise Know-How Verlag
BLV Tier- und Pflanzenführer für Unterwegs, BLV Verlag

Weitere Literaturhinweise finden Sie im Infoteil zu den einzelnen Touren.

Wichtige Adressen

Deutscher Kanuverband (DKV)
Postfach 100315
D-47003 Duisburg
Tel. (0203) 997 59-0
(Infos zu Kanufachhändlern, -schulen, -veranstaltern, zu aktuellen Befahrungsregelungen, Gewässersperrungen und Pegelständen). www.kanu.de

Kanu-Info-Bank (KIB)
Joachim Hermann
Egmatinger Straße 11
D-85653 Aying
Tel. (08102) 74 86 29
(großes Archiv, alle Artikel aus Kanu- und Outdoorzeitschriften werden gesammelt und bereitgestellt, eine tolle Einrichtung).

Bundesvereinigung Kanutouristik
Lahntalstr. 45
D-35096 Roth
Tel. (06426) 92 80 45
www.kanutouristik.de
(Infos zu Kanuverleihern und Veranstaltern sowie zu aktuellen Befahrungsregelungen).

Danke an ...

Ralf Schlichting für die freundliche Durchsicht der Manuskripte

sowie
Lucas Küstner, Hamburg
Meike Möhring, Hamburg
Ralf Plenz, Hamburg
Frank Schöler, Hamburg
Claudia Walz, Hamburg

alle Fremdenverkehrsämter sowie der Bundesvereinigung Kanutouristik für die Überprüfung der Richtigkeit und Aktualität der Informationen

und vor allem unseren Kindern und Eltern

Kurzbiografie

Thomas Kettler, geb. 1958 in Darmstadt
Fotograf; zahlreiche Reisen in Europa, Südamerika; Wandertouren in Finnland, Norwegen und Schweden, auf den Kanarischen Inseln; begeisterter Kanuwanderer.

Carola Hillmann, geb. 1969 in Berlin
Grafikerin und Illustratorin; viele Reisen in Südeuropa, Nordamerika und Skandinavien zu Fuß, mit dem Fahrrad oder Kanu.

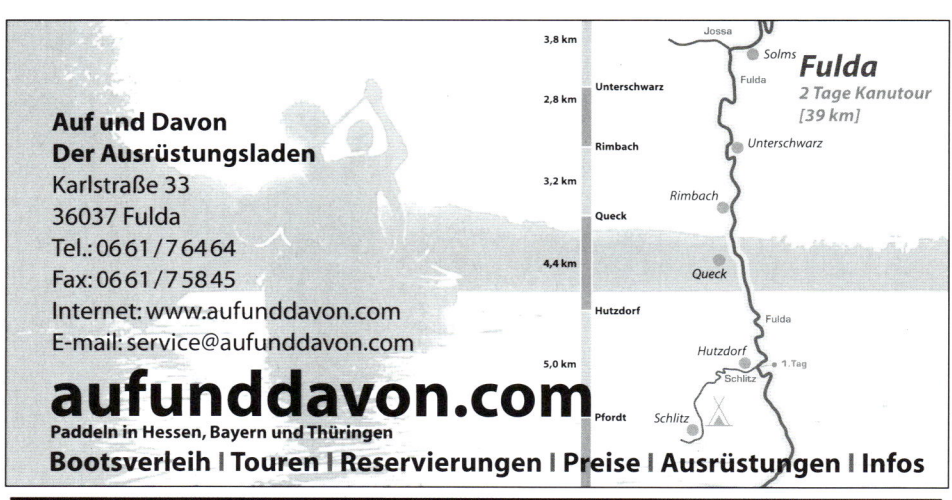
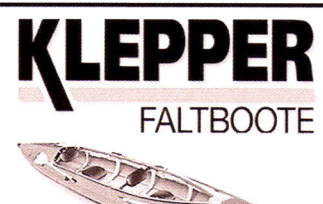

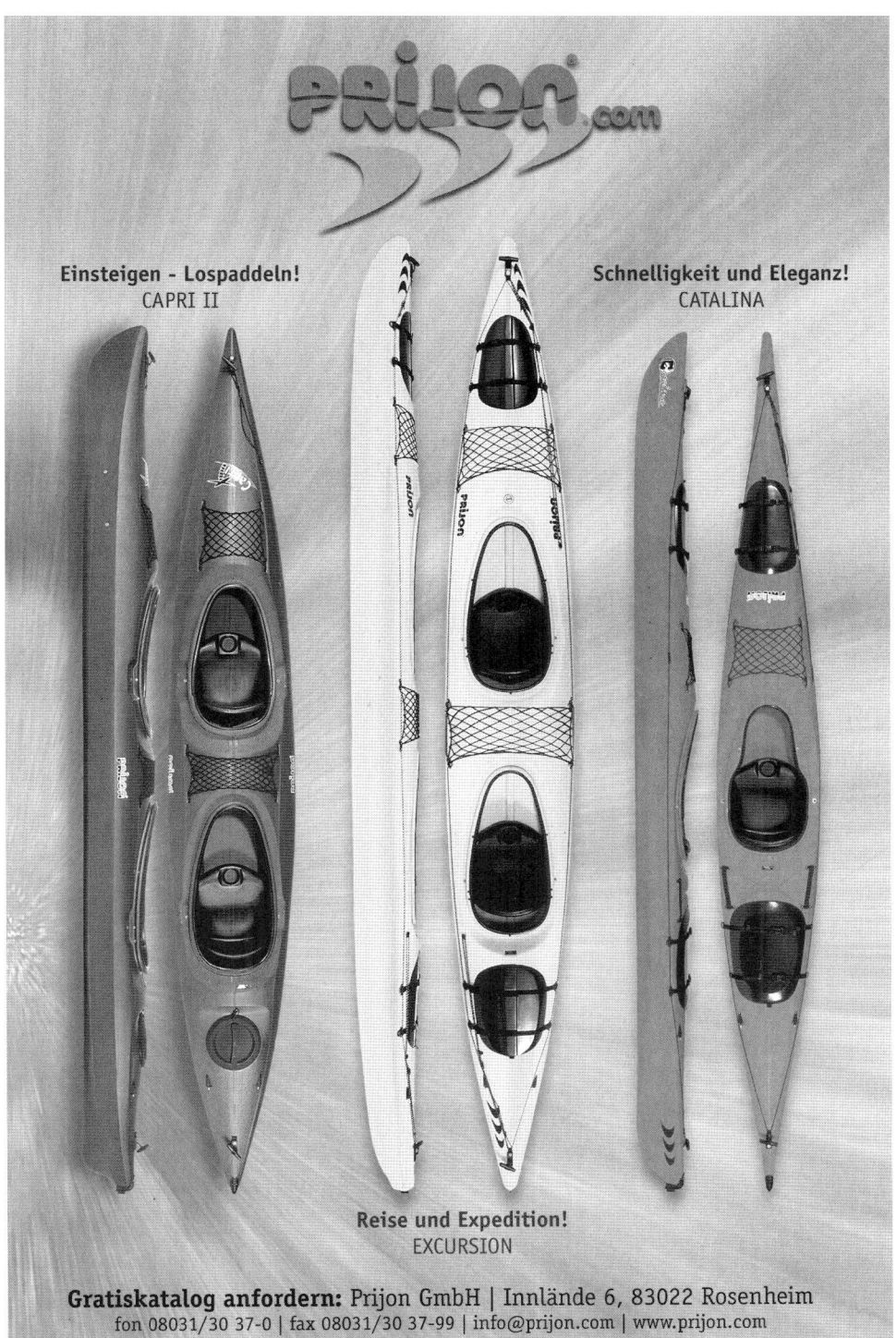

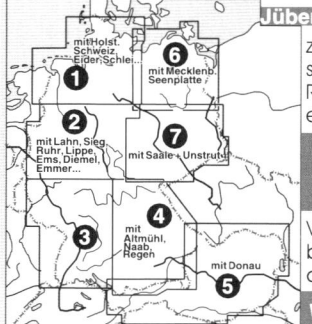

Register

 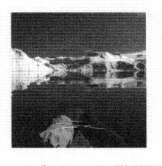

Tourenübersicht